図表で見る
スポーツビジネス

佐野昌行
黒田次郎
遠藤利文 編著

図表で見るスポーツビジネス

目　次

content

まえがき　　　　　　　　　　　　　　　　　　　6

第一部　スポーツ産業の概要　　　　　　　　　9
第1章　スポーツ産業への招待　　　　　　　　9
第2章　スポーツ産業の歴史　　　　　　　　　19
第3章　スポーツ政策とスポーツ産業　　　　　31

第二部　スポーツ指導の産業　　　　　　　　41
第4章　ジュニアスポーツスクール産業　　　　41
第5章　フィットネスクラブ産業　　　　　　　57
第6章　学校体育指導者の現状　　　　　　　　67

第三部　スポーツ空間・用品の産業　　　　　79
第7章　スポーツ施設産業　　　　　　　　　　79
第8章　スポーツ設備産業　　　　　　　　　　91
第9章　スポーツ用品産業　　　　　　　　　　103
第10章　世界で活躍する日本のスポーツ用品産業　113

第四部　スポーツ医療・コンディショニングの産業　127
第11章　スポーツトレーナー産業　　　　　　　127
第12章　障がい者スポーツ産業　　　　　　　　137
第13章　医療・福祉とスポーツ産業　　　　　　149
第14章　健康運動指導の仕事　　　　　　　　　159

第五部　プロスポーツの産業　　　　　　　　**173**
第 15 章　プロスポーツビジネスの基本的構造　　173
第 16 章　プロスポーツ選手の現状　　　　　　　187
第 17 章　スポーツ産業としての公営競技　　　　197
第 18 章　スポーツ産業で活躍する資格　　　　　209

第六部　スポーツイベント・旅行の産業　　　**227**
第 19 章　スポーツイベント産業　　　　　　　　227
第 20 章　スポーツメディア産業　　　　　　　　243
第 21 章　スポーツツーリズム産業　　　　　　　255
第 22 章　リゾートスポーツ産業　　　　　　　　267

コラム
1　総合型地域スポーツクラブを支える人材　　　41
2　管理栄養士の資格と仕事　　　　　　　　　　44
3　スポーツ産業への就職　　　　　　　　　　　77
4　新体操の大会参加にかかる経費　　　　　　　124
5　スポーツ産業の基盤となる競技人口の変化　　170
6　国際競技力向上のための情報戦略　　　　　　222
7　プロスポーツを支えるトレーナー　　　　　　224

まえがき

「スポーツが好きで、スポーツにかかわる仕事に就きたい。」そう願う若者が、近年増えているようである。

スポーツにかかわる仕事のもっとも代表的なものとして、プロスポーツ選手があげられる。スポーツをプレーすること自体を仕事とし、すばらしいプレーによって人々を魅了し夢や感動を与えるこの職業には、小さい頃にだれもが憧れただろう。一方、スポーツにかかわる仕事の中で最も身近な存在は、体育の先生ではないだろうか。体育科の授業や部活動の時間に、スポーツの楽しさや体を動かす喜びを教えてくれた恩師と出会ったことで、体育の教員を志すようになった人も少なくない。

ところで、スポーツにかかわる仕事には、他にどのようなものがあるのだろうか？最近では、一流選手のバットやスパイクを作る職人や選手の体をケアするトレーナーなど、テレビや新聞などのメディアを通して、トップレベルの選手たちを支える仕事が紹介される機会が増えてきた。また、生活の一部に運動をとりいれることの重要性があらためて認められ、子どもたちに運動を教えるスポーツ教室や、高齢者向けの健康運動指導の仕事も注目されるようになってきた。

このようにスポーツにかかわる仕事の幅の広さが認識され、多くの人と時間、そしてお金がそこに費やされていることが明らかになるにつれ、スポーツが一つの大きな産業を形成しているとの認識が広まるようになった。それが、「スポーツ産業」である。

それでは、スポーツ産業にはほかにどのような領域があるのだろうか？また、産業規模はどれくらいで、どれほどの数の人たちがかかわっているのだろうか？　スポーツ産業におけるビジネスの仕組みは？　どうすれば

スポーツ産業で活躍することができるのだろうか・・・？　このような疑問に答えるのが、この本の目的である。

　本書は、6部22章で構成されている。まず、第一部でスポーツ産業の全体像や歴史、政策との関係を概観したうえで、二〜六部ではそれぞれスポーツ指導、スポーツ空間・用品、スポーツ医療・コンディショニング、プロスポーツ、スポーツイベント・旅行の各産業の現状や動向について解説している。本論では、できるだけ多くの図や表を用いることで、スポーツ産業を視覚的に理解していただけるよう工夫している。また、各章にはところどころにコラムを設けた。コラムの執筆者は、いずれもスポーツの最前線で活躍されている方々なので、スポーツ産業の現場の様子について興味深く知っていただけることと思う。

　スポーツにかかわる仕事を志すみなさんや、大学でスポーツマネジメント・スポーツ経営・スポーツビジネス等について学ぶ方々に、スポーツ産業の全体像をつかむ入門書として本書を一読いただき、スポーツ産業の広がりと可能性を感じていただければ幸いである。

　本書の執筆者は、スポーツ科学の分野に身を置く若手研究者と、スポーツ産業の世界で活躍している若手の実務家たちである。内容には至らない点もあり、広大なスポーツ産業の全体をカバーしきれていないところもあるだろうが、不十分な点については今後の課題とさせていただきたい。

　最後に、本書出版の意図にご賛同くださり、熱心に現場調査や資料調査を重ねて原稿をお寄せくださった執筆者の皆様と、本書の刊行にあたり大いにご支援くださった叢文社の佐藤公美氏に、心より感謝申し上げたい。

2014年2月

編者代表　佐野昌行

第一部　スポーツ産業の概要

第1章　スポーツ産業への招待

1. スポーツ産業の成立

　日本においてスポーツが産業としての注目を集めるようになったのは、比較的最近のことである。古くから、スポーツ用品の製造・販売業やスポーツ教室のサービス業などスポーツにかかわる産業は存在していたが、それらを統合した「スポーツ産業」の存在が意識されるようになったのは、1980年代以降と言ってよいだろう。

　すでに1978（昭和53）年には、株式会社スポーツ産業研究所によって『スポーツ産業年鑑』が発行されている。「小売編」と「メーカー・商社編」に分けられたこの資料では、スポーツ用品産業のデータを競技別、都道府県別、企業別に分析し、この業界の実態を明らかにしている。しかし、この資料が「スポーツ産業」として扱っているのはスポーツ用品産業のみであり、さまざまな領域を統合した複合産業としてのスポーツ産業は、ここではまだ想定されていない。なお、1988（昭和63）年から株式会社矢野経済研究所が発行している『スポーツ産業白書』も、同様にスポーツ用品産業の動向を明らかにするものである。

　スポーツ用品だけでなく、スポーツ観戦も含んでスポーツに関する市場を捉えたのは、『レジャー白書』（財団法人余暇開発センター）である。1977（昭和52）年以降、日本人のレジャー活動に関する調査結果を毎年公表している『レジャー白書』には、余暇市場の一つに「スポーツ部門」の項目が用意されている。

　1987（昭和62）年に発行された『最新スポーツ大事典』は、日本体育協会の監修のもと、スポーツに関連するさまざまな事柄について解説した事典だが、この中に「スポーツ産業」の項目が置かれている。そこでは、「スポーツ産業」をスポーツにかかわる経済活動を総称する言葉とし、「スポーツやスポーツにかかわる財やサービスの生産と提供を事業内容とする産業」と定義している。本書のなかで扱われて以降、スポーツ産業は多くのスポーツ関係者に意識され、注目されていった。

　『最新スポーツ大事典』出版の翌年にあたる1988（昭和63）年には、「社団法人スポーツ産業団体連合会」（現在の公益財団法人スポーツ健康産業

団体連合会）が設立された。スポーツ業界に関連する団体および企業が集結した本会の発足により、個々に発展を続けてきたスポーツ関連業界がスポーツ産業としてのまとまりをもつようになったといえよう。

　このような動きに呼応するかたちで、公共の立場からは 1989（平成元）年に通商産業省（現在の経済産業省）が中心となって「スポーツ産業研究会」が発足した。研究会の報告書としてまとめられた『スポーツビジョン 21』（通商産業省産業政策局、1990）では、スポーツにかかわる各種業界を「スポーツ産業」という一つの産業分野として捉える必要性について述べられ、一大文化産業としての融合化が進みつつあるスポーツ産業の発展のシナリオが示されている。

　この「スポーツ産業研究会」を基礎として、社団法人スポーツ産業団体連合会の支援を受け、1990（平成 2）年には「日本スポーツ産業学会」が創設された。科学的立場からスポーツ産業の発展について調査・研究を進めるこの学会が設立されたことで、学問としての「スポーツ産業学」が成立したとみることができる。その後は、1995（平成 7）年に『スポーツ産業論入門』（原田）、1996（平成 8）年に『スポーツ産業論』（松田）といった書籍が出版され、大学の授業科目の中にも「スポーツ産業論」と題するものがみられるようになるなど、1990 年代の間にスポーツ産業は科学的な研究・教育の対象としても広まっていった。

　こうして日本では、スポーツにかかわる各種産業がひとつのまとまりをもった「スポーツ産業」として、産・官・学の各方面から認識されるようになった（表 1-1）。

表 1-1　日本におけるスポーツ産業の発祥

年	できごと
1977（昭和52）	『レジャー白書』発行
1978（昭和53）	『スポーツ産業年鑑』発行
1987（昭和62）	『最新スポーツ大事典』発行、「スポーツ産業」について解説される
1988（昭和63）	『スポーツ産業白書』発行
1988（昭和63）	「社団法人スポーツ産業団体連合会」設立
1989（平成元）	「スポーツ産業研究会」発足
1990（平成2）	『スポーツビジョン21』発行
1990（平成2）	「日本スポーツ産業学会」設立
1995（平成7）	『スポーツ産業論入門』発行
1996（平成8）	『スポーツ産業論』発行

2. スポーツ産業の規模

　スポーツ産業の成立は、スポーツが日本の経済全体に影響を及ぼすほどの存在になったことを示している。それでは現在、スポーツ産業の規模は一体どれくらいになっているのだろうか。各種の文献資料をもとに、スポーツ産業の規模を探ってみよう。

　いち早くレジャー市場の一部としてのスポーツ市場に注目した『レジャー白書』（財団法人余暇開発センター）では、さまざまな資料をもとに継続的にスポーツ市場について調査し続けている。この調査により、図1-1のようにスポーツの市場規模の推移が明らかにされている。これによれば、日本のスポーツ市場は1992（平成4）年にピークを迎え、その市場規模は6兆円に達した。しかしその後は日本経済の低迷とともに右肩下がりとなり、2011（平成23）年には約3.9兆円にまで縮小してしまっている。

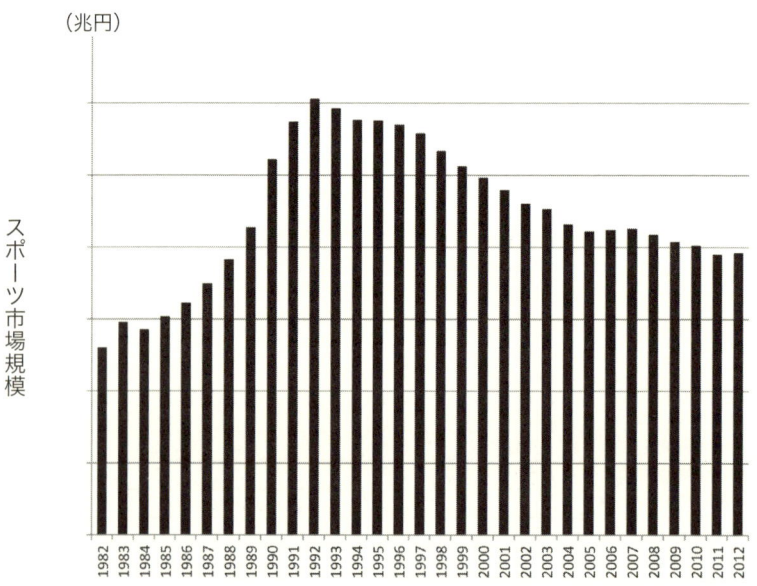

図1-1　スポーツ市場規模の推移（1982年〜1989年は㈶余暇開発センター（1990）、1990年〜2012年は（公財）日本生産性本部（2013）をもとに作成）

民間の調査会社マクロミルでは、スポーツへの支出額の調査をもとに、スポーツの市場規模を計算している。2013年の調査の結果、表1-2に示

表1-2　2013年度スポーツ参加市場規模

	1人あたり年間平均支出額	市場規模
スタジアム観戦市場	27,624円	5,357億円
用品購入市場	24,769円	8,664億円
施設利用・会費市場	44,639円	1兆1,840億円
合計		2兆5,861億円

（マクロミル（2013）をもとに作成）

表1-3　スポーツ産業の内訳

スポーツ興行 2,100億円	プロ野球	1,200億円
	Jリーグ	765億円
	相撲	165億円
スポーツ用品 2兆250億円	ゴルフ	4,000億円
	テニス・卓球・バドミントン	1,020億円
	野球・ソフトボール	1,050億円
	スキー・スケート・スノーボード	1,680億円
	登山・キャンプ	1,490億円
	釣具・スキューバ	3,100億円
	スポーツ自転車	1,560億円
	スポーツウェア	2,490億円
	スポーツシューズ	1,570億円
	その他	2,290億円
スポーツ施設 2兆710億円	ゴルフ場・ゴルフ練習場	1兆2,760億円
	フィットネスクラブ	4,160億円
	スイミングプール	1,540億円
	ボウリング場	910億円
	その他	1,340億円
公営ギャンブル 5兆1,364億円	中央競馬	2兆7,570億円
	地方競馬	3,780億円
	競輪	8,100億円
	競艇	9,930億円
	オートレース	1,070億円
	サッカーくじ	914億円

（東洋経済新報社（2010）をもとに作成）

したとおり、スポーツ参加の市場規模は約2.6兆円、スポーツ関連メディアの市場規模は約2,300億円と見積もられており、いずれも前年より減少している。

このほか、経済誌「東洋経済」のように、国内のスポーツ産業の規模を10兆円前後と紹介するものもある（表1-3）。

3. スポーツ産業の全体像

前節で示したとおり、近年、日本ではスポーツ産業の規模を推計しようとする試みが行われてきた。しかし、それぞれの調査をもとに試算された値には、大きなばらつきが見られた。それは、スポーツ産業の全体像の捉え方が調査によって異なるためである。

余暇市場におけるスポーツ部門の市場をまとめた『レジャー白書』では、

表1-4　スポーツ産業の構成

レジャー白書(1977)	レジャー白書(2013)	最新スポーツ大事典(1987)
個人競技スポーツ	1.球技スポーツ用品	スポーツ興行
チーム競技スポーツ	(1)ゴルフ用品	スポーツ用品業
山岳・海洋性スポーツ	(2)テニス用品	スポーツ施設業
スポーツ服等	(3)卓球・バドミントン用品	スポーツ情報産業
スポーツ鑑賞	(4)野球・ソフトボール用品	スポーツ教育産業
	(5)球技ボール用品	
	2.山岳・海洋性スポーツ用品	
	(1)スキー・スケート・スノーボード用品	
	(2)登山・キャンプ用品	
	(3)釣具	
	(4)海水中用品	
	3.その他スポーツ用品	
	(1)スポーツ自転車	
	(2)その他のスポーツ用品	
	4.スポーツ服等	
	(1)トレ競技ウェア	
	(2)スポーツシューズ	
	5.スポーツ施設・スクール	
	(1)ゴルフ場	
	(2)ゴルフ練習場	
	(3)ボウリング場	
	(4)テニスクラブ・スクール	
	(5)スイミングプール	
	(6)アイススケート場	
	(7)フィットネスクラブ	
	(8)スキー場(索道収入)	
	6.スポーツ観戦料	

1977（昭和52）年の発行以降、スポーツ関連産業の多様化に伴ってスポーツ部門の構成を設定し直している。また1987（昭和62）年発行の『最新スポーツ大事典』では、スポーツ産業を五つに大きく分類し、説明している。これらの文献で示されたスポーツ産業の構成は、表1-4のようにまとめられる。

1990（平成2）年に出版された『スポーツビジョン21』では、スポーツ産業の領域が図1-2によって示された。ここでは、スポーツ産業が大きく「ソフト分野」と「ハード分野」に分けられ、さらにソフト分野が用品関連、情報関連、スペース関連に、ハード分野がスポーツ製造業、スポーツスペース業に分類されたうえで、各業種の構成が詳細に記されている。スポーツに関連するさまざまな産業を広範に捉えたこの図によって、スポーツ産業の全体像がひとまず整理されたといえるだろう。

「スポーツ産業」を書名に冠し、1990年代半ばに出版された書籍ではどうだろうか。1995（平成7）年の『スポーツ産業論入門』では、明治以降の日本における伝統的なスポーツ産業の3領域として、スポーツ用品、

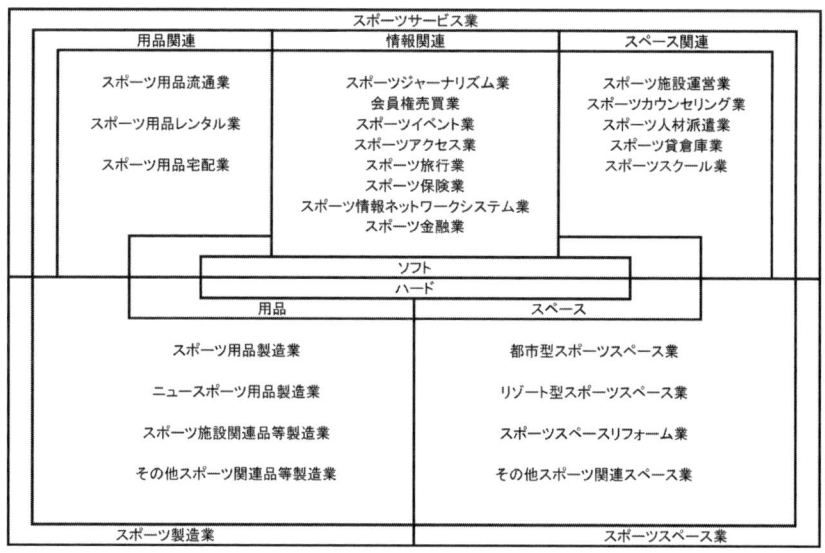

図1-2　スポーツ産業の領域の広がり
（通商産業省産業政策局（1990）をもとに一部抜粋して作成）

スポーツサービス・情報、スポーツ施設・空間の各産業をあげている（図1-3）。その後、スポーツにかかわる産業の規模の拡大により、図1-4のように各領域が重なり合う新領域が生まれたと捉えている。スポーツ産業の進展に伴って4年ごとに新版が発行されているこの書では、2007（平成19）年の第4版から書名の「入門」が外され、2011（平成23）年発行の第5版では、「スポーツ産業の進化が期待される近接産業」として図1-5

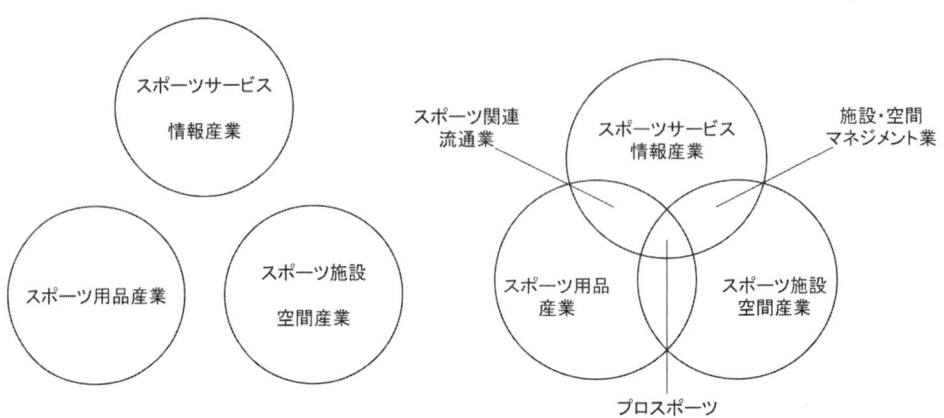

図1-3　スポーツ産業の伝統的3領域　　図1-4　新しく出現した3つの複合領域
　　　　（原田（1995）をもとに作成）　　　　　　（原田（1995）をもとに作成）

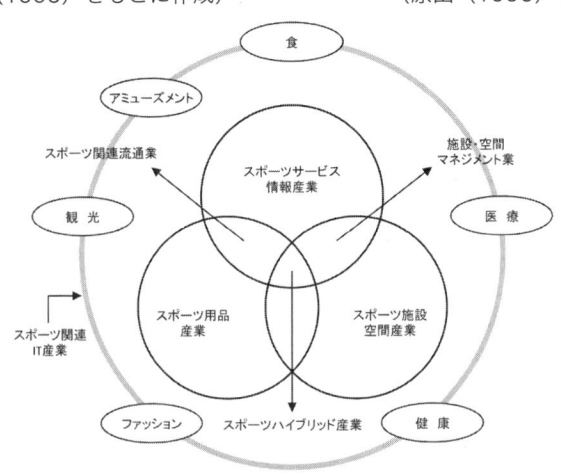

図1-5　スポーツ産業の進化が期待される近接産業
　　　　（原田（2011）をもとに作成）

が示されるなどして、スポーツ産業の発展の様子が示されている。
　また、2007（平成19）年に発行された『スポーツbiz.ガイドブック

表1-5　広義のスポーツ産業

広義のスポーツ産業			
狭義のスポーツ産業	Spectator スポーツ産業	サービス業	スポーツ興行団
			興行場
			スポーツ施設提供業
			遊技場
			公営ギャンブル
		その他	企業スポーツ
	Do スポーツ産業	教育・学習支援	小・中・高校・大学
			スポーツ健康教授業、フィットネスクラブ その他の教養・技能教授業
			他に分類されない非営利的団体
	スポーツ支援産業	サービス業	法律事務所、公認会計士事務所、税理士事務所
			選手マネジメント業、エージェント業
			著述家業、写真業、商業写真業、デザイン業
			その他の専門サービス業
			自然科学研究所、人文・社会科学研究所
			旅行代理業
			公園整備・管理業プレイガイド、場外馬券売り場 ゴルフ会員権買取販売業
			スポーツ娯楽用品賃貸業
			広告代理業
			放映権・商品化権販売代理業、人材紹介業、人材派遣業 スポーツ施設保守管理業、スポーツ施設・イベント警備業
		公務	行政機関
			労働団体
		医療・福祉	スポーツ整形外科、スポーツマッサージ
			介護予防事業
		飲食、宿泊	スポーツカフェ、スポーツバー、ケータリング業
			ホテル・旅館業
		金融・保険	スポーツ傷害保険業
		卸売・小売	スポーツ用衣服・シューズ・かばん・スポーツ用品 スポーツ飲料、健康食品卸売業
			スポーツ用衣服・シューズ・かばん・スポーツ用品 スポーツ飲料、健康食品小売業
		情報通信	テレビ放送業、ラジオ放送業
			スポーツゲーム開発、スポーツ情報提供サービス業
			インターネットサービス業
			スポーツ映像情報制作・配給業、スポーツ音声情報制作業
			新聞業
			スポーツ出版業、スポーツニュース供給業
		製造	スポーツ用衣服・シューズ・かばん・スポーツ用品製造業 スポーツ飲料・健康食品製造業
		建設	土木工事業
		農業	芝の育成・養生業、競走馬の生産・育成
		その他	リーグ・クラブ・イベントなどのスポンサー

（江戸川大学スポーツビジネス研究所（2007）をもとに作成）

'07-'08』(江戸川大学スポーツビジネス研究所)では、スポーツ産業を広義と狭義に分類し、「狭義のスポーツ産業をサポートする産業」として「スポーツ支援産業」を定義するなど、スポーツに関連する産業の領域をたいへん広く捉えた(表1-5)。

　これらの調査・研究によって、急速に拡大を続けるスポーツ産業について、その全体像を捉えようとする試みがなされてきた。ところが現在もなお、スポーツと社会・経済との結びつきが強まるにつれ、スポーツ産業の新しい分野が開拓され続けており、その全体像を余すことなく把握することは大変困難なものとなっている。

(佐野昌行)

【参考資料】

1) スポーツ産業研究所編『スポーツ産業年鑑』スポーツ産業研究所、1978-2013
2) 『スポーツ産業白書』矢野経済研究所、1988-2013
3) 『レジャー白書』余暇開発センター (1977-2000)、自由時間デザイン協会 (2001-2002)、社会経済生産性本部 (2003-2008)、日本生産性本部 (2009-2013)
4) 佐伯聰夫「スポーツ産業」岸野雄三ほか編『最新スポーツ大事典』大修館書店、1987
5) 通商産業省産業政策局編『スポーツビジョン21』通商産業調査会、1990
6) 原田宗彦編著『スポーツ産業論入門』杏林書院、1995 (第4版 (2007) より『スポーツ産業論』)
7) 松田義幸『スポーツ産業論』大修館書店、1996
8) マクロミル「2013年スポーツマーケティング基礎調査」http://www.macromill.com/r_data/20131025sports/20131025sports.pdf (参照日2013年10月30日)
9) 「週刊東洋経済」東洋経済新報社、2010年5月15日号
10) 江戸川大学スポーツビジネス研究所編著『スポーツbiz.ガイドブック'07-'08』日経BP企画、2007

第 2 章　スポーツ産業の歴史

1．古代のスポーツ産業

　日本の古代社会におけるスポーツの主な担い手は、政治の実権を握る貴族層であった。この時代は、西域で発達したスポーツ文化が中国や朝鮮半島を経由して海路で日本列島に伝来したため、貴族層は外来のスポーツにいち早く触れることとなった。シルクロードに乗って渡来したスポーツには、屋外のものとして蹴鞠（けまり）、打毬（うちまり）、競渡（けいと）、鷹狩（たかがり）などの運動競技が、室内のものとしては盤上遊戯（囲碁、将棋、盤雙六（ばんすごろく））や投壺（とうこ）などがあったという。
　やがて、平安時代に武士が台頭しはじめると、貴族は屋外での活発な運動競技を敬遠し、優雅な室内遊戯の世界を選び採るようになっていった。これは、腕力に生命を賭ける武士との一線を画した慎重な配慮でもあったといわれる。
　とりわけ、平安貴族の熱狂的な支持を得たのが盤雙六であった。平安初期の公卿（くぎょう）・文人（ぶんじん）であった紀長谷雄（きのはせお）（845〜982）にまつわる絵巻物に『長谷雄草紙（はせおそうし）』がある。そこには、長谷雄卿（はせおきょう）が朱雀門（すざくもん）の鬼と盤雙六の勝負を行った逸話が挿絵付きで語られ、当時の貴族層に雙六が浸透していた様子をうかがうことができる（図2-1）。また、平安中期の上層貴族であった藤原行成（ふじわらのゆきなり）（972〜1028）の日記『権記（ごんき）』には、1007（寛弘4）年8月19日に「権中納言大蔵卿（ごんちゅうなごんおおくらきょう）と雙六を打つ」と記録されている。

図2-1　古代貴族による盤双六

（『長谷雄草紙』より）

盤雙六が貴族の間で流行した背景には、この遊戯がしばしばギャンブルとして行われていたことがあった。藤原明衡(ふじわらのあきひら)(989～1066)の随筆『新猿楽記(しんさるがくき)』には、賭け雙六の際に思い通りの賽の目を出す職人たち「高名の博打」がいたことが記されている。こうした熟練のギャンブラーが、当時の雙六業界で職人として一定の評価を得ていたとすれば、彼らは古代社会のスポーツ産業を担う一員であったと見なすことができよう。
　ところで、貴族が雙六に興じる際、その道具は誰が製作していたのであろうか。貴族は生産行為を生業とする身分層ではなかったため、雙六盤、駒、賽などの道具を自ら製作していたとは思えない。中世には、賽の製造販売を担う「賽磨(さいすり)」と呼ばれる職人の存在が確認されるが、古代にも雙六道具の製造を請け負う業者(職人)がいて、雙六を愛好する貴族を相手に商いをしていたと考えるのが自然であろう。
　このように、貴族を中心とした古代社会にあっては、すでにスポーツ産業の先駆けと見なし得るものが成立していたのである。

2．中世のスポーツ産業

　中世には武力で政権を掌握した武士層が、スポーツ文化の中心に躍り出るようになる。東国の武士は、西の貴族文化に対抗すべく戦闘の手段として各種武術の故実を整え、騎射競技(きしゃきょうぎ)の伝統を確立した。
　中世の武士が励んだ主な武術として流鏑馬(やぶさめ)、笠懸(かさがけ)、犬追物(いぬおうもの)があげられるが、この「馬上三物(ばじょうみつもの)」はいずれも騎乗しながら的に向かって弓を射る競技である。そこに勝敗が関わる以上、より高度なパフォーマンスを目指す競技者が良質の弓矢を求めたことは想像に難くない。その飽くなき向上心に応えたのが、用具製造業者の職人であった。
　弓矢のうち、弓の製造を請け負った職人は「弓作(ゆみつくり)」と呼ばれたが、彼らの存在は遅くとも12世紀には確認することができる。図2-2は、16世紀初めに成立した『七十一番職人歌合(しちじゅういちばんしょくにんうたあわせ)』の中に描かれた弓作である。烏帽子(えぼし)を被り、上半身を露(あら)わにして弓を製造する職人の姿がある。

弓作よりも多忙だったのは、おそらくは矢を製造する「矢細工」の方であった。弓とは異なり消耗品の要素が強い矢は、大量生産の必要性が生じたためである。また、13世紀末には「弓だめし」という職人も登場した。定期的な弓のメンテナンスが職能である。

　こうした職人の存在から、中世の武士がいかにスポーツ用品たる弓矢の性能を気にかけていたのかがうかがえよう。彼ら職人の存在が、武家社会のスポーツ文化を裏方で支えていたのである。

図2-2　中世の弓職人「弓作」
（『七十一番職人歌合』より）

　騎射競技のほかにも、武士が嗜んだ武術の中には、合戦での組討ちを想定した相撲が含まれていた。やがて、観客から見物料を徴収して芸能をみせる勧進興行が盛んになるに連れて、相撲も芸能の一分野として認識され

るに至る。勧進興行における相撲では、実戦での殺傷能力よりも観客の興味を引くような「みせる」技量が要求されたため、徐々に相撲人の専業化（＝プロ化）が進展していった。

　中世の勧進相撲の存在は、早い例では15世紀前半の史料にあらわれる。伏見宮貞成親王（1372～1456）の日記『看聞日記』には、1419（応永26）年10月3日から3日間、京都郊外の山城国伏見郷で勧進相撲が開催されたことが記述されている。

　こうした勧進興行を取り仕切っていたのが、半僧半俗の民間宗教者の「勧進聖」であった。そもそも勧進とは、寺社の建立や修復のための募金活動を原義とする。勧進聖は自己の請け負う寺社の資金調達を専業の相撲人に下請けさせ、相撲興行に集う大勢の観客から徴収する見物料をもって、一挙に目標額を手にしようと仕掛けていたのである。中世の勧進聖は、実に巧みな経営戦略を編み出していたといえよう。

3．近世のスポーツ産業

　近世に至っても、時の権力者は依然として武士であったが、スポーツの中心的担い手は庶民層へと移っていった。とりわけ、17世紀末頃を境に都市の庶民が経済成長を遂げると、彼らは多種多様なスポーツの世界を生み出していった。商工業によって現金収入を得た都会住まいの庶民は、余暇の消費手段をスポーツにも求めるようになったといえよう。

　近世のスポーツ産業として顕著なものは、中世以来の勧進相撲興行であろう。当時の勧進相撲は三都（江戸・京都・大坂）で開催されていたが、100万の人口を抱える江戸の興行が最大規模であったとされる。また、近世の勧進元は中世までの勧進聖ではなく、宝暦年間（1751～64）に形成された「相撲会所」（現在の日本相撲協会）という勧進相撲興行専門の運営組織であった。

　江戸の興行では、年間2回（各10日間）の開催の度に寺社の境内に相撲小屋が仮設されていた。そのため、毎回の興行の計画にあたっては、相

撲小屋の建築概要を勧進元が寺社奉行に申請して許可を得る必要があった。

寺社奉行側に残された『勧進相撲興行一件』という史料によると、1850（嘉永3）年の両国回向院での興行は、境内の空き地に間口18間（約32.4m）、奥行20間（約36m）、面積にして約1166.4㎡の規模で小屋を建てる旨が申請されている。また、相撲小屋の内部には、周囲に観戦しやすい2層の「桟敷席」を巡らせ、1階のフロアには「土間席」を設置することが計画された。

二代目歌川国輝（1830～74）が描いた幕末期の回向院の相撲小屋をみると、桟敷席には屋根があるものの、土間席は全くのアウトドアであったことがわかる（図2-3）。場内は大観衆で埋め尽くされている。

図2-3　近世の回向院相撲小屋での興行
（『勧進大相撲繁栄之図』より）

江戸の古本商の須藤由蔵（1793～？）が書き留めた『藤岡屋日記』によると、1856（安政3）年秋場所の回向院相撲小屋の総収容定員は約1万人であったという。このうち、桟敷席の定員は合計約1,200人であったため（高埜、2000）、総収容定員から桟敷席の分を差し引くと、土間席には残りの8,000～9,000人が密集状態で観戦していたことになる。

江戸の勧進相撲興行の見物料は定かではないが、桟敷席の料金設定については、1700（元禄13）年の京都で3,500文（『大江俊光記』）、1702（元禄15）年の大坂で4,300文（『摂陽見聞筆拍子』）であった。地域や年代による価格差を考慮する必要はあるが、江戸の興行における桟敷席の値段も4,000文は下らなかったと思われる。

　同じく、江戸の土間席の料金も不明であるが、京都の勧進相撲では1700（元禄13）年で300文（『大江俊光記』）、会津若松城下で開催された巡業では1787（天明7）年で130文、1789（天明9）年で135文であったという（『旧若松大角力芝居其他興行見聞留書』）。こうした事例から、江戸の土間席の値段も桟敷席より安価に設定されていたと想像することができる。

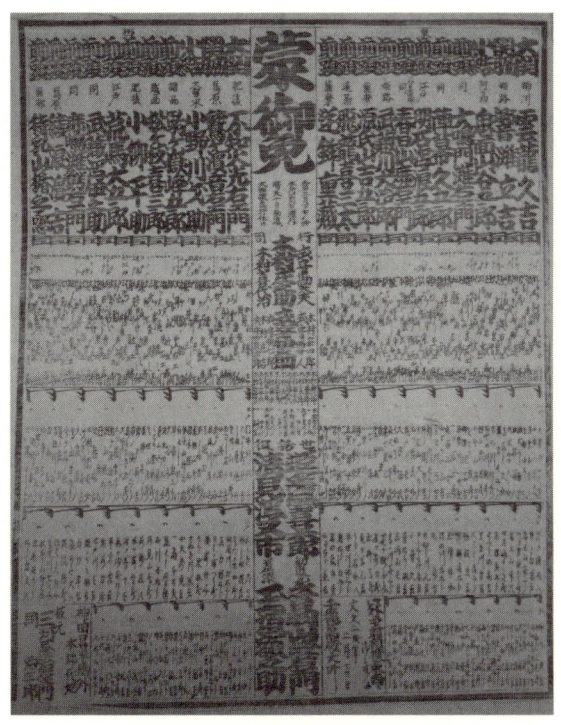

図2-4　近世の相撲番付
（1862（文久2）年2月場所の番付より）

19世紀初頭における江戸の一般庶民の生活実態を見ると、商人（野菜の行商）の日収は約400〜500文、職人（大工）の手間賃は1日約540文で、諸経費を差し引いた余剰金はいずれも1日あたり100〜200文程度であったという（『文政年間漫録』）。こうした生活水準からみると、一般庶民が勧進相撲に出掛けようとした場合、彼らの多くは桟敷席での優雅な観戦よりも、土間席で密集して観戦する方を必然的に選んだと考えられる。

　ところで、近世には印刷技術の発達に伴い出版業が盛んになるが、これと関係したスポーツ産業も登場している。相撲番付の発行および販売業である。相撲番付は毎回の興行に際して発行されたが、これを代々一社で独占的に請け負っていた板元が三河屋治右衛門であった。番付の発行部数や価格帯は不明で、板元が手にした利益も定かではない。しかし、番付が出場力士名と序列を示すだけでなく、江戸市中の不特定多数の人々に向けて興行の開催を告知するために刷られていたことは想像に難くない。

　このように、近世の勧進相撲興行は江戸の人々の間で大規模な「みるスポーツ」としての地位を確立し、ひとつのまとまりを持ったスポーツ産業を形成していたのである。

4．近代のスポーツ産業

　徳川幕府から明治政府への政権交代劇をきっかけに、日本は文明開化の時代を迎える。スポーツについても例外ではなく、日本人は在来のスポーツよりも西洋由来の近代スポーツに興味を示し、これを積極的に取り入れるようになった。

　1872（明治5）年の「学制」発布以降、近代スポーツ摂取の旗振り役となったのは学校体育の現場であった。そこでは、正課ないし課外体育の教材として外国産のスポーツに期待が寄せられていた。

　20世紀が開幕すると、それまで西洋から摂取してきたスポーツが定着するとともに、さらに拡大の傾向をみせていく。この頃には、日本のスポ

ーツ界も国際的な視野を持ちはじめ、1912（明治45）年のストックホルムオリンピック競技大会には日本選手団を初めて派遣するに至った。大正期になると、このニューウェーブに着目し、スポーツ用品の製造販売業を専門とする人々が続々と登場する。本格的なスポーツ用品業界の誕生である。

日本初のスポーツ用品製造販売業者は1882（明治15）年創業の美満津商店であったが、同社の1914（大正3）年版のカタログ『美満津商店懐中用定價表』に載せられた商品を一覧表にしたものが表2-1である。一覧からは、大正初期のスポーツ用品業界においてバラエティに富んだ商品が流通していたことが見て取れる。とりわけ、「戸外運動器械」に分類される内容からは、当時日本に入ってきていたスポーツ種目を知ることができるが、この時点で、今日の人気スポーツの多くが出揃っていたことは興味深い。

しかしながら、大正期にはスポーツ用品のすべてを国産品でまかなうことはできず、多くは外国産に頼らざるを得なかった。その意味で、日本のスポーツ用品が国産化の時代を迎えたのは、昭和初期のことであったとい

表2-1　大正初期に流通していたスポーツ用品

戸外運動器械	室内運動遊技具	家庭内運動具	執銃教練用器具	体操場用器具		活力計器
				屋内の部	戸外の部	
野球用具	ローラースケート用具	エキスパンダー	体操用銃	胸部をはじめ各部運動器	梁木	体量計
テニス用具	ピンポン用具	拳球用具	執銃教練用付属品	室内鞦韆	梁木用付属運動具	身長計
バドミントン用具	玉突用具	子供用鞦韆	撃剣用具	吊環	鉄棒	救急医療鞄
テザーボール用具	室内諸技用具		銃槍用具	吊棒	棚	普遍活力計器
プッシュボール用具			柔道用具	運動棒	積木	
フットボール用具				平行棒	木馬運動円木	
バスケットボール用具				飛越台	回転塔	
クリケット用具				亜鈴	運動会用具	
ラクロス用具				球竿	体操器械の模型	
ホッケー用具				棍棒		
クロッケー用具				鉄亜鈴		
ポロ用具				鉄竿		
ゴルフ用具						
テンピンボール用具						
ウォーターポロ用具						
水泳用具						
弓矢および付属品						
スキー用具						
トボガン用具						
スケート用具						

（美満津商店（1915）をもとに作成）

表 2-2　1935（昭和10）年のスポーツ用品の値段

品名	小売価格
サッカーボール	8円
ラグビーボール	8円50銭
バスケットボール	9円
バレーボール	6円50銭
野球用グローブ	8円
野球用ミット	11円
野球用ボール	2円
野球用胸当	13円
野球用マスク	9円
野球用靴	9円
スキー用靴	20円

（東京スポーツ用品卸商協同組合（1979）をもとに作成）

われている。それでは、昭和初期のスポーツ用品はどの程度の値段で販売されていたのであろうか。

　表2-2は、1935（昭和10）年における各種スポーツ用品の小売価格を一覧にしたものである。1937（昭和12）年の大卒公務員の初任給が75円であったことからすれば（週刊朝日、1988）、ここに取り上げたスポーツ用品は高級品の部類に属したといえよう。

　やがて、昭和10年代中頃になると、スポーツ用品業界は受難の時代を迎える。戦争の激化は物価の高騰と資材不足を招き、スポーツ用品の製造に不可欠な革製品やゴム製品も法による統制を受けるに至ったからである。こうして戦時体制に組み込まれることで、日本のスポーツ産業界は大打撃を被るが、その事情が解消されるのは戦争の終結を待たねばならなかった。

（谷釜尋徳）

【参考資料】

1) 美満津商店編『美満津商店懐中用価價表』美満津商店、1915
2) 玉沢敬三編『東京運動具製造販売業組合史』東京運動具製造販売業組合、1936
3) 東京教育大学体育史研究室編『図説世界体育史』新思想社、1964
4) 木下秀明『スポーツの近代日本史』杏林書院、1970
5) 岸野雄三・小田切毅一『レクリエーションの文化史』不昧堂出版、1972
6) 東京スポーツ用品卸商協同組合編『組合六十年史』東京スポーツ用品卸商協同組合、1979
7) 遠藤元男『日本職人史の研究1〜6巻』雄山閣、1985
8) 週刊朝日編『値段史年表』朝日新聞社、1988
9) 寒川恒夫編『図説スポーツ史』朝倉書店、1991
10) 新田一郎『相撲の歴史』山川出版社、1994
11) 高埜利彦「相撲年寄」『職人・親方・仲間』吉川弘文館、2000
12) 石井隆憲・田里千代編著『知るスポーツ事始め』明和出版、2010
13) 増川宏一『盤上遊戯の世界史』平凡社、2010
14) 土屋喜敬「近世後期の相撲興行と両国地域」『両国地域の歴史と文化』東京都江戸東京博物館、2011
15) 増川宏一『日本遊戯史』平凡社、2012

第 3 章　スポーツ政策とスポーツ産業

1. スポーツの浸透

　戦後、日本でスポーツに関連する産業が盛んになった背景には、スポーツ自体が広く国民の間に浸透していったという事実があることを忘れてはならない。政府によって行われている調査によれば、日本人の週1回以上スポーツ実施率は図3-1のように変化してきている（文部科学省、2013）。同様の調査において、1957（昭和32）年には週1回スポーツ実施率は10％ほどであった週1回スポーツ実施率は、2013（平成25）年には約59％にまで増加している。

　また、笹川スポーツ財団の調査によれば、過去1年間にスタジアム等へ足を運んでスポーツを観戦した人（20歳以上）は約3,296万人にのぼり、スポーツにかかわるボランティア活動についても、国内の成人約800万人がスポーツの指導、審判、大会運営などの活動を過去1年の間に行ったと推計されている（笹川スポーツ財団、2012）。

　これらの調査結果から、これまでに日本ではスポーツを実施する人が増

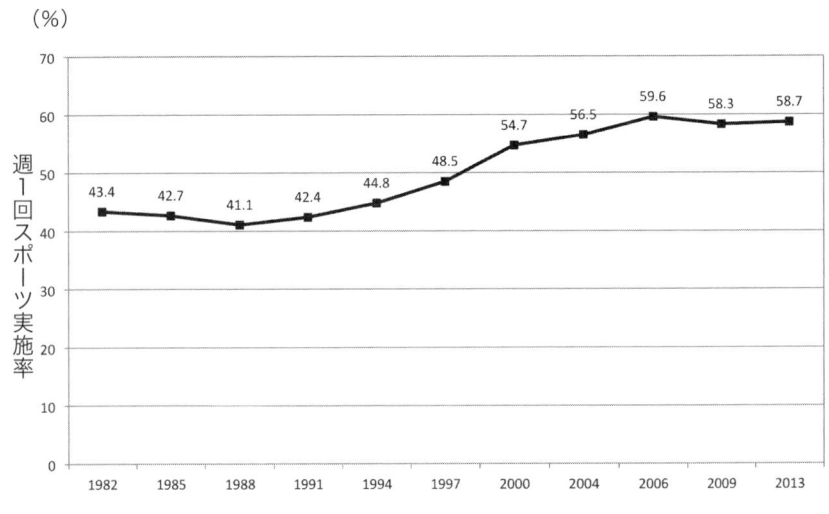

図 3-1　日本人の週1回以上スポーツ実施率の推移
（文部科学省（2013）をもとに作成）

えてきており、現在では数多くの人々がする・みる・支えるなどさまざまなかかわり方によってスポーツを楽しんでいることが分かる。

2. 戦後日本のスポーツ振興政策

　戦後の日本におけるスポーツの普及は、国のスポーツ振興政策によって後押しされたものであった。日本では、1961（昭和36）年に「スポーツの振興に関する施策の基本を明らかにし、もつて国民の心身の健全な発達と明るく豊かな国民生活の形成に寄与すること」を目的として「スポーツ振興法」が制定された。1961（昭和36）年といえば、東京でオリンピック競技大会が開催される3年前のことである。この法律は、オリンピック競技大会の開催に法的根拠を与えるという役割を担っていた。また、スポーツ振興のための措置として青少年スポーツの振興や指導者の充実等についても定めており、これらの規定をもとにして、オリンピック競技大会閉会後も人々がスポーツに親しめる環境が整備されていった（スポーツ振興法に掲げられた項目については表3-3参照）。

　スポーツ振興法の第4条では、「文部大臣は、スポーツの振興に関する基本的計画を定めるものとする」とされた。基本計画の策定によって、スポーツ振興法の理念を具体的に推進していこうとするものである。しかし、実際にこの条文に基づいて基本計画が策定されたのは、振興法が制定されて39年も経過した後のことであった。

　2000（平成12）年にようやく策定されたスポーツ振興基本計画では、2001（平成13）年から2010（平成22）年までの10年間を計画期間とし、

表3-1　スポーツ振興基本計画におけるスポーツ振興施策の展開計画

(1) 生涯スポーツ社会実現に向けた地域における整備充実
(2) 我が国の国際競技力の総合的な向上方策
(3) 生涯スポーツ及び競技スポーツと学校体育・スポーツとの連携
→（2006（平成18）年に改定後）スポーツの振興を通じた子どもの体力の向上方策

当時の日本スポーツ界の現状と課題を踏まえ、表3-1に示した3項目を展開方策として掲げた。このように具体的なスポーツ振興の方策が示されたことで、日本のスポーツ振興政策はここから先、さらに加速することとなった。

　上述したとおり、スポーツ振興基本計画はスポーツ振興法の規定を受けて策定されたものだったが、計画期間の最終年を迎えた2010（平成22）年にはすでにスポーツ振興法の制定から約50年が経過していた。その間に国民のスポーツへの関心は格段に高まり、地域スポーツクラブ、プロスポーツ、ドーピングなど、あらゆる面でスポーツを取り巻く環境が変化していた。そこで、2000年代後半からスポーツ振興法に代わる新しい法律の制定が検討されはじめた。

　2010（平成22）年に策定された「スポーツ立国戦略」は、新法についての検討の過程で文部科学省が策定したもので、表3-2で表されるように五つの重点戦略を掲げ、日本におけるスポーツ政策の基本的な方向を示した。

表3-2　スポーツ立国戦略の五つの重点戦略

①	ライフステージに応じたスポーツ機会の創造
②	世界で競い合うトップアスリートの育成・強化
③	スポーツ界の連携・協働による「好循環」の創出
④	スポーツ界における透明性や公平・公正性の向上
⑤	社会全体でスポーツを支える基盤の整備

3. スポーツ基本法の制定

　以上のような経緯を経て、2011（平成23）年には、スポーツ振興法を50年ぶりに全部改正するかたちで「スポーツ基本法」が制定された。スポーツ振興法とスポーツ基本法における具体的施策を比較した表3-3からわかるとおり、スポーツ環境の変化に合わせ、スポーツ基本法では、振興法より多様な項目を扱うようになった。なかでも注目したいのは、スポーツ産

表3-3 スポーツ振興法とスポーツ基本法における施策

スポーツ振興法(1961(昭和39)年)	スポーツ基本法(2011(平成23)年)
体育の日の行事	1 スポーツの推進のための基礎的条件の整備等
国民体育大会	指導者の養成等
スポーツ行事の実施及び奨励	スポーツ施設の整備等
青少年スポーツの振興	学校施設の利用
職場スポーツの奨励	スポーツ事故の防止等
野外活動の普及奨励	スポーツに関する紛争の迅速かつ適正な解決
指導者の充実	スポーツに関する科学的研究の推進等
施設の整備	学校における体育の充実
学校施設の利用	スポーツ産業の事業者との連携等
スポーツの水準の向上のための措置	スポーツに係る国際的な交流及び貢献の推進
顕彰	顕彰
スポーツ事故の防止	2 多様なスポーツの機会の確保のための環境の整備
科学的研究の促進	地域におけるスポーツの振興のための事業への支援等
	スポーツ行事の実施及び奨励
	体育の日の行事
	野外活動、スポーツ・レクリエーション活動の普及奨励
	3 競技水準等の向上等
	優秀なスポーツ選手の育成等
	国民体育大会、全国障害者スポーツ大会
	国際競技大会の招致・開催の支援等
	企業、大学等によるスポーツへの支援
	ドーピング防止活動の推進

業に関する内容が含まれるようになった点である。条文では「国は、スポーツの普及又は競技水準の向上を図る上でスポーツ産業の事業者が果たす役割の重要性に鑑み、スポーツ団体とスポーツ産業の事業者との連携及び協力の促進その他の必要な施策を講ずるものとする」とされている。スポーツ振興法の制定から50年の間に、スポーツに関する産業は大きく発展し、日本のスポーツの推進にとって重要な位置づけを確保するまでに至ったのである。

4. スポーツ関連の国家予算

スポーツに関する法令により、スポーツの推進が国や地方公共団体の責務であることが明確にされた。そのため、国の予算の中にはスポーツの推進にかかわる事項が含まれている。

表 3-4　2013（平成 25）年度文部科学省スポーツ・青少年局予算主要事項

事　項	金額（千円）
1.新たなスポーツ文化創造プロジェクトによる日本再生	
（1）国立霞ヶ丘競技場の改築準備に係る経費	2,142,334
（2）チーム日本競技力向上推進プロジェクト	2,766,836
①マルチサポートによるトップアスリートの支援	2,299,522
②女性アスリートの育成・支援	467,314
（3）スポーツ for all プロジェクト	428,981
2.スポーツ基本計画の推進	
～国際競技力の向上に向けた人材の養成やスポーツ環境の整備等～	
（1）日本オリンピック委員会補助	2,588,214
（2）メダルポテンシャルアスリート育成システム構築事業	467,191
（3）トップアスリートの強化・研究活動拠点の機能強化に向けた調査研究	22,166
（4）国際競技大会情報ネットワーク形成支援事業	62,684
（5）国連ジュニアスポーツリーダー研修事業	15,722
（6）ドーピング防止活動の推進	359,679
～ライフステージに応じたスポーツ活動の推進～	
（1）社会体育施設耐震化事業	1,006,400
（2）地域スポーツとトップスポーツの好循環推進プロジェクト	588,866
（3）健常者と障害者のスポーツ・レクリエーション活動連携推進事業	72,932
（4）競技者・指導者等のスポーツキャリア形成支援事業	104,885
～学校における体育・運動部活動の充実～	
（1）体育活動における課題対策推進事業	15,817
（2）中学校武道場の整備促進	4,604,125
①公立中学校武道場の整備	4,534,000
②私立中学校等武道場の整備	70,125
（3）武道等指導推進事業	302,082
（4）運動部活動地域連携再構築事業	271,930
（5）全国体力・運動能力、運動習慣等調査	302,276

（文部科学省スポーツ・青少年局（2013）をもとに作成）

　日本のスポーツ推進において中核的な役割を果たしている文部科学省スポーツ・青少年局の 2013（平成 25）年度スポーツ振興関連予算は、スポーツ基本法のもと定められたスポーツ基本計画に沿うかたちで、表 3-4 のように定められた。

　国によるスポーツ推進の事業は、文部科学省を中心としながら、それ以外の各省庁を巻き込んで展開されている。例えば健康づくりのための身体運動の推進は厚生労働省、公園の整備は国土交通省や農林水産省、キャンプや登山などの野外活動のサポートは環境省によって行われているものもある。これらさまざまな省庁による事業に係る予算は、「体力つくり関連

表 3-5　文部科学省以外の省庁における体力つくり関連予算（2012 年度予算額）

府　省	項　目	金　額(億円)
厚生労働省	健康増進に必要な経費	0.68
	高齢者日常生活支援等推進費	0.09
	生活習慣病等予防対策事業費	33.70
	障害者参加促進費	8.86
	障害者の健康増進・スポーツ支援普及事業	0.17
	高齢者生きがいづくり及び社会参加推進費	2.06
	障害者自立支援対策臨時特例交付金	(115.00)
	次世代育成支援対策施設整備交付金	(27.00)
	障害者自立支援対策費	(450.00)
	放課後児童クラブ整備費補助金※	22.87
	こどもの国施設整備費補助金※	2.73
	国立総合児童センターの運営等に必要な経費※	4.12
国土交通省	国営公園等事業費	(151.07)
	都市公園防災事業費	(32.75)
	社会資本総合整備事業費	(1,4395.30)
農林水産省	食育推進事業費	9.76
	食の安全と消費者の信頼確保対策事業経費	(26.06)
	レクリエーションの森の施設の整備※	0.74
環境省	自然環境保全対策等経費	0.02
	自然環境学習等推進事業費	0.20

※は特別予算。
（　）が付けられた金額は、その予算内にあるスポーツ関連事業を特定できないため、合計には含まない

(笹川スポーツ財団（2013）をもとに作成)

予算」として表 3-5 のようにまとめられる。このように国によるスポーツ推進事業を幅広く捉えると、2013（平成 25）年度には合わせて 400 億円以上もの予算がスポーツのために計上されたとみることができる。国によって展開されるスポーツ推進の事業は、スポーツ施設産業やスポーツ教育産業、プロスポーツ産業など、あらゆる領域におけるスポーツ産業のさらなる拡大につながっている。

5. スポーツ推進施策の財源確保

　上でみたように、現在ではスポーツの推進のためにさまざまな側面から国の予算が組まれているが、生涯スポーツ・競技スポーツのさらなる発展を見据えると、より多くの財源が確保されなければならない。
　その課題解決のための方策の一つが、スポーツ振興基金の設立だった。政府からの出資金250億円と民間からの寄付金約44億円により、1990（平成2）年にスポーツ振興基金が創設され、以降、図3-2に示したように、基金の運用益等がスポーツ振興の財源の一つとして用いられてきた。
　日本のスポーツ振興を支えるもう一つの大きな財源が、スポーツ振興くじ（toto）である。Jリーグ発足の翌年にあたる1992（平成4）年からくじの創設について議論が進められ、1998（平成10）年に「スポーツ振興投票の実施等に関する法律」が公布された。2001（平成13）年から全国

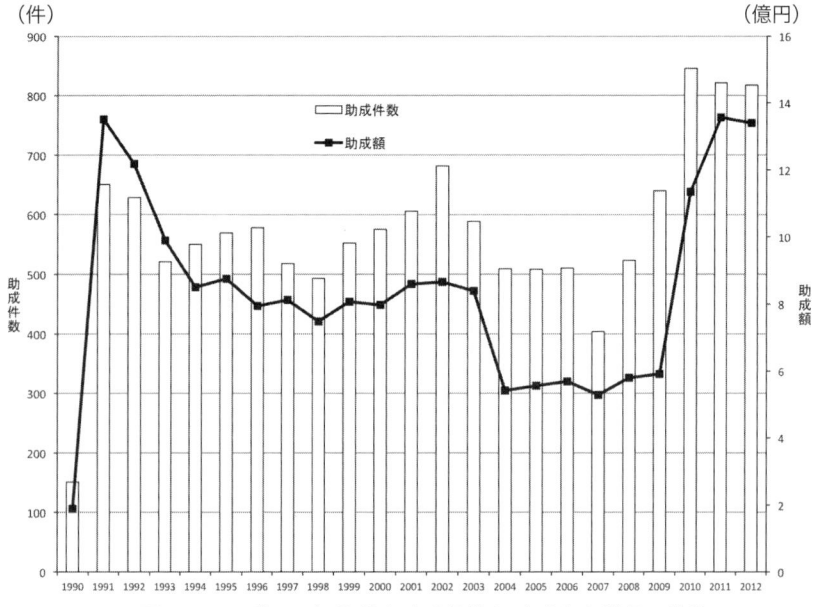

図3-2　スポーツ振興基金助成件数と助成金交付額の推移
（日本スポーツ振興センター（2007、2012）をもとに作成）

図 3-3　スポーツ振興くじ売上額の推移
（日本スポーツ振興センター（2012）をもとに作成）

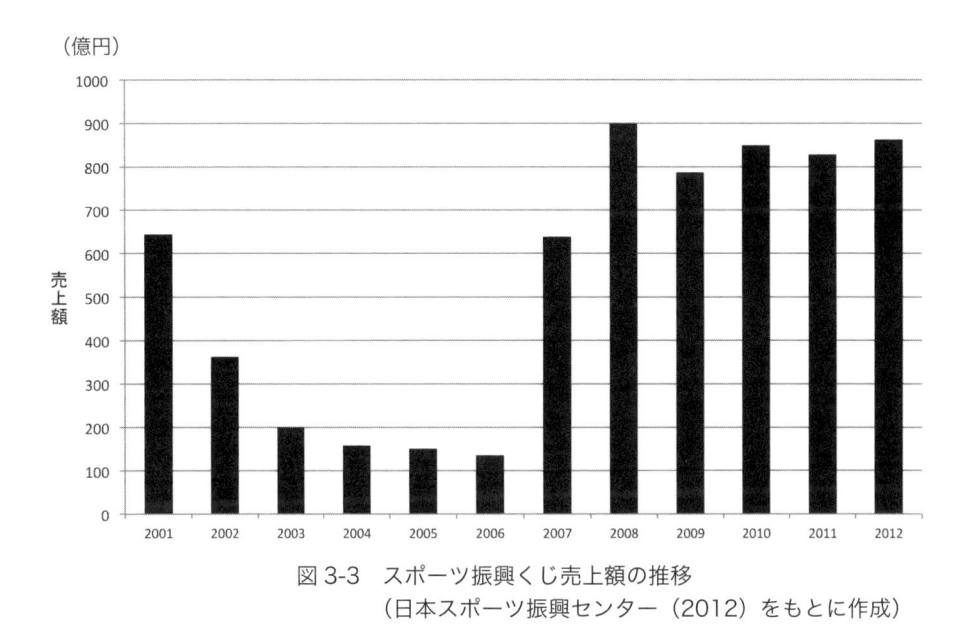

　販売が開始された toto は、発売初年度に約 643 億円を売り上げ、翌年度のスポーツ事業に約 58 億円を助成した。
　これにより、日本のスポーツ振興のための十分な財源が確保されるかにみえたが、2 年目以降 toto の売上は減少し、2006（平成 18）年度には売上総額約 135 億円、翌年度の助成金 7,850 万円にまで落ち込んだ。その原因として、J リーグの 13 試合すべての結果を予想するのに手間がかかる点や、販売場所が限られている点、試合当日には購入できない点などがあげられた。そこで、2006（平成 18）年に試合当日まで販売期間を延長し、コンビニエンスストアでの販売を開始するとともに、予想が不要で最高 6 億円が当たる「BIG」が新設された。すると、BIG はたちまち大きな話題となり、2007（平成 19）年度には初年度に次ぐ約 637 億円の売上を記録し、翌年度には過去最高の約 897 億円を売り上げるなどして、toto は再びスポーツ振興のための財源としての機能を取り戻した（図 3-3）。
　現在では、スポーツ振興くじ助成、スポーツ振興基金助成、国の交付金による助成の 3 本柱によって、表 3-6 に示したとおりスポーツ施設の整備、

表 3-6　日本のスポーツ振興助成

	助成区分	2012年度助成件数	2012年度助成金額
スポーツ振興くじ助成	大規模スポーツ施設整備助成	5	10.2億円
	地域スポーツ施設整備助成	273	62.8億円
	総合型地域スポーツクラブ活動助成	1,513	36.5億円
	地方公共団体スポーツ活動助成	187	6.1億円
	将来性を有する競技者の発掘育成活動助成	62	11.2億円
	スポーツ団体スポーツ活動助成	760	28.2億円
	国際競技大会開催助成	7	1.8億円
	東日本大震災復旧・復興支援助成	259	9.8億円
スポーツ振興基金助成	スポーツ団体選手強化活動助成	41	3.9億円
	スポーツ団体大会開催助成	121	3.1億円
	選手・指導者スポーツ活動助成	656	6.4億円
競技強化支援事業助成	スポーツ団体重点競技強化活動助成	38	3.7億円
	スポーツ団体トップリーグ運営助成	12	1.6億円

（日本スポーツ振興センター（2012）をもとに作成）

地域スポーツクラブの創設、スポーツイベントの開催、トップレベル選手の強化などの事業が資金面で支えられている。

（佐野昌行）

【参考資料】

1) 文部科学省スポーツ・青少年局スポーツ振興課「体力・スポーツに関する世論調査」http://www.mext.go.jp/component/b_menu/other/__icsFiles/afieldfile/2013/08/23/1338732_1.pdf（参照日 2013 年 10 月 1 日）
2) 笹川スポーツ財団『スポーツライフ・データ 2012』笹川スポーツ財団、2012
3) 文部科学省「スポーツ立国戦略の概要」http://www.mext.go.jp/a_menu/sports/rikkoku/__icsFiles/afieldfile/2010/09/16/1297182_01.pdf（参照日 2013 年 10 月 1 日）
4) 文部科学省スポーツ・青少年局「平成 25 年度予算（案）主要事項」文部科学省、2013
5) 笹川スポーツ財団「スポーツ庁の設置形態に関する研究報告書」笹川スポーツ財団、2013
6) 日本スポーツ振興センター「スポーツ振興基金」(16) 日本スポーツ振興センター、2007
7) 日本スポーツ振興センター「スポーツ振興事業助成」日本スポーツ振興センター、2012
8) 日本スポーツ振興センター HP「平成 24 年度スポーツ振興事業助成助成金配分額」http://www.jpnsport.go.jp/sinko/Portals/0/sinko/sinko/pdf/24haibun-souhyou.pdf（参照日 2013 年 10 月 30 日）

総合型地域スポーツクラブを支える人材

コラム1

　生涯にわたってスポーツに親しめる環境を身近な場所に作ることを目指して創設された「総合型地域スポーツクラブ（以下、「総合型クラブ」という）」は、文部科学省による「平成25年度総合型地域スポーツクラブ育成状況調査」によると2013（平成25）年7月現在、全国で3,493クラブある（文部科学省調べ）。総合型クラブとは、様々な年代の様々な志向を持った方々が住む町を「スポーツを通じて豊かにする」ことを目指し、住民主体で活動を運営する非営利組織のことである。

　そのような総合型クラブが、自分たちの思い描く夢を実現させていくためにはどうしたら良いのか、住民に喜ばれ信頼され、多様な志向を持った会員たちの満足度を高め、町にとって欠かせない存在になるためにはどうしたら良いのか、自立した組織として安定的な財源を確保していくためにはどうしたら良いのか。これらの問いに応えるためには、営利組織か非営利組織かを問わず、さらには規模の大小を問わず、組織マネジメントに関する知識やスキルを有する人材を組織の中心に確保する必要がある。

　日本スポーツ界を大きく見渡してみると、プロ野球やJリーグなどに代表されるプロスポーツの組織から地域のスポーツクラブやサークルまで、各領域のスポーツ組織運営に関するマネジメント能力を有する人材育成の講習や研修が様々な形で展開されている。日本体育協会においても総合型クラブで必要とされるマネジメント能力を有する人材として、これらのク

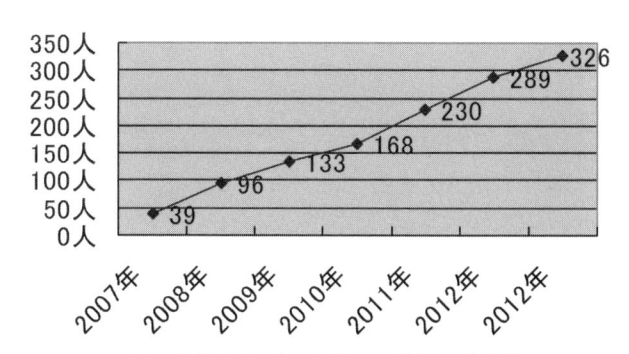

図　公認クラブマネジャー登録者数推移
（公認クラブマネジャー登録者数推移（2013）をもとに作成）

※公認クラブマネジャー資格取得のための詳細については日本体育協会公式ホームページにてご確認ください

ラブが円滑に継続的に運営していくための「公認クラブマネジャー」を養成している。

日本体育協会のマネジメント資格は公認クラブマネジャーと公認アシスタントマネジャーの2種類あり、2013（平成25）年10月現在、クラブマネジャーが326名（図を参照）、アシスタントマネジャーが5,096名登録されている。

日本体育協会が養成する公認クラブマネジャーの役割は「総合型の地域スポーツクラブなどにおいて、クラブの経営資源を有効に活用し、クラブ会員が継続的に快適なクラブライフを送ることができるよう健全なマネジメントを行う。総合型の地域スポーツクラブなどの運営が円滑に行われるために必要なスタッフがそれぞれの役割に専念できるような環境を整備する。」としている。

総合型クラブのマネジメントとは、クラブを長く継続していくために赤字を出さず、理念や目的の実現に向けて多様な資源を効果的に投入していくことであり、そのための様々な情報を集め、具体的な目標を定め、人員・事業・予算などの事業計画を立てて実行し、その進行や過程、成果を評価し、問題があれば解決を図ることである。

したがって、クラブマネジャーには①経営の専門家としての能力、②地域スポーツの演出家としての能力、③地域活性化の推進者としての能力が求められる。なぜなら、総合型クラブには、会員が快適なクラブライフを送るため、実技指導にあたるコーチングスタッフなどの人材育成と確保、活動場所やクラブハウスなどの施設の確保と整備、クラブ会員相互の連帯感やクラブのアイデンティティを高めるプロモーション、新規加入会員を募るためのイベントなど様々な仕事があるからである。

文部科学省が公表した「平成25年度総合型地域スポーツクラブに関する実態調査概要」によると、総合型クラブにおけるクラブマネジャーの配置（資格の有無は問わず）は、「配置している」が52.0％、「配置していない」が47.7％。クラブマネジャーの勤務形態は「常勤」が43.7％、「非常勤」が56.3％となっている。また、手当てが支給されているクラブマネジャーは「常勤」で85.0％、「非常勤」で41.7％で、手当ての平均額は「常勤」

では 8,324 円／日、「非常勤」では 4,662 円／日となっている。

　全国には 3,000 を超す総合型クラブが存在するが、それらのクラブを支える人材が十分確保されているとは言い難い。また、常勤で有給の人材が確保されているクラブであっても十分な手当てが支給されているクラブは少ない。

　総合型クラブが自立し、継続的で発展的に円滑な運営を行っていくためにも、マネジメント能力を有する人材の確保は欠かせないことは明らかである。しかし、住民主体による運営を基本とする総合型クラブの多くは、クラブ運営に関わる方々の熱意に支えられているケースが多く、クラブマネジャーを「雇用したい」という意識はあるものの、「雇用したくてもできない」というのがほとんどのクラブの実情ではないだろうか。

　また、住民主体の総合型クラブが、スポーツを通じた社会貢献事業体として、自分たちの住む町を活性化させるという新たなコミュニティビジネスも期待されているが、事業として成り立ち、自立しているクラブはまだ少ない。

（岡　達生）

管理栄養士の資格と仕事

はじめに

　個人の健康づくりのための重要な要素には、日常生活における身体活動や運動習慣とともに、栄養（食物）摂取状況や日ごろの食生活などがあげられる。近年では民間スポーツクラブに管理栄養士や栄養士が採用されていることは珍しくない。またメタボ健診と呼ばれる特定健康診査・特定保健指導の現場でも医師、保健師らとともに、管理栄養士が重要な役割を担っている。管理栄養士による栄養指導が、生活習慣病の有効な予防策として期待されているといえよう。ここでは管理栄養士についてみていくこととする。

歴史的背景と概要

　日本、そして世界でも初めてとなる栄養学校（※栄養学上の知識を日常生活の実際問題に結び付けて学修する）が1924（大正13）年に栄養学の創始者である佐伯矩博士によって設立された。その後、日本の食糧事情が悪化した第2次世界大戦後の1947（昭和22）年、人々の栄養状態の改善をめざして栄養士法が制定され、栄養士という資格が厚生大臣の指定した栄養士養成施設で修学、卒業すればとれる国家資格として普及してきた。
　いっぽう、管理栄養士という資格は、1962（昭和37）年に時代の変化に対応し、より高度な社会的ニーズに対応するため栄養士よりも高度な資格として新たに設けられた。1985（昭和60）年からは管理栄養士の質の向上と社会的地位の向上をめざして、国家試験制度となるとともに、都道府県知事の指定する集団給食施設への管理栄養士の必置規定が設けられ、管理栄養士の必要度も強化された。
　その後、生活習慣病が国民の健康面における大きな課題となり、これらの疾病の発症と進行を防ぐためには食生活の改善が重要な課題とされていることから、2000（平成12）年3月に栄養士法が大きく改正され（法の施行は2002（平成14）年4月）、管理栄養士制度の大きな見直しがなさ

コラム2

れた。具体的には、管理栄養士の資格が登録から免許制に改められたこと。さらにこれまで管理栄養士養成施設卒業者に対して認められていた試験科目の一部免除を廃止したことや栄養士養成施設を卒業して栄養士免許を受けた後、一定の期間の業務経験を経て受験する者について、実務経験年数を1年延長することなどである（図）。こうして管理栄養士の資格は、それまでよりも一層高度な専門知識・技能を重視するよう改められた。

管理栄養士養成施設と国家試験の実施状況

```
1.管理栄養士養成施設
  修業年数4年                ─────────────────┐
                    栄養士                       管理  国家
2.栄養士養成施設      免許               実務経験3年終了後  栄養士  試験
  修業年限2年        取得               実務経験2年終了   国家  合格
  修業年限3年                           実務経験1年終了   試験  発表
  修業年限4年
```

図：管理栄養士国家試験までの道のり（2013年10月現在）

　2013（平成25）年現在、栄養士の免許交付数の累計は967,336人、管理栄養士数は累計で176,391人である。

　2002（平成14）年の法改正を機に、管理栄養士資格への期待が高まり、多くの栄養士養成施設は管理栄養士養成施設へと転換した。2013（平成25）年9月現在、栄養士養成施設数は154（うち4年制大学17・2年制短期大学108・専門学校29）、管理栄養士養成施設数は132（4年生大学125・専門学校7）である（社団法人全国栄養士養成施設協会「平成25年度全国栄養士養成施設一覧」より）。

　管理栄養士国家試験の実施状況と合格率を表に示した。全体の合格率は、例年30〜40％前後であるが、管理栄養士養成校を卒業した直後に受ける新卒の合格率が高いことがわかる。このことからも国家試験は、「現役時代が勝負」といわれている。国家試験後には学校別の合格者数や合格率

が公表されることから、今後も管理栄養士養成施設間で学生確保のための競争が続いていくものと思われる。

管理栄養士の職場

管理栄養士としての職場は、病院・福祉施設が多い。しかしその他にも学校（小学校から大学）、企業（給食委託会社や食品メーカー、ドラッグストア）、保健所や保健センター（行政）、スポーツ関連（施設やスポーツ現場）などがある。業務内容も職場によって異なり、栄養指導や研究、商品開発など多岐にわたる。また、数は少ないもののスポーツ関係の職場として、国立スポーツ科学センター、各地域のスポーツ医科学センター、スポーツ振興事業団、企業などのスポーツの現場にも職場がある。近年では、日本栄養士会と日本体育協会で認定する公認スポーツ栄養士という資格も誕生し、スポーツの現場での栄養指導に携わる管理栄養士の専門性がより明確化されている。

表：管理栄養士国家試験の実施状況と合格率

	第20回(H18年)	第21回(H19年)	第22回(H20年)	第23回(H21年)	第24回(H22年)	第25回(H23年)	第26回(H24年)	第27回(H25年)
受験者数	20,570人	21,571人	22,073人	23,744人	25,047人	19,923人	21,268人	20,455人
合格者数	5,504人	7,592人	6,968人	6,877人	8,058人	8,067人	10,480人	7,885人
合格率	26.8%	35.2%	31.6%	29.0%	32.2%	40.5%	49.3%	38.5%
管理栄養士養成課程（新卒）	72.3%	81.8%	80.6%	74.2%	78.7%	82.1%	91.6%	82.7%
管理栄養士養成課程（既卒）	7.2%	18.5%	9.4%	8.6%	14.9%	14.9%	29.1%	7.9%
栄養士養成課程（既卒）	8.8%	14.0%	9.0%	7.5%	10.2%	14.2%	22.9%	10.1%

（大家千枝子）

第二部　スポーツ指導の産業

第4章　ジュニアスポーツスクール産業

1. ジュニアスポーツの現状

　東京都杉並区和田中学では、2012（平成24）年から「部活イノベーション」として、運動部の休日の指導を外部企業に委託する活動が始まっている。これは和田中学の保護者や住民でつくる「地域本部」が、外部の進学塾と契約して行っている「夜のスペシャル」という有料授業の一環で、数学や英語の代わりにスポーツを有料で指導するというものである。
　実は日本人のスポーツに費やされる時間は、ここ20年ほどほとんど変化がない。2008（平成20）年前後には、北京オリンピックの影響で増加する傾向が見られたものの、全体的にみればそれほどの変化ではない。
　これはNHK放送文化研究所が5年ごとに調査している「国民生活時間調査」（2011）にも表れている（表4-1）。同調査によれば、国民全体でスポーツをしている人の率は、平日・土曜・日曜ともにおよそ1割で、これらのスポーツをしている人が運動に費やしている平均時間は、平日で1時間44分、土曜が2時間38分、日曜が2時間40分となっていた。時間量では、60代以上の男性が長く、土曜・日曜には10代の男性が平日より40分以上増加している。国民全体でみると、日曜の平均時間や小学生のスポーツに費やす時間が減少してはいるが、全体的には微減といったところだろう。
　平日よりも土曜、日曜のほうが、スポーツを行う時間量が多いのは、どの年代でも同じだ。だが、たとえば中学生が部活動として平日や土曜・日曜の週末にスポーツを行おうと思えば、当然ながら指導する教員が立ち会う必要がある。顧問が休日出勤するのは、時間的にも大変になるが、この負担を軽減するために先の和田中学の取り組みも生まれたという。平日の放課後や土曜、日曜などに、顧問の先生の負担にならずに、なおかつ子供たちに部活を行わせる方策として、有料ながら外部に委託するという方法が探られたのである。委託先はスポーツデータバンク株式会社だが、公認資格を持つプロのコーチが派遣されて技術指導し、安全管理にも責任を負うため、学校側の負担が減る。しかもプロコーチの指導が平日の練習にも活かされて、レベルの向上も期待できる。

表4-1 スポーツ行為者数

【行為者率】(%)		平日 '95	平日 '00	平日 '05	平日 '10年	土曜 '95	土曜 '00	土曜 '05	土曜 '10年	日曜 '95	日曜 '00	日曜 '05	日曜 '10年
国民全体		7	7	8	8	8	8	9	10	10	9	10	9
男	10代	18	16	16	15	21	18	25	18	23	20	23	22
男	20代	7	8	7	7	10	7	7	9	11	7	12	12
男	30代	5	3	5	3	6	7	6	10	11	11	7	6
男	40代	5	2	4	7	9	10	7	8	15	11	12	7
男	50代	6	4	7	5	11	9	15	9	18	8	15	12
男	60代	7	14	14	15	8	9	11	20	10	10	15	14
男	70歳以上	9	8	10	15	8	12	10	8	9	13	10	10
女	10代	9	5	11	8	8	8	9	10	8	11	8	7
女	20代	4	6	3	2	6	2	2	6	6	7	4	6
女	30代	4	5	4	6	6	5	5	7	9	9	3	7
女	40代	6	7	5	5	7	5	5	6	6	5	7	3
女	50代	5	8	10	7	7	8	5	6	7	8	5	6
女	60代	6	12	10	11	6	11	9	11	7	7	10	8
女	70歳以上	5	6	8	8	4	6	7	8	5	6	5	5
小学生		27	27	25	21	27	28	34	19	31	31	21	26
中学生		12	6	12	9	15	11	21	16	14	14	21	14
高校生		5	4	6	8	7	7	3	11	7	6	9	12

(NHK放送文化研究所(2011)をもとに作成)

　学校教育におけるスポーツ部の指導が、大きな曲がり角に来ているということだろう。日本の場合、ことに小中学生の運動は、学校教育や部活動に負う面が大きい。週末の部活動などの指導が行われなくなれば、先の調査のスポーツにかける時間はもっと短くなるだろう。

　ヨーロッパなどでは、地域によるスポーツクラブや、プロスポーツクラブの下位組織により、子供たちにスポーツ指導が行われているが、日本では地域のクラブ活動は近年になってはじまったばかりで、まだ歴史もほとんどない。また、野球やサッカー、水泳、さらに柔道・剣道といったスポーツが中心で、それ以外のスポーツではなかなか指導者も見つからない。プロのスポーツコーチが、部活や課外活動の指導の一端を担うというのは、その意味ではまったく新しいスポーツ市場の開拓だともいえるのである。

2. ジュニアスポーツスクールの今後

スポーツ市場としてジュニアスポーツ教室の現状を見ると、これは学習塾などの教育産業の一角を担う分野として、今後の発展が期待できる分野でもある。というのも、子供の学習費の推移を見ると、金額的にはほぼ横ばいであるのに対し、講師や指導者などの雇用が大きく伸びているからだ。

図4-1は、文部科学省が公表している「子どもの学習費調査」(2012)から、公立・私立の各小中高等学校の年間教育費用のうち、課外活動にどの程度支払われたかの推移を示したものである。

このグラフを見ると、公立・私立によって差があるものの、全体的にはここ10年ほど大きな変化がないことがわかる。平成22年に関しては、公立高校の生徒の課外活動費が大きく落ちているが、それ以外はほぼ横ばいだといっていいだろう。

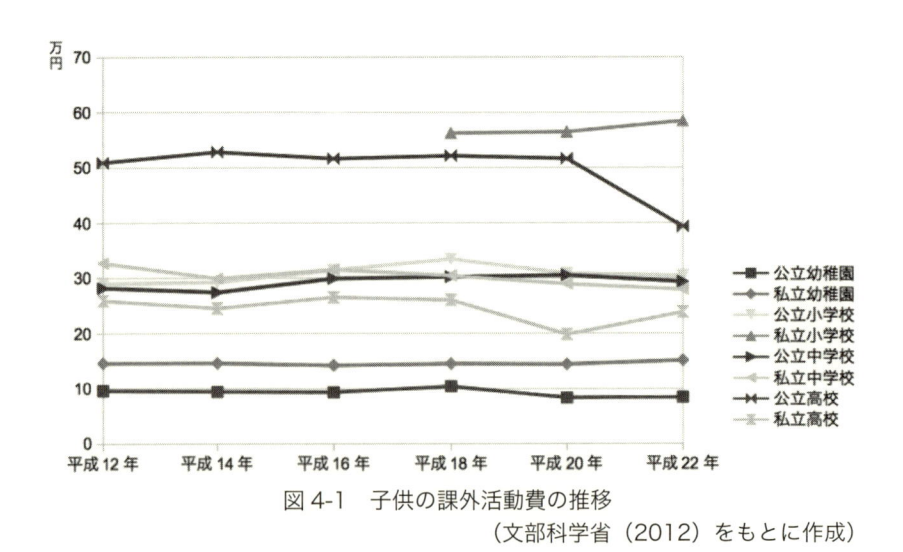

図4-1　子供の課外活動費の推移
（文部科学省（2012）をもとに作成）

一方、厚生労働省が発表している「530万人雇用創出プログラム」(2003)の「社会人向け教育サービスにおける雇用創出の見込み」では、カルチャーセンターの従業者数・講師数が年々増加しているのがわかる（図4-2）。

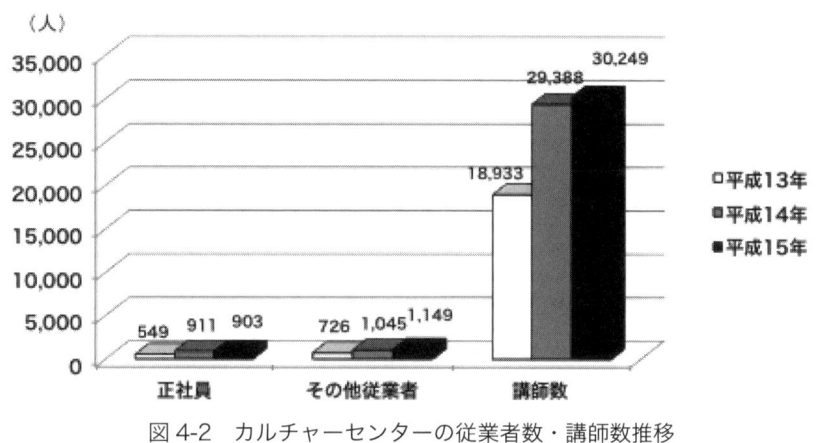

図4-2　カルチャーセンターの従業者数・講師数推移
（厚生労働省（2003）をもとに作成）

　また、経済産業省の「特定サービス産業動態統計調査」（2013）を見ると、「学習塾の事業所数、従業員及び講師数」では事業所数、従業員数、講師数ともに増加傾向にあることがわかる。調査結果では、2012（平成24）年の学習塾数は8,210箇所、従業員数は18,531人、講師数は83,946人となっていた。同年の受講生数は、累計で約1,200万人を超えている（図4-3）。

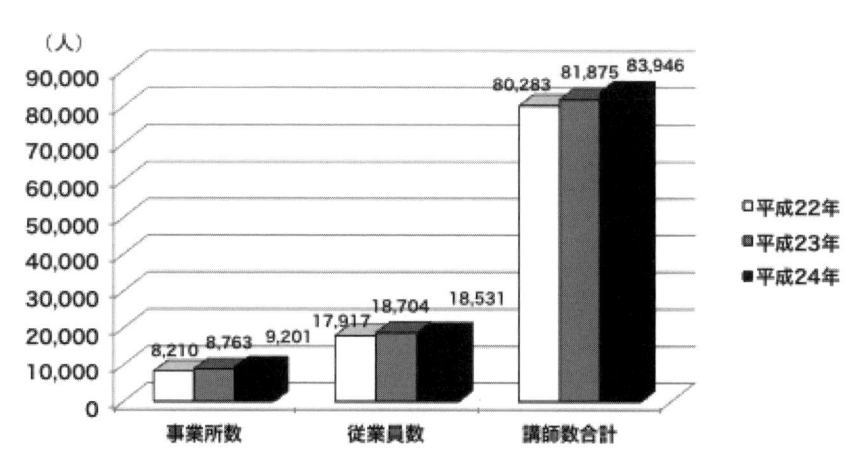

図4-3　学習塾の事業者数、従業員数、講師数の推移
（経済産業省（2013）をもとに作成）

さらに同調査では、全国にあるフィットネスクラブの事業所数や従業員・インストラクター数も調査されている。それによれば、2012（平成24）年のフィットネスクラブの事業所数は1,030箇所、従業員・インストラクターの合計数は36,915人となっていた。増減はあるものの、全体的に増加傾向にあることがわかる（図4-4）。

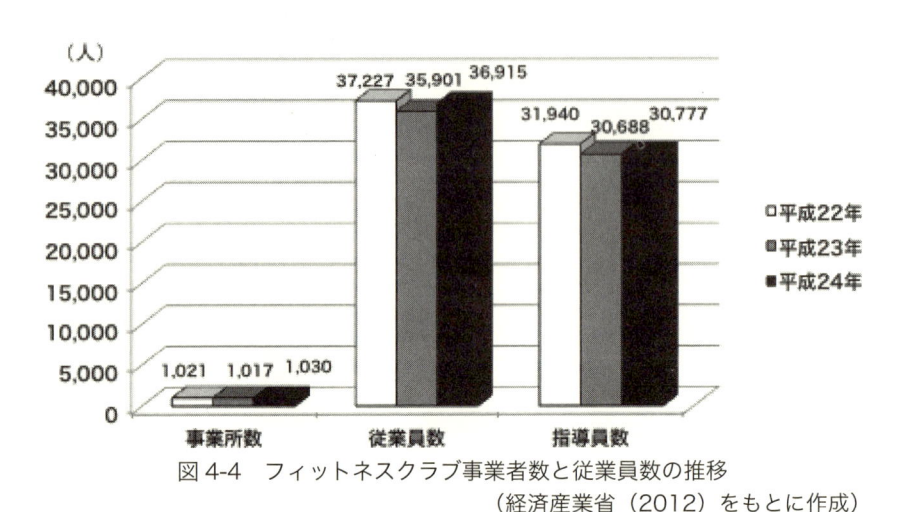

図4-4　フィットネスクラブ事業者数と従業員数の推移
（経済産業省（2012）をもとに作成）

　ジュニアスポーツに限定した調査はないが、塾形式のスポーツ教室やフィットネスクラブに併設されているジュニア向け教室などの数も増え、また受講者も増加しているという。これまで子供の運動能力を伸ばす塾や教室には、リトミックや水泳、あるいはテニスや柔道、剣道といったものがあったが、サッカーのJリーグ発足とともに全国で子供向けのサッカー教室が多数誕生している。これらは多くが英才教育として競技者を育成することを目的とするものか、あるいはピアノや算盤と同じように習い事としての教室（道場）であって、学習塾などに匹敵するような、いわばスポーツ塾としての存在ではない。だが、冒頭に記した小中学校の課外活動の一環としてのスポーツ指導や、スポーツデータバンクが運営しているジュニアバッティングスクールやサッカーパーソナルコーチといった活動は、学習塾やカルチャーセンター等に匹敵するジュニアのためのスポーツ塾とし

て、また教育事業として普及しつつある。

　学習塾が、学校の授業を補完し、苦手分野の基礎力を養い、さらに課目を先取りして深い知識と理解を養い、実力を付けるためのものであるとすれば、スポーツ塾はこれをスポーツに限定したものである。2020年の東京オリンピックに向け、今後数年はますます子どもたちのスポーツ熱が高まることが期待できる。学習塾がひとつの産業として形成されているように、ジュニア向けのスポーツ塾も新しい産業として、東京オリンピックを契機に興隆していくのではないかと予測されるのである。

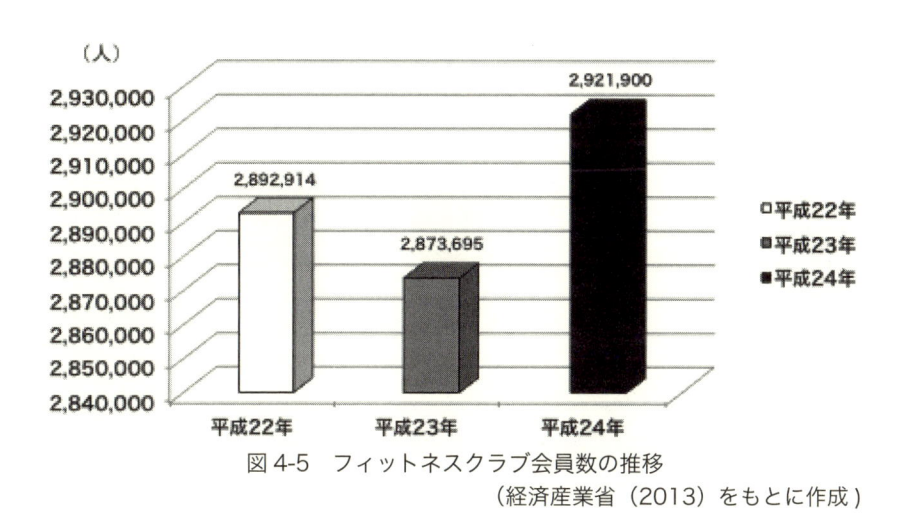

図4-5　フィットネスクラブ会員数の推移
（経済産業省（2013）をもとに作成）

3. ジュニアスポーツスクールでの指導

　東京都杉並区の中学校で始まった課外活動の外部委託化は、委託されているスポーツデータバンクだけでもすでに3つの中学校に派遣するまでに広がっている。
　この動きには、前述したような指導教師の負担の軽減という理由のほかにも、いくつかの状況の変化や要因が考えられる。
　まず、教師の体罰問題（表4-2）。とくに運動部では、古くから指導者

や上級生による体罰問題がくすぶっていた。その多くが、生徒の体力や技術の向上を願い、たまたま行き過ぎた指導が体罰として表面化されてしまったものなのだろう。だが、ここには専門的な指導を受けていない教師や、地域のボランティアによる間違ったスポーツ指導にも要因がある。指導するスポーツが、自分が経験してきたからといって、そのまま正しいコーチや指導が行えるわけではない。スポーツ技術やコーチングは、海外のスポーツ科学や人間工学なども取り入れ、大きく発展してきている。これらの新しいコーチングを学んでいなければ、正しい指導は行えない。ここ数年頻発しているいじめや体罰問題を解決するには、まず子供たちのスポーツの新しい指導法を学ぶ必要がある。

　子供たちにとってスポーツとは、成功体験なのである。学校では、学年ごとに体力も技術も異なるため、練習メニューも異なっているが、それらは年齢による分類程度で、各個人の体力や技術に合わせたメニューを行わせることはほとんどない。海外では、同じ年齢で同じスポーツを行っても、全員が同じメニューで練習することなどない。子供たちの体力や技術に合わせ、個別の練習メニューを行わせるのが一般的だ。こうして個別の練習メニューを消化させることで、昨日までできなかったことが今日はできた、という成功体験を積み重ねさせる。この成功したという体験こそが、子供を大きく成長させるものなのである。

　これらの指導は、先生や地域のボランティアでは行えない。学校現場で

表4-2　平成24年4月〜平成25年1月の間における体罰の状況（公立）

（単位：校）　　　　　　　　　　　　　　　　　　　　　　（単位：件）

区　分	①発生学校数	②発生件数	うち懲戒処分を行った件数	懲戒処分	訓告等	うち懲戒処分等を検討している件数
小学校	179	189	147	15	132	42
中学校	374	416	318	39	279	98
高等学校	186	220	127	26	101	93
中等教育学校	0	0	0	0	0	0
特別支援学校	13	15	12	4	8	3
合計	752	840	604	84	520	236

（文部科学省（2013）をもとに作成）

も、これらの点を感じ始めたのだろう。専門のコーチに任せ、正しい指導を行うことが、結果的に子供たちの教育に結びつくと考え、課外活動の外部委託化を進めようとしているのだろう。

4. ジュニアスポーツスクールの展開

　このような動きはジュニアスポーツ産業にも、大きな変化をもたらそうとしている。杉並区和田中学の課外活動を委託されているスポーツデータバンクでは、全国でスポーツスクールを展開し、またそれらのスクールで指導するスポーツコーチの養成を行っているが、各地のスクールをフランチャイズ化し、若い世代の起業をバックアップしている。

　ジュニアスポーツスクールは、これまでは大手企業による全国展開が一般的だったが、子供たちひとりひとりに合わせた指導を行うためには、より地域に密着したスクールが必要になる。そのための専門のコーチを養成し、フランチャイズ化したスクールを展開させることで、若い世代がジュニアスポーツ産業に参入する道を切り拓いているのである。

　塾やスポーツスクール、フィットネスクラブなどは、同じ「スポーツ教室産業」に分類されているが、実態は大きく異なる。とくに地域に密着したクラブなどがほとんどない日本では、子供たちを対象とするジュニアスポーツは、一般的なスクールやフィットネスクラブとは一線を画した取り組みが必要になる。

　さらに、野球やサッカーなど以外にも、バスケットボールやバレーボール、バドミントン、ゴルフ、スキーなど多岐に渡るスポーツに対応するためには、多くの人材が必要になる。

　これらの人材を育て、地域に密着したスクールを全国に展開していくことで、日本のジュニアスポーツスクール産業は、大きく変化しようとしている。今後数年の間に、ジュニアスポーツスクール産業は現在の学習塾産業に迫る市場規模にまで拡大していくとも予測できる。その市場の変化は、現在、緒についたばかりだ。

（遠藤利文）

【参考資料】

1)『2010年国民生活時間調査』NHK放送文化研究所、2011
2)「平成22年度『子どもの学習費調査』」文部科学省、2012
3)「社会人向け教育サービスにおける雇用創出の見込み」厚生労働省、2005
4)「特定サービス産業動態統計調査」経済産業省、2013
5)「体罰の実態把握について」文部科学省、2013
6) 黒田次郎・遠藤利文『スポーツビジネス概論』叢文社、2012

第5章　フィットネスクラブ産業

1. 日本におけるフィットネスクラブの誕生

　日本におけるフィットネスクラブのはじまりは、1964（昭和39）年の東京オリンピックの翌年、広島に「スイミングクラブ」、東京に「体操クラブ」が誕生したことに求められる。いずれも少年層を会員とした個人オーナーによる民営のスポーツクラブであったが、1970年前後にこの種のスポーツクラブが全国的に広がっていくと、それに商業資本が積極的に参画してくることになるからである（増田、1987）。現在、国内フィットネスクラブの大手であるセントラルスポーツ株式会社（1969（昭和44）年設立）や株式会社コナミスポーツ＆ライフ（1973（昭和48）年設立）をはじめ、多くの企業がスイミングスクールから事業をスタートさせている（クラブビジネスジャパン、2001）。

　また時を同じくして、日本には一連のスポーツブームが起こっていた。多くは米国の文化にならったものであり、ジョギングブーム、ジャズダンスブーム、テニスブームと続いた。1979（昭和54）年に創業した株式会社ルネサンスは、テニススクール（ルネサンステニススクール幕張）として事業をスタートさせている。その一方で、1981（昭和56）年には米国の運動生理学者であるケネス・H・クーパーが来日・講演したのを契機に、「エアロビクス」の言葉が広がり、翌年には、原宿にスタジオNAFAが設立され、若い女性を中心にエアロビクス（エアロビックダンス）ブームが起こった。米国のフィットネスは、このようにして部分的に日本に移入されていったのである（クラブビジネスジャパン、2001）。

　これらをひとつのクラブとして統合し、日本で初めて「フィットネスクラブ」の名を冠して開業したのが1983年に開設されたセントラルスポーツ株式会社の「ウィルセントラルフィットネスクラブ新橋」であった。また同年、株式会社ピープル（現株式会社コナミスポーツ＆ライフ）も「エグザス」ブランドで、スタジオ・ジムタイプのクラブ（「ユナイテッドスポーツクラブエグザス青山」）を東京青山に開設している。このとき「入会金1万円、月会費1万円、利用料なし」という現在のフィットネスクラブの料金システムの原型がつくられたのである（クラブビジネスジャパン、2001）。

2．日本におけるフィットネスクラブの出店動向

　日本におけるフィットネス業界は，株式会社ピープルの成功が呼び水になるかたちで急速に参入業者が増加し，フィットネスクラブの数は大幅に増大した（種子田、2002）。とりわけ、1980年代後半から1990年頃にかけてのバブル期には、1981（昭和56）年と比較すると20倍近くの店舗の出店があり、1989（平成元）年には224店舗まで急増している（図5-1）。その後、バブル経済崩壊後の低迷期の中で、出店数は1997年に25店舗まで減少したが、「大手企業によるM&A（吸収・合併）や企業の営業権譲渡、業務提携などが進み、新規出店数は若干ではあるが増加傾向」（世戸、2007）に至っている。

　現在では、フィットネスクラブ事業の多くが東京証券取引所に上場し、大型ショッピングセンターの出店増加、健康志向の社会的風潮、そして中高齢者の人口増加などの要因により、フィットネスクラブの出店および入会者は増加し、社会的・経済的に認知された事業へと進展している（世戸、2007）。

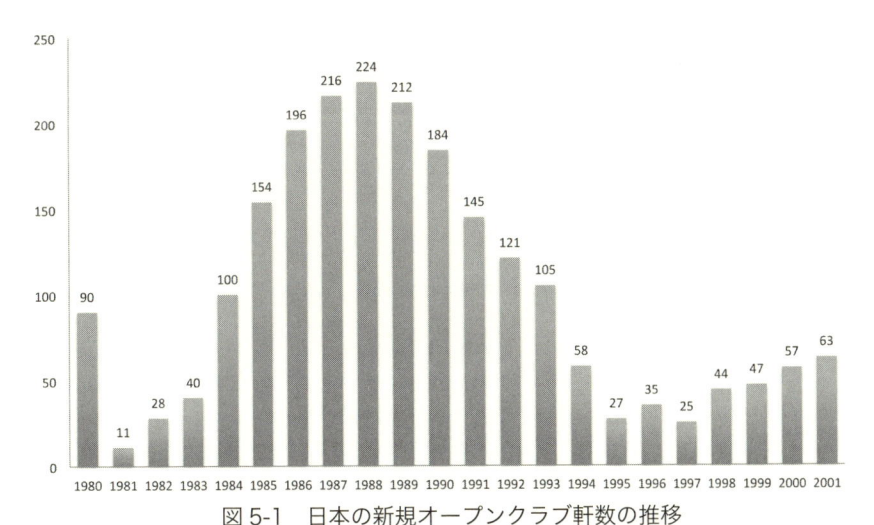

図5-1　日本の新規オープンクラブ軒数の推移
（Fitness online（2013）をもとに作成）

表5-1　フィットネスクラブの売上ランキング（上位10社）　　（単位：百万円）

		2006		2007		2008		2009		2010	
		売上高	順位	売上高	順位	売上高	順位	売上高	順位	売上高	順位
1	コナミスポーツ＆ライフ	88,459	1	86,544	1	89,965	1	85,765	1	85,900	1
2	セントラルスポーツ	43,615	2	44,924	2	46,442	2	45,901	2	45,481	2
3	ルネサンス	31,344	3	32,906	3	35,562	3	36,420	3	37,049	3
4	ティップネス	30,619	4	32,145	4	31,842	4	31,390	4	31,535	4
5	メガロス	12,689	5	12,823	5	13,593	5	13,694	5	13,927	5
6	オージー・スポーツ（コスパ）	12,050	6	12,043	6	13,889	6	13,624	6	13,668	6
7	東急スポーツオアシス	10,107	8	10,692	7	13,500	7	13,440	7	13,241	7
8	スポーツクラブNAS	10,632	7	10,585	8	10,707	8	10,830	8	11,625	8
9	東祥（ホリディスポーツクラブ）	6,341	11	7,552	10	8,153	9	8,300	10	8,580	9
10	アクトス	7,067	9	8,188	9	8,133	10	8,372	9	8,517	10
	上位10社売上高合計	253,400		258,402		271,786		267,736		269,523	
	上位10社シェア率	59.34%		61.23%		65.33%		65.46%		65.10%	

（クラブビジネスジャパン（2012）をもとに作成）

　なお、経済産業省（2013）の「平成25年特定サービス産業実態調査」によれば、フィットネスクラブとは「室内プール、トレーニングジム、エアロビクススタジオなどの屋内の運動施設を有し、インストラクター、トレーナーなどの指導者を配置し、会員にスポーツ、体力向上などのトレーニングの機会を提供する事業所」である、と定義されている。その運動施設が展開される場は、①民間企業によるフィットネスクラブと、②公的機関による運動施設に分けることができる（黒田ら、2010）。①の民間企業によって展開されているフィットネスクラブを、売上ランキングからみてみると、表5-1の通りである。一方、②の公的機関による運動施設は、国、地方公共団体が管理・運営するもので、近年では、指定管理者制度により、株式会社をはじめとした営利企業・財団法人・NPO法人・市民グループなど、法人その他の団体に包括的に代行させる例が増えている（黒田ら、2010）。

3．日本におけるフィットネス人口

　2000（平成12）年以降のフィットネスクラブの個人会員数の推移をみ

てみると（表5-2参照）、2002（平成14）年から伸び始めた会員数は、2005（平成17）年には400万人に近づき、参加率も初めて3％台へと突入していることがわかる。その後、2006（平成18）年には、会員数が約418万人となり史上最高値を記録、参加率も3.27％となり、過去最高値を記録することとなった。また同様に、延べ利用者数、利用回数もともに毎年増加しているが、この「背景には比較的時間に余裕があり、フィットネスや健康美に価値を見出し始めた30～40歳代女性や高年男性の参加増」（クラブビジネスジャパン編、2007）がある。

しかし、「同年秋から既存店の入会者が減少し始め、3年続けて減少」（クラブビジネスジャパン編、2011）、2009（平成21）年には400万人を割る結果となった。だが、2009（平成21）年10月から12月期を底に2010（平成22）年から回復へと向かっている（クラブビジネスジャパン編、2011）。

2000（平成12）年以降の日本におけるフィットネスクラブの会員数は

表5-2 会員数・延べ利用者数等の推移

	2000年	2001年	2002年	2003年	2004年	2005年
会員数（人）	3,739,493	3,702,098	3,591,036	3,672,912	3,776,488	3,970,519
参加率（％）	2.95	2.91	2.82	2.88	2.96	3.10
延べ利用者数（万人）	17,650	18,140	18,709	19,503	20,431	22,036
1施設あたり〃（人）	98,714	99,125	99,888	102,593	104,721	107,547
年間平均利用回数	47.2	49.0	52.1	53.1	54.1	55.5

	2006年	2007年	2008年	2009年	2010年	2011年
会員数（人）	4,178,690	4,103,462	4,009,082	3,952,970	3,988,164	3,927,229
参加率（％）	3.27	3.21	3.14	3.10	3.17	3.07
延べ利用者数（万人）	23,735	27,945	28,665	27,631	28,236	27,726
1施設あたり〃（人）	93,407	91,923	87,687	81,556	79,004	74,035
年間平均利用回数	56.8	68.1	71.5	69.9	70.8	70.6

（クラブビジネスジャパン編（2005、2009、2012）をもとに作成）

このように推移してきたのであるが、総会員の年齢別構成比率に着目してみると、中高年層の割合が年々高くなってきている。例えば、2011（平成23）年のセントラルスポーツのフィットネス会員の年齢別構成比率は、40歳以上が70.6%を占めており、またルネサンスでも62.5%を占めるまでになってきている（クラブビジネスジャパン編、2012）。こうした動向の背景には、2008（平成20）年4月から始まったメタボリックシンドロームに着目した特定健康診査、及び特定保健指導、いわゆる「メタボ診断」の義務化の影響がある（黒田ら、2010）。クラブビジネスジャパン（2010）がまとめた「日本のクラブ業界のトレンド2009年度版」によれば、「40～74歳では男性で2人に1人、女性で5人に1人がメタボリックシンドローム（内臓脂肪症候群）が疑われるか、また予備軍に入っていると推定（厚生省調べ）され…中略…40歳以上はもちろん、20～30歳代でもダイエット・メタボ対策への関心が高くなっている」と、報告されている。つまり、「『より良い健康の獲得』を求める国民ニーズの高まりと、『病気の予防』を重視する国の健康行政の変化」（黒田ら、2010）が起因となって、その対策のために、運動（指導）や栄養に関するノウハウを持つフィットネスクラブを利用する中高年層が増加してきているのである。

なお、そこで展開されている人気の種目（図5-2）には、筋力トレーニングをはじめとして、グループエクササイズプログラムとしてのヨガやエ

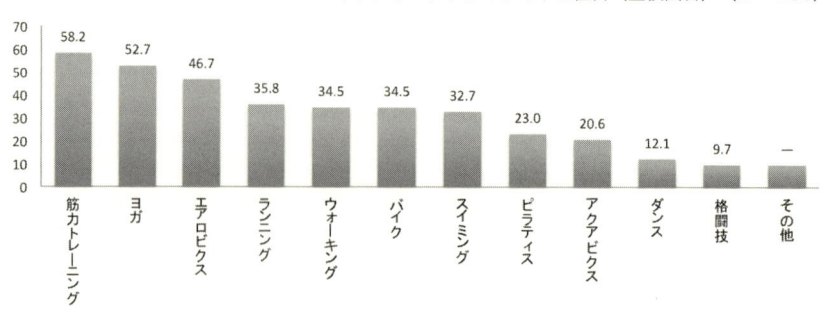

フィットネスクラブでよくやる種目（重複回答）（n = 165）

種目	割合
筋力トレーニング	58.2
ヨガ	52.7
エアロビクス	46.7
ランニング	35.8
ウォーキング	34.5
バイク	34.5
スイミング	32.7
ピラティス	23.0
アクアビクス	20.6
ダンス	12.1
格闘技	9.7
その他	—

図5-2　フィットネスクラブで人気の種目
　　　　（クラブビジネスジャパン（2007）をもとに作成）

アロビクスなどがある。またその一方で、アリーナ付設の施設では、スポーツ種目（フットサル、バスケットボール、卓球、バドミントン、バレーボールなど）にも人気が出てきている（クラブビジネスジャパン編、2007）。

4．日本におけるフィットネスクラブの市場規模

　フィットネスクラブの市場規模（売上高）は、健康意識の強まりやヨガブームなどを受けて、2003（平成15）年春から成長軌道に入り、2006（平成18）年まで順調に伸びてきたが、同年秋口より若年女性層を中心に徐々に入会者が少なくなり、在籍会員数の減少に同期するように2007（平成19）年から3年連続のマイナス成長（年率1.5％前後の減少）となっている（表5-3参照、笹川スポーツ財団、2011）。

　笹川スポーツ財団編（2011）の『スポーツ白書～スポーツが目指すべき未来～』によれば、この背景には主に5つの外的要因が絡んでいると推測されている。それは①経済の停滞と景気の低迷による消費の沈滞、選択消費の加速、②フィットネスを代替する商品・サービスの増加、③ライフスタイル、購買行動の変化（施設来場・月会費前納制に対する不満）、

表5-3　日本におけるフィットネスクラブの市場規模の推移

（単位：億円、％）

	2000年	2001年	2002年	2003年	2004年	2005年
売上高	3,648	3,648	3,575	3,675	3,796	4,019
伸び率	1.5	0.0	▲2.0	2.8	3.3	5.9

	2006年	2007年	2008年	2009年	2010年	2011年
売上高	4,272	4,220	4,157	4,087	4,142	4,095
伸び率	6.3	▲1.2	▲1.5	▲1.7	1.3	▲1.1

▲はマイナス成長
（クラブビジネスジャパン（2005、2009、2012）をもとに作成）

④業態の多様化と専門店の台頭、⑤局地的なオーバーストア化、である。更に同書によれば、これら以上に影響を及ぼしたのはクラブ側の問題（＝内的要因）と指摘されており、具体的には①戦略（ビジネスモデル）構築

表5-4　会員1人あたりの年間消費額

	2006年	2007年	2008年	2009年	2010年	2011年
会員数（人）	4,178,690	4,103,462	4,009,082	3,952,970	3,988,164	3,927,229
参加率（％）	3.27	3.21	3.14	3.10	3.17	3.07
延べ利用者数（万人）	23,735	27,945	28,665	27,631	28,236	27,726
1施設あたり〃（人）	93,407	91,923	87,687	81,556	79,004	74,035
年間平均利用回数	56.8	68.1	71.5	69.9	70.8	70.6

▲はマイナス成長
（クラブビジネスジャパン（2005、2009、2012）をもとに作成）

表5-5　日・米・英におけるフィットネスクラブの施設数と市場規模

日本

	1998年	2002年	2005年	2008年	2010年
施設数	1,708	1,873	2,049	3,269	3,574
売上高（億円）	2,945	3,575	4,019	4,157	4,142

米国

	1998年	2002年	2005年	2008年	2010年
施設数	12,000	—	—	30,022	29,890
売上高（億ドル）	82	—	—	191	203

英国

	1998年	2002年	2005年	2008年	2010年
施設数	1,800	1,943	1,980	5,755	5,885
売上高（億ポンド）	10	16	—	70.9	55.51

（クラブビジネスジャパン（2002、2005、2009、2012）、Fitness onlineをもとに作成）

力の弱さ、②価値強化力の弱さ、③価値伝達力の弱さ、④顧客創造力の弱さ、⑤起業家精神の弱さの5つがあげられている。

その後、2010（平成22）年には回復基調となり底を脱し、成長軌道に入るかと思われたが、2011（平成23）年3月11日、東日本大震災が起こり、成長への出鼻を挫かれることとなった（表5-3）。

とりわけ、同年3月から6月までの東日本の入会減、在籍減は業績に大きな影響を与えることとなったのである（クラブビジネスジャパン編、2012）。とはいえ、会員1人当たりの年間消費額をみてみると、減少していないことがわかる（表5-4）。「災害に負けない体力があることや、健5でいることの大切さを多くの人が再認識し、普段から運動して心身を鍛えておくことが重要と考えられるようになった」（日本生産性本部編、2012）のである。

なお、このように推移してきた日本におけるフィットネスクラブの市場規模を、欧米と比較してみると、その規模はかなり小さいことがわかる（表5-5）。1998（平成10）年と2010（平成22）年の日本の市場規模は、それぞれ2,945億円、4,142億円であるのに対し、米国では82億ドル、203億ドル、英国では10億ポンド、55.51億ポンドである。「医療保険制度や投資環境の違いやインフラコストの低さなど、考慮すべき要素はあるが、規模が小さいだけでなく成長のスピードも遅い」（笹川スポーツ財団編、2011）のが、日本の市場規模の特徴であるともいえる。

（矢野裕介）

【参考資料】

1) 増田靖弘「スポーツクラブ」岸野雄三編『最新スポーツ大事典』大修館書店、1987
2) クラブビジネスジャパン編『日本のクラブ業界のトレンド 2002 年版 -2011 年版』クラブビジネスジャパン、2003-2012
3) クラブビジネスジャパン「日本のフィットネスクラブ産業史」クラブマネジメント (Club Management) 33、2001
4) 種子田穣「フィットネス・ビジネスの到達点と課題―株式会社ピープルのケースにみる―」立命館経営学 40（6）、2002
5) 世戸俊男「フィットネスクラブのマネジメント」原田宗彦編『スポーツ産業論第 4 版』杏林書院、2007
6) 黒田次郎・内田勇人・林恒宏ほか『図解入門業界研究　最新スポーツビジネスの動向とカラクリがよ～くわかる本』秀和システム、2010
7) 笹川スポーツ財団編『スポーツ白書～スポーツが目指すべき未来～』笹川スポーツ財団、2011
8) 日本生産性本部編『レジャー白書 2012』日本生産性本部、2012
9) 経済産業省「平成 25 年特定サービス産業実態調査」http://www.meti.go.jp/statistics/tyo/tokusabizi/result-2/h25/pdf/h25enter25.pdf（参照日 2013 年 10 月 31 日）
10) Club Business Japan「フィットネス業界のデータと経営ノウハウ」http://www.fitnessclub.jp/business/date/index.html（参照日 2013 年 10 月 31 日）

第6章　学校体育指導者の現状

1. 小学校教員採用試験の現状

近年、小学校の教員免許を取得できるスポーツ系の大学が増えている。その背景には、子どもの運動能力の低下などの問題が深刻化しており、中・高等学校だけではなく、小学校においても体育を専門とする教員の需要があることが推察される。一方、少子高齢化が懸念される現代の日本において、児童・生徒不足による小学校の廃校および合併などにより小学校数は年々減少していく傾向にある（文部科学省、1993-2013）。このことから教員になることは非常に狭き門のように思われるが、団塊の世代の一斉退職等の理由から、採用者数は近年増加傾向にある（表6-1）。

表6-2には，平成24年度における学校段階別の教員採用試験応募者数、受験者数、採用者数、および競争率を示した（文部科学省、2013）。この表から、小学校の教員採用試験の競争率は4.4倍、中学校では7.7倍、高等学校では7.3倍であり、全体的に高い競争率ではあるが、中・高等学校

表6-1　公立学校教員の受験者及び採用者の推移（文部科学省 2013）

区分	年度	受験者数（A）	女性（内数）	採用者数（B）	女性（内数）	競争率 (A)／(B)
小学校	15	50,139	(32,873)	9,431	(5,890)	5.3
	16	50,446	(33,163)	10,483	(6,745)	4.8
	17	51,973	(32,661)	11,522	(7,431)	4.5
	18	51,763	(32,113)	12,430	(8,128)	4.2
	19	53,398	(32,211)	11,588	(7,527)	4.6
	20	53,061	(31,353)	12,372	(7,879)	4.3
	21	51,804	(30,125)	12,437	(7,932)	4.2
	22	54,418	(31,783)	12,284	(7,762)	4.4
	23	57,817	(33,354)	12,883	(8,102)	4.5
	24	59,230	(34,117)	13,598	(8,561)	4.4
中学校	15	50,057	(27,477)	4,226	(2,058)	11.8
	16	53,871	(29,339)	4,572	(2,232)	11.8
	17	59,845	(30,783)	5,100	(2,543)	11.7
	18	59,879	(30,179)	5,118	(2,527)	11.7
	19	60,527	(29,215)	6,170	(3,115)	9.8
	20	58,647	(27,341)	6,470	(3,079)	9.1
	21	56,568	(25,511)	6,717	(3,258)	8.4
	22	59,060	(27,140)	6,807	(3,097)	8.7
	23	63,125	(28,420)	8,068	(3,600)	7.8
	24	62,793	(27,964)	8,156	(3,682)	7.7
高等学校	15	42,413	(17,287)	3,051	(1,114)	13.9
	16	42,206	(16,634)	2,985	(1,049)	14.1
	17	38,581	(14,977)	2,754	(1,064)	14.0
	18	35,593	(13,677)	2,674	(1,020)	13.3
	19	36,445	(13,863)	2,563	(1,010)	14.2
	20	33,895	(12,438)	3,139	(1,243)	10.8
	21	33,371	(12,447)	3,567	(1,401)	9.4
	22	34,748	(12,740)	4,287	(1,684)	8.1
	23	37,629	(13,702)	4,904	(1,843)	7.7
	24	37,935	(13,561)	5,189	(1,939)	7.3

表 6-2 各学校段階別による、応募者数、受験者数、競争率（文部科学省 2013）

区分	応募者数	受験者数（A）	女性（内数）	採用者数（B）	女性（内数）	競争率(A)／(B)
小学校	64,769	59,230	(34,117)	13,598	(8,561)	4.4
中学校	70,133	62,793	(27,964)	8,156	(3,682)	7.7
高等学校	42,358	37,935	(13,561)	5,189	(1,939)	7.3

(注) 1. 採用者数は、平成 24 年 6 月 1 日までに採用された数である。
　　2. 学校種の試験区分を分けずに選考を行っている県市の受験者数は、小学校の受験者数に含んでいる。
　　3. 中学校と高等学校の試験区分を分けずに選考を行っている県市の受験者数は、中学校の受験者数数に含んでいる。

と比較すると小学校では競争率が低いことが確認できる。また、東京都だけに限っていえば小学校教員の倍率は、約 3.4 倍であり競争率はさらに低下する。さらに東京近郊の神奈川県、埼玉県、千葉県においても平均倍率である 4.4 倍を下回っており、東京の周辺県においては小学校教員への道

表 6-3 平成 24 年度の採用率における新規学卒者・既卒者の内訳（文部科学省 2013）

			小学校	中学校	高等学校	特別支援学校	養護教諭	栄養教諭	計
受験者	新規学卒者	人数	17,001 (17,119)	18,639 (19,454)	9,570 (9,759)	1,637 (1,594)	2,538 (2,621)	654 (678)	50,039 (51,225)
		比率	30.6% (30.8%)	31.4% (31.8%)	27.7% (27.8%)	18.2% (18.3%)	27.7% (28.1%)	54.8% (55.2%)	29.6% (29.9%)
	既卒者	人数	38,599 (38,432)	40,761 (41,802)	25,033 (25,396)	7,345 (7,109)	6,609 (6,695)	539 (550)	118,886 (119,984)
		比率	69.4% (69.2%)	68.6% (68.2%)	72.3% (72.2%)	81.8% (81.7%)	72.3% (71.9%)	45.2% (44.8%)	70.4% (70.1%)
	計	人数	55,600 (55,551)	59,400 (61,256)	34,603 (35,155)	8,982 (8,703)	9,147 (9,316)	1,193 (1,228)	168,925 (171,209)
採用者	新規学卒者	人数	4,915 (4,756)	2,236 (2,207)	1,187 (998)	587 (530)	295 (257)	33 (59)	9,253 (8,807)
		比率	38.1% (39.3%)	29.5% (29.5%)	25.9% (23.2%)	22.3% (21.3%)	26.5% (24.9%)	26.6% (41.8%)	32.0% (32.0%)
	既卒者	人数	7,986 (7,353)	5,356 (5,270)	3,404 (3,304)	2,047 (1,960)	817 (777)	91 (82)	19,701 (18,746)
		比率	61.9% (60.7%)	70.5% (70.5%)	74.1% (76.8%)	77.7% (78.7%)	73.5% (75.1%)	73.4% (58.2%)	68.0% (68.0%)
	計	人数	12,901 (12,109)	7,592 (7,477)	4,591 (4,302)	2,634 (2,490)	1,112 (1,034)	124 (141)	28,954 (27,553)
採用率(%)	新規学卒者		28.9% (27.8%)	12.0% (11.3%)	12.4% (10.2%)	35.9% (33.2%)	11.6% (9.8%)	5.0% (8.7%)	18.5% (17.2%)
	既卒者		20.7% (19.1%)	13.1% (12.6%)	13.6% (13.0%)	27.9% (27.6%)	12.4% (11.6%)	16.9% (14.9%)	16.6% (15.6%)
	計		23.2% (21.8%)	12.8% (12.2%)	13.3% (12.2%)	29.3% (28.6%)	12.2% (11.1%)	10.4% (11.5%)	17.1% (16.1%)

(注) 1. （ ）内は、前年度の数値である。
　　2. 採用率（%）＝採用者数／受験者数。
　　3. 大阪府は受験者・採用者の学歴等を把握していないため、大阪府の受験者数・採用者数を除いた人数を基に計算している。
　　4. 堺市は受験者の学歴等を把握していないため、受験者数に堺市の人数は含まない。

（文部科学省（2013）をもとに作成）

が開けやすい傾向にある（文部科学省、2013）。

次に、教員採用試験における受験者数、採用者数、採用率の内訳を表6-3に示した。受験者数が多い既卒者が小・中・高等学校において採用者数の6-7割強を占める結果になっているが、採用率に焦点を合わせてみると、小・中・高等学校では、新規学卒者と既卒者の採用率は差がほとんどみられない。小学校にいたっては約8%新規学卒者の採用率が高いことが確認できる。このことから、新規学卒者であっても十分チャンスがあるといえる。

以上のことから小学校の教員を目指している学生にとって現在はチャンスの時期だといえる。

2. 中学・高等学校教員採用試験の現状

スポーツ系の大学に通う学生の多くは卒業後、中学・高等学校の体育教員を志望していることであろう。表6-2で示した通り、中学・高等学校の採用試験の競争率は小学校に比べて高いことにより、現状では、中・高等学校の体育教員になることは小学校教員になることよりも難しい状況であると言える。表6-4は、平成25年度実施中学・高等学校における教員採用試験（保健体育）の競争率を東京都、神奈川県、埼玉県、千葉県別に示したものである(各都県教育委員会、2013年)。この表から確認できる通り、

表6-4　平成25年度における各都県の教員採用試験の受験者、合格者、競争率

都県名	区分	受験者	合格者	競争率
東京都	中・高共通	1621	105	15.4
千葉県	中・高共通	1020	94	10.9
神奈川県	中学校	316	27	11.7
神奈川県	高等学校	533	55	9.7
埼玉県	中学校	551	60	9.2
埼玉県	高等学校	412	34	12.1

（各都県、教育委員会の発表資料（2013）をもとに作成）

東京都における保健体育教員の競争率は15.4倍（中・高共通）であり、千葉県10.9倍（中・高共通）、神奈川県の中学校11.7倍、高等学校9.7倍、埼玉県の中学校9.2倍、高等学校12.1倍であった。これらの結果は、中学・高等学校の教員採用試験の平均競争率である7.7倍、7.3倍をいずれも上回るものであった。さらに、保健体育科と他教科の倍率と比較すると、中・高共通科目試験である東京都は公民についで2番目に高い競争率であり、千葉県では、もっとも高い競争率であった。中学校においては、神奈川県、埼玉県ではもっとも高い競争率であり、高等学校では神奈川県で3番目、埼玉県で5番めに高い競争率であった。

　以上のことから、他科目から比べても体育教員の競争率は非常に高い現状であり、採用試験に合格することはきわめて難しい状況と言える。しかしながら、採用率において比較してみると、小学校教員における採用率と違い、中・高等学校の採用率は全教科の平均値であるが、中学・高等学校どちらにおいても、新規学卒者と既卒者の採用率にはほとんど差がみられことがわかる（表6-3参照）。このことから、初挑戦では教員採用試験に受かる見込みがないと思わず、しっかりと準備して教員採用試験に望んでほしいと思う。無論、競争率が高いがゆえに採用試験に失敗することもあるだろう。中・高等学校の体育教員を目指している人の中には、10年以上も非常勤講師や常勤講師をしている人もいる。それだけ狭き門であるとも言えるが、10年挑戦してまで目指すべき魅力がある職種だとも言える。現状は体育教員への道は厳しいと言わざるを得ないが、学生たちには諦めずに体育教員を目指してほしいと思う。

3. 体育専科の必要性

　文部科学省は、2012（平成24）年度の新体力テストの結果を平成25年度の体育の日を前に公開した。その結果は、子どもの体力は平成23年度の結果に続き回復傾向にあるという発表であり、子どもの体力低下の歯止めを意味するものであった。また、世間では子どもの体力の低下ととも

表6-5 教科別に見た専科教員の設置状況

教　科	設置校数	設置率
国　語	17校	2.7%
社　会	12校	1.9%
算　数	21校	3.3%
理　科	78校	12.2%
生　活	2校	0.3%
音　楽	137校	21.4%
図画工作	42校	6.6%
家　庭	71校	11.1%
体　育	21校	3.3%

％は母集団　n = 641 に対する割合
（井筒ら（2000）をもとに作成）

に、運動のできる子とできない子の二極化を心配する声も多数ある。実際に、公立小学校の体育の授業を見学してみると、運動ができる子とできない子の二極化が非常に進んでいることに驚かされる。一方、私立小学校における体育の授業を見学してみると、ある程度の差はあるものの、それほど運動能力の二極化を感じるものではなかった。当然ながら、全ての公立小学校と私立小学校の体育の授業を見たわけではないので、一概にこの実感が全てという訳ではないが、私立小学校では体育専科教員、いわゆる体育の専門家の存在がこのような実感に大きく左右しているものだと考える。

　専科教員といえば音楽が一般的であり、体育の専科教員はあまり一般的ではないのかもしれない。事実、井筒ら（2000）は、全国641校の小学校長を対象としたアンケート調査をおこない、教科別に見た専科教員の設置状況を調べた結果、音楽の専科教員の設置は137校であり、全体の21.4%にも達しているが、体育の専科教員の設置は21校であり、全体の3.3%程でしかなかった（表6-5）。この結果から、小学校における専科教員を設置される際の優先順位として体育は低い現状であると推察される。しかし、優先順位は低いものの体育専科教員は必要とされていないのであろうか。井筒ら（2000）は、上記のアンケート調査に加え、教科別に見た専科教員の必要性についても調査をおこなっており、その結果を表6-6

表6-6 教科別に見た専科教員の必要性（%）

教科	低学年	中学年	高学年	必要なし
国 語	1.2	1.9	4.2	95.8
社 会	0.4	3.6	8.3	91.7
算 数	2.2	6.1	8.3	90.5
理 科	2.3	16.5	60.5	39.2
生 活	5.0	0.9	2.7	94.4
音 楽	14.4	44.0	90.2	9.2
図画工作	10.9	21.8	50.5	43.2
家 庭	3.1	5.6	57.9	42.1
体 育	8.6	20.3	63.0	36.2

低学年、中学年、高学年のいずれにも必要等の重複回答があるため横計は100%にならない。
（井筒ら（2000）をもとに作成）

に示した。この結果から、体育専科教員の必要性は低学年では低い割合であったが、高学年になるにつれて必要であるとの回答が得られ、体育専科は必要なしの回答も36.2%であり音楽についで必要であるとの回答が得られた。このアンケート調査によって、小学校における体育専科の必要性が示される一方，実際の設置状況は低いという特異的な状況も示された。このような特異的な状況を打開するためにも、小学校における体育専科教員の設置は急務であると考える。

4. 非常勤講師の現状

　スポーツ系の大学に通う学生のなかには、卒業後、大学院への進学を希望している者も少なからずいるであろう。体育系の大学院は近年増加していると小林ら（2007）は報告している。このため、今後スポーツ系の大学院から修士や博士の学位を取得する学生が増えていくことが予想される。一方で、大学院修了後の就職先はどのようになっているのだろうか。小林ら（2007）は、体育系大学院が増えている一方で、大学体育の教員ポストは減少しているとも報告しており、スポーツ系の大学院を修了しても定職に就ける学生の割合が低下していることを懸念している。また、こ

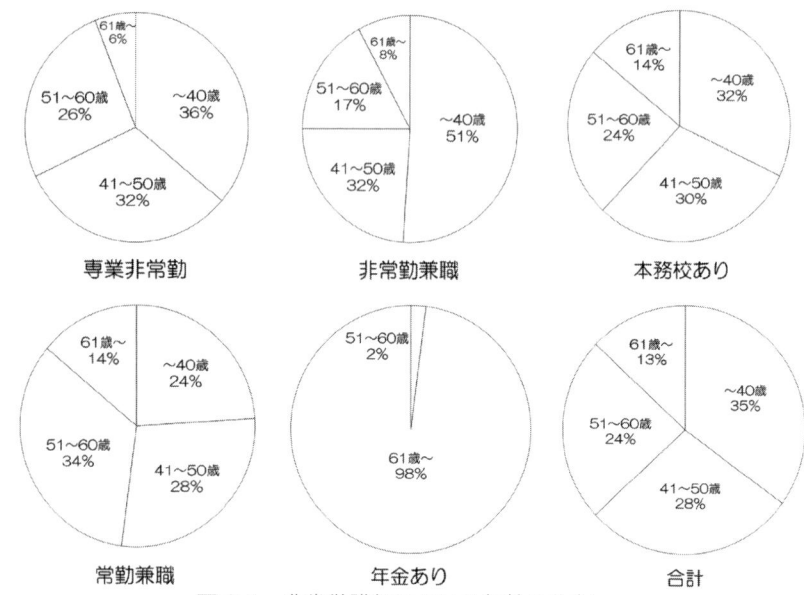

図 6-1　非常勤講師における年齢の分布
　　　　（関西圏大学非常勤講師組合（2007）をもとに作成）

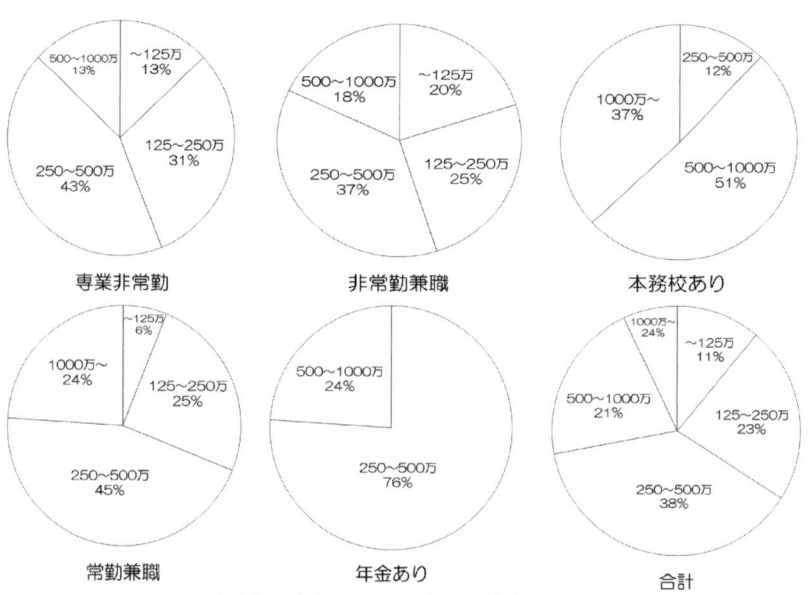

図 6-2 非常勤講師における年収の分布
　　　　（大学非常勤講師の実態と声（2007）をもとに作成）

の問題はスポーツ系大学院だけに限ったことではなく、他大学院においても同じような傾向にある。定職に就けない学生が増えているなか、ほとんどの者は、大学の非常勤講師という形で生計を立て、少ない時間の中で研究をしているという現状である。また、大学の非常勤講師の待遇は決して優遇されている訳ではない。2013（平成25）年7月には、早稲田大学が非常勤講師の待遇改善をめぐって首都圏非常勤講師組合から刑事告訴をされるということもおこっている。さらに、関西圏大学非常勤講師組合のおこなったアンケート調査（2007）によると、専業非常勤講師の96%が、職場の社会保険に未加入となっており、75%が国民健康保険、15%が扶養家族として家族の保険に入っている。国民健康保険料は，平均26.4万円（平均年収の8.6%）と高額で、国民年金保険料とあわせると、年収の13%にもおよぶ。このように、雇用の不安定さ、社会保険未加入などに不満を持つ者が多い。また、非常勤講師の年齢と年収についても図6-1および6-2に示した。この図から確認できるように、専業非常勤講師における平均年齢は45.3歳、平均年収は306万円となり、45～49歳における平均年収である509万円には遠くおよばない（国税庁統計調査、2007）。このような状況では、大学院に進学を志す学生の進学意欲をそぐことになり、日本全体の教育・研究水準が低下することが懸念されるため、待遇の改善が急務だと思われる。

（金子　慧）

【参考資料】

1) 文部科学省「学校基本調査、学校数」
   http://www.e-stat.go.jp/SG1/estat/NewList.do?tid=000001011528 （参照日 2013 年 10 月 31 日）
2) 文部科学省「平成 24 年度公立学校教員採用選考試験の実施状況について」
   http://www.mext.go.jp/a_menu/shotou/senkou/1329248.htm （参照日 2013 年 10 月 31 日）
3) 東京都教育委員会「平成 26 年度東京都公立学校教員採用候補者選考結果」
   http://www.kyoiku.metro.tokyo.jp/press/pr131018a-2.htm （参照日 2013 年 10 月 31 日）
4) 千葉県教育委員会「平成 26 年度採用千葉県・千葉市公立学校教員採用の志願状況について」
   http://www.pref.chiba.lg.jp/kyouiku/syokuin/ninyo/h26/2ji-goukakushasuu.html （参照日 2013 年 10 月 31 日）
5) 神奈川県教育委員会「平成 25 年度実施神奈川県公立学校教員採用候補者選考試験、2 次試験の合格基準について」
   http://www.pref.kanagawa.jp/cnt/f7272/ （参照日 2013 年 10 月 31 日）
6) 埼玉県教育委員会「平成 26 年度埼玉県公立学校教員採用選考試験結果」
   http://www.pref.saitama.lg.jp/site/h26kyoinsaiyo/26kekka.html （参照日 2013 年 10 月 31 日）
7) 井筒次郎、中馬充子、吉田瑩一郎「小学校における体育の専科教員設置に関する一考察」日本体育大学紀要 29(2)、2000
8) 小林勝法、山里哲史「大学保健体育教員の養成・確保に関する調査」大学体育学 4、57-64、2007
9) 関西圏大学非常勤講師組合「大学非常勤講師の実態と声 2007」関西圏大学非常勤講師組合、2007
10) 国税庁「年齢段階別の平均給与 2007 年」
    http://www.nta.go.jp/kohyo/tokei/kokuzeicho/minkan2007/minkan.htm （参照日 2013 年 10 月 31 日）

スポーツ産業への就職

　まず、「体育会学生」や、「スポーツ産業」について述べる前に、昨今の新卒採用・就職活動の問題について述べたい。それは、企業と学生の意識のギャップである。学生を被害者とするつもりは毛頭ないが、間違った就職指南により学生を混乱させ、就職活動をより複雑に、難しくしている。

　その元凶は、「自己分析」といった、自己の内面と向き合う事を真っ先に仕向ける事である。この「自己分析」という作業は非常に難しい作業であり、必ずしも必要では無い。いわば、「プラスα」な事項である。私は、よく学生に「小学生の頃の算数の応用問題」だと伝えている。算数テストの最初は、計算問題など、比較的簡単な問題である。そして、段々難しくなり、最後の応用問題となる。普通は上から解いていき、仮に最後の応用問題が出来なくとも、7、80点は採れる。逆に、最後の応用問題から解き始めた場合、力のある人以外は最初の応用問題でつまずき、計算問題まで行き着かず0点となる。就職活動はテストでは無いが、物事には段取りがあり、いきなり「自己分析」では、投げ出してしまったり、やる気を削がれてしまう。もし仮に「自己分析」を行うのだとするなら、実際の企業や仕事を意識しながら行うべきである。

　これは、企業からの要望でもある。企業の人事担当者からは、「学生の企業研究、仕事研究が足りない」というのが圧倒的である。一方、「自己分析が足りない」とは、ほとんど聞かれない。企業にしてみれば、「早期離職」が一番怖い。なので、選考を通してミスマッチを防ごうとする。しかし、肝心の学生が、会社の事、仕事の事を理解していない。それは、「自己分析」から始めるからであり、企業理解・仕事理解まで行き着かないのである。更には、「自己分析」でさえ中途半端なので、ジャッジできるポイントが見当たらないのである。その結果「不合格」となり、学生は、更に自信を無くし、就職活動を敬遠する事になる。

　では、就職活動における「計算問題」とは何だろうか？最初にやるべきこととは何だろうか？それは、「企業と仕事を観まくる」事である。これから就職活動を迎える学生達は、一体、何社の企業名を言えるだろうか？それは、有名企業だけではないだろうか？特に体育会学生の場合、幼い頃から慣れ親しんだスポーツ用品メーカーや、プロスポーツチームくらいしか挙げられないのではないだろうか？

　とはいえ、「企業と仕事を観まくる」事も、「計算問題」ほど簡単ではないかも知れない。現に、日本で新卒採用している会社は、30,000社程ある。リクナビ、

マイナビに掲載している会社が、20,000社。その他、求人サイト、及びハローワーク、大学求人票等で募集している会社が10,000社ある。よって、量的に、全部を観る事は不可能である。かといって、自分の知らない企業や仕事のほうが圧倒的に多いわけであり、そこには新たな発見があり、自分の可能性を広げられる。

　まずは、自分の知っている企業名を、リクナビやマイナビ等の求人サイトで検索してみてほしい。スポーツメーカー等で構わない。そうすると、どんな事をやっている会社で、そこにはどんな仕事があるのかを知る事が出来る。今度は、同じような会社や仕事は無いか、を考えてみてほしい。最近の求人サイトでは、「レコメンド機能」があるので、自動的にお勧めしてくれたりもするので、さほど難しくないと思う。これは雲をつかむような作業ではあるが、ここは踏ん張りどころである。「見つけよう」としないでいい。「眺める」事を意識してほしい。見つけようとすると、作業自体が苦しくなり、継続しない。重要な事は「眺める」事であり、眺め続けると見えてくる。続けると、自分の知らなかった世界が見えてくる。

　また、この作業を行うと、実は「志望動機」も見えてくる。「なんで、この会社が良いと思ったのか」という事が、現実社会とリンクした、現実的な言葉で浮かび上がってくる。

　特に体育会学生は、競技と接する時間が長い分、現実社会との接点が少ない。故に、企業や仕事の事は、一般学生よりも疎い場合が多く、安易に、狭い知識範囲で考えがちである。とはいえ、全く縁遠い業界にまで、無理に視野を広げる必要もない。ただし、スポーツメーカーや、プロチーム等の採用人数は少なく、狭き門である。実は、その周りに色々なスポーツ関連企業がある。ただし、そのほとんどの企業は、名前が知れていない。人工芝を作っている会社がある。グラウンドを作っている会社がある。レプリカユニフォームを作っている会社がある。インターネットで、スポーツグッズを売っている会社がある。体をケアするサービスを提供している会社がある。ちびっこ向けの体育指導をしている会社もある。学生が知らないだけである。

　競技や授業等、時間が無いなかではあるが、是非、企業と仕事を観まくってほしい。見つけようとしなくていい。観まくってほしい。そこから、発見があり、将来を築いていってほしい。

（渡辺憲一）

第三部　スポーツ空間・用品の産業

第 7 章　スポーツ施設産業

1. わが国のスポーツ施設数とスポーツ環境

　スポーツ施設の数に関する調査として、文部科学省が行っている「体育・スポーツ施設現況調査」が挙げられる。この調査は、「我が国における体育・スポーツ施設の設置数や学校施設の開放状況等を明らかにし、今後の体育・スポーツ施設の整備計画をはじめとするスポーツ振興施策の企画・立案に必要な基礎データを得る」ことを目的とし、5～6年の周期で行われているものである。

　2010（平成22）年に発表された「平成20年度体育・スポーツ施設現況調査」によると、わが国のスポーツ施設の総数は、222,533箇所である。その内訳は、学校体育・スポーツ施設が136,276箇所、大学・高専体育施設が8,375箇所、公共スポーツ施設が53,732箇所、民間スポーツ施設が17,323箇所、職場スポーツ施設が6,827箇所である。以上のように、その半数以上が学校体育・スポーツ施設で構成されていることが、わが国のスポーツ環境の特徴の一つである。表7-1は、前回（平成14年度）調査との結果を比較したものである。施設総数は17,127箇所減少しており、民間スポーツ施設を除き、いずれの施設区分も減少していることが確認できる。

　このようなわが国のスポーツ環境にあって、スポーツ愛好者たちは、どのような場所でスポーツ活動を行っているのであろうか。表7-2は、「過去1年間に実施した主な種目（5種目）」のアンケート調査をもとに、その実施場所をまとめたものである。それによると、道路をはじめとした公共スペースの利用者が最も多く、民間スポーツ施設、公共スポーツ施設の

表 7-1　体育・スポーツ施設設置数および増減数　　　　　（　）内は構成比（％）

	総数	学校体育・スポーツ施設	大学・高専体育施設	公共スポーツ施設	民間スポーツ施設	職場スポーツ施設
平成20年	222,533 (100)	136,276 (61.2)	8,375 (3.8)	53,732 (24.1)	17,323 (7.8)	6,827 (3.1)
平成14年	239,66 (100)	149,063 (62.2)	9,022 (3.8)	56,475 (23.6)	16,814 (7.0)	8,286 (3.5)
増減数	-17,127	-12,787	-647	-2,743	509	-1,459

（文部科学省（2010）より引用）

利用がそれに続いている。なお、公共スペースを利用したスポーツは、散歩、ウォーキング、ジョギング・ランニングといったスポーツが上位を占めている（笹川スポーツ財団、2012）。

表7-2　利用されている施設種類（場所タイプ別：複数回答：n = 2,000）

	公共スペース	件数	公共スポーツ施設	件数	民間スポーツ施設	件数	小・中・高校の学校スポーツ施設	件数
1	道路	1,069	体育館	205	ボウリング場	195	体育館	90
2	公園	372	グラウンド	83	ゴルフ場（コース）	150	グラウンド	85
3	海・海岸	236	野球場・ソフトボール場	68	ゴルフ場（練習場）	130	野球場・ソフトボール場	7
4	高原・山	166	屋内プール	64	トレーニングルーム	94	屋内プール	3
5	河川敷	115	テニスコート	28	スキー場	67	テニスコート	3
	その他	43	その他	122	その他	218	その他	5
	合計	2,001	合計	570	合計	854	合計	193

	大学・高専等の学校スポーツ施設	件数	職場のスポーツ施設	件数	自宅	件数	その他の施設	件数
1	体育館	14	グラウンド	8	自宅（庭・室内等）	454	職場・勤務先	47
2	グラウンド	13	体育館	5	友人・知人宅	4	コミュニティセンター・公民館	45
3	ダンススタジオ	4	トレーニングルーム	3			その他の公共施設	19
4	野球場・ソフトボール場	4	武道場	3			娯楽施設	15
5	トレーニングルーム	2	ゴルフ場（コース）	2			学校	9
	その他	4	その他	4			その他	20
	合計	41	合計	25	合計	458	合計	155

（笹川スポーツ財団（2012）をもとに作成）

2．スポーツイベントによるスポーツ施設の整備

わが国のスポーツ振興とそれに伴う基盤整備は、大規模スポーツイベントの開催を契機に、公的機関が中心となって進められてきた。1964（昭和39）年の東京オリンピック競技大会は国立競技場など今日まで活躍しているスポーツ施設を数多く生み出したほか、首都高速道路など社会インフラの整備に大きく寄与した。また、2002FIFAワールドカップ、1998（平成10）年長野冬季オリンピック競技大会、国民体育大会などの大規模スポーツイベントが、スポーツ環境の整備にとどまらず社会インフラの整備に多大な貢献を果たしてきた。

表 7-3 は、2020 年東京オリンピック競技大会での開催予定地一覧である。37 競技会場のうち、22 会場が新設であり、その中の 11 会場が

表 7-3 2020 年東京オリンピック競技大会開催予定地一覧

(工事費の単位：億円)

	名称	形態	建設工事費	総座席数	大会後座席数
1	オリンピックスタジアム	新設	1,000	80,000	80,000
2	東京体育館	既存	—	8,000	6,000
3	国立代々木競技場	既存	—	12,000	9,200
4	日本武道館	改修	39	11,000	11,000
5	皇居外苑	仮設	—	1,000	0
6	東京国際フォーラム	既存	—	5,000	5,000
7	国技館	既存	—	10,000	10,000
8	有明アリーナ	新設	140	15,000	12,700
9	有明BMXコース	仮設	—	5,000	0
10	有明ベロドローム	仮設	—	5,000	0
11	有明体操競技場	仮設	—	12,000	0
12	有明テニスの森	改修	54	10,000	10,000
13	お台場海浜公園	仮設	—	10,000	0
14	潮風公園	仮設	—	12,000	0
15	東京ビッグサイト・ホールA	既存	—	10,000	0
16	東京ビッグサイト・ホールB	既存	—	8,000	0
17	大井ホッケー競技場	新設	23	10,000	4,000
18	海の森クロスカントリーコース	仮設	—	20,000	0
19	海の森水上競技場	新設	330	24,000	2,000
20	海の森マウンテンバイクコース	仮設	—	25,000	0
21	若洲オリンピックマリーナ	新設	75	5,000	0
22	葛西臨海公園	新設	14	15,000	0
23	夢の島ユース・プラザ・アリーナA	新設	310	7,000	5,700
24	夢の島ユース・プラザ・アリーナB	新設	310	18,000	16,300
25	夢の島公園	新設	5	7,000	0
26	夢の島競技場	既存	—	14,000	2,300
27	オリンピックアクアティックセンター	新設	246	20,000	5,000
28	ウォーターポロアリーナ	仮設	—	6,500	0
29	武蔵野の森総合スポーツ施設	計画	250	8,000	6,600
30	東京スタジアム	既存	—	50,000	50,000
31	武蔵野の森公園	仮設	—	1,000	0
32	陸上自衛隊朝霞訓練場	仮設	—	4,600	0
33	札幌ドーム	既存	—	41,000	41,000
34	宮城スタジアム	既存	—	50,000	50,000
35	埼玉スタジアム2002	既存	—	64,000	64,000
36	横浜国際総合競技場	既存	—	72,000	72,000
37	選手村	新設	920		
	MPC（メディアプレスセンター）	改修	151		
	IBC（国際放送センター）	改修	151		

(2020 年東京オリンピック・パラリンピック招致委員会（2012、2013）をもとに作成)

恒久施設、11 会場が仮設施設である。また、施設の改修が計画されている 15 会場のうち、1964 年東京オリンピック競技大会会場から 3 会場、2002FIFA ワールドカップ会場から 4 会場の使用が計画されている。オリンピックスタジアムの建造費や規模などに批判が集まっているものの、これらの施設は今後のわが国のスポーツ振興の拠点となることが期待される施設である。

次いでオリンピック開催後の残余財産によるスポーツ施設建設に目を向ける。1964 年東京オリンピック競技大会の残余財産は、7 億 7,000 万円が計上され、主にスポーツ施設の建造費に充てられたのであった（財団法人スポーツ振興資金財団、1970）。

表 7-4 は、当資金から配分を受けて建設されたオリンピック記念スポーツ施設を一覧にまとめたものである。全国各地のスポーツ施設建設と、オリンピック施設跡地の整備に合計約 16 億円が費やされ、そのうち 7 億

表 7-4　オリンピック記念スポーツ施設建設一覧　　　　　　　　　　（単位：千円）

区分	施設の名称	工事費総額	資金配分額	区分	施設の名称	工事費総額	資金配分額
北海道	オリンピック記念中山峠スポーツハウス	6,500	5,000	京都府	京都スポーツトレーニング場	11,096	5,000
青森県	青森県オリンピック記念体育館	7,400	5,000	大阪府	服部運動場総合管理センター	10,007	5,000
岩手県	オリンピック記念 財団法人岩手県体育協会トレーニングセンター	26,970	5,000	兵庫県	兵庫県立兎和野高原野外教育センター	15,000	5,000
宮城県	オリンピック記念選手合宿所	7,150	5,000	奈良県	田原本健民グラウンド	11,416	5,000
秋田県	オリンピック記念会館	5,218	5,000	和歌山県	和歌山県クレー射撃場	7,500	5,000
山形県	山形県武道館	67,898	5,000	鳥取県	米子市営スポーツハウス	9,349	5,000
福島県	福島県営体育館付属合宿所	26,070	5,000	島根県	島根県立スポーツマンクラブ	8,920	5,000
茨城県	水泳プール管理庁舎[1]	12,000	5,000	岡山県	岡山県スポーツマンクラブ	9,000	5,000
栃木県	栃木県青少年野外活動センター	24,731	5,000	広島県	西城町スポーツセンター	16,200	5,000
群馬県	サッカー場登ばにサッカーハウス[2]	14,393	5,000	山口県	管理棟及スタンド[4]	11,074	5,000
埼玉県	埼玉県武道館	122,254	20,000	徳島県	徳島県スポーツマンハウス	7,500	5,000
千葉県	千葉県総合運動場補助競技場	13,520	5,000	香川県	オリンピック記念屋島塩水プール	5,800	5,000
東京都	駒沢オリンピック公園総合運動場水泳場	82,122	80,000	愛媛県	愛媛県トレーニングセンター	8,340	5,000
神奈川県	神奈川県立スポーツ会館	96,972	20,000	高知県	須崎市市民体育館	32,700	5,000
新潟県	新潟県池の平スポーツハウス	41,945	5,000	福岡県	オリンピック記念体育館	9,916	5,000
富山県	アオイスポーツハウス	38,654	5,000	佐賀県	オリンピック記念徒渉プール	29,950	5,000
石川県	トレーニング場[3]	12,481	5,000	長崎県	長崎スポーツの家	23,458	5,000
福井県	福井運動公園合宿所	18,343	5,000	熊本県	オリンピック記念営プール	9,719	5,000
山梨県	山梨県営トレーニングセンター	18,630	5,000	大分県	大分市営総合球技場	31,164	5,000
長野県	長野県営キャンプ場	28,609	5,000	宮崎県	宮崎県体育館	49,465	5,000
岐阜県	岐阜県スポーツ会館	9,275	5,000	鹿児島県	鹿児島県トレーニングセンター	11,190	5,000
静岡県	静岡県青少年センター	26,240	5,000	沖縄	オリンピック記念沖縄プール	25,000	25,000
愛知県	森林公園テニスコート	5,467	5,000	中央スポーツ施設	代々木公園運動場施設（陸上競技場、運動広場）	60,790	50,000
三重県	津市営テニスコート	7,650	5,000		オリンピック記念青少年総合センタースポーツ研修館	440,000	340,000
滋賀県	滋賀県立比叡平山トレーニングセンター	21,398	5,000	合計		1,596,444	750,000

1) 東町運動公園内
2) 群馬県総合運動公園
3) 石川県体育館付設
4) 山口県吉敷町

（財団法人スポーツ振興財団（1970）をもとに作成）

5,000万円がオリンピック競技大会の残余財産から配分された。なお、ここで建設された施設の種別は、宿泊施設が14件、トレーニングセンターが8件、体育館が6件、運動場と水泳場が5件ずつ、管理棟と野外活動センターが3件ずつ、武道館とテニスコートが2件ずつ、クレー射撃場が1件であった。

表7-5 2002FIFAワールドカップ公認キャンプ地・トレーニング施設一覧

※申請自治体、トレーニング施設名称は、原則として2002年当時の名称を使用した。
(財団法人日本サッカー協会(2002)、財団法人2002年FIFAワールドカップサッカー大会日本組織委員会(2002)、体育施設出版編(2003)をもとに作成)

最後に、ワールドカップに伴うスポーツ施設の整備として、公認キャンプ地に焦点を当てたい。2002FIFAワールドカップの開催により4万人を超える収容規模のサッカースタジアムが開催各地に整備されたことに加え、出場国が開幕前あるいは大会期間中に滞在し、トレーニングを行うキャンプ地も数多く整備された。

　財団法人2002年ワールドカップサッカー大会日本組織委員会では、キャンプ地の質的な標準化を図るとともに、キャンプ誘致競争の過熱化などを避けるため、キャンプ地の公認制度を採り入れた。この認定に当たっては、「トレーニング施設に関する条件」と「宿泊施設に対して望まれる要素」が示され、これを満たした立候補地が公認キャンプ地とされたのである。

　表7-5は、公認キャンプ地とトレーニング施設をまとめたものである。公認キャンプ地として80自治体131施設が認定を受け、事前キャンプ地またはチーム本部もしくはその両方に選ばれたキャンプ地は28箇所であった。公認キャンプ地立候補にあたって新設あるいは改修が実施されたグラウンドは47面以上に及ぶとされる（体育施設出版編、2003）。

3. ネーミングライツとその導入例

　ネーミングライツ（命名権）とは、施設の名称にスポンサー企業の社名やブランド名を付与する広告であると理解される（原田、2011）。施設所有者は建設や運用資金の調達を目的とし、スポンサー企業は知名度の向上や社会貢献、従業員への福利厚生などを目的に契約が締結される。近年では、スポーツ施設をはじめとした公共施設に加え、道路、海岸、バス停などにも広く浸透している。また、ネーミングライツはスタジアム内のゲートやシートなども対象となり、施設の名称にとどまらず設備の名称にまで広がりを見せている。

　次節で紹介する指定管理者制度にも共通することであるが、ネーミングライツにおいて懸念される点として、企業の業績不振や不祥事によるイメージダウンなどが挙げられる（原田，2011）。例えば、新規の募集や契

表 7-6 主なネーミングライツ一覧と契約状況の推移

施設名	所有者	契約者	契約年	契約年数	金額
味の素スタジアム (東京スタジアム)	東京都	味の素(株)	2003年	5年	12億円（総額）
		同上	2008年	6年	14億円（総額）
Yahoo! BBスタジアム (神戸総合運動公園野球場)	神戸市	ソフトバンク(株)	2003年	2年	2億円（総額）
スカイマークスタジアム		スカイマーク(株)	2005年	3年	3億円（総額）
		同上	2008年	3年	2億円（総額、変動制）
ほっともっとフィールド神戸		(株)プレナス	2011年	4年	3,500万円
日産スタジアム (横浜国際総合競技場)	横浜市	日産自動車(株)	2005年	5年	23億5,000万円（総額）
		同上	2010年	3年	1億5,000万円/年
フクダ電子アリーナ (蘇我球技場)	千葉市	フクダ電子(株)	2005年	5年半	4億5,000万円～ 5億3,000万円（総額）
		同上	2011年	5年	3,000万円/年
フルキャストスタジアム宮城 (宮城球場)	宮城県	(株)フルキャスト	2005年	3年	2億円/年
クリネックススタジアム宮城		日本製紙(株)	2008年	3年	1億5,000万円/年
日本製紙クリネックススタジアム宮城		同上	2011年	3年	2億円/年
楽天Koboスタジアム宮城		楽天(株)	2014年	3年	2億100万円/年
東北電力ビッグスワンスタジアム (新潟県立鳥屋野潟公園新潟スタジアム)	新潟県	東北電力(株)	2007年	3年	1億2,000万円/年
		同上	2010年	3年	1億2,000万円/年
		同上	2013年	10ヶ月	2,000万円（総額）
デンカ・ビッグスワンスタジアム		電気化学工業(株)	2014年	3年	7,000万円/年
MAZDA Zoom-Zoomスタジアム広島 (広島市民球場)	広島市	マツダ(株)	2009年	5年	3億円/年
		同上	2014年	5年	2億2,000万円/年
味の素ナショナルトレーニングセンター (ナショナルトレーニングセンター)	文部科学省	味の素(株)	2009年	4年	8,000万円/年
		同上	2013年	4年	4,000万円/年

（各施設、所有者、契約者ホームページ（2013）をもとに作成）

約更新に際して、応募がないケースや、希望額よりも契約金を下げて契約に至る事例が見受けられる。表7-6は、主なネーミングライツの事例とその契約状況の推移をまとめたものである。多くの施設で契約を重ねるにつれて、契約額が減額されていることが見て取れる。

また、サッカーのようにリーグの入れ替え制度がある場合では、施設使用クラブの成績が、施設名の露出にも大きく影響する。そのため、千葉市が所有する蘇我球技場とフクダ電子（株）では、ジェフ千葉の成績に応じた形で契約金が変動する契約を結んだことが話題となった。そのほか、短いスパンで契約先が変わることによって施設の名称が頻繁に変わるため、名称が定着しないことも懸念すべき点である。

4. 指定管理者制度とその導入例

 2003（平成15）年に地方自治法244条が改正され、「指定管理者制度」が導入された。これにより、それまでの「管理委託制度」では地方公共団体やその外郭団体に限られていた公の施設の管理・運営が、地方公共団体が指定した民間事業者やNPO法人などへと委託することが可能となった。民間事業者の活力やノウハウを公共スポーツ施設の管理運営に導入することによって、施設利用者の満足度の向上や利用者数の増大といった住民サービスの向上を図るとともに、施設所有自治体の管理運営経費が削減されることによる負担の軽減が主な目的とされている。

 表7-7は、制度導入施設数の施設種別の推移である。レクリエーション・スポーツ施設は、基盤施設、文教施設に次いで3番目の多さとなっている。構成比にほとんど変化はないものの、いずれの施設区分においてもわずかながら導入施設数は増加している。

表7-7　施設種別にみた指定管理者制度導入施設数の推移　　（　）内は構成比（％）

施設区分	平成19年	平成21年	平成24年
レクリエーション・スポーツ施設	11,330 (18.4)	13,742 (19.6)	14,602 (19.9)
産業振興施設	6,096 (9.9)	7,138 (10.2)	7,169 (9.7)
基盤施設	18,798 (30.5)	22,101 (31.6)	23,046 (31.4)
文教施設	13,260 (21.6)	13,717 (19.6)	15,102 (20.6)
社会福祉施設	12,081 (19.6)	13,324 (19.0)	13,557 (18.4)
合計	61,565 (100)	70,022 (100)	73,476 (100)

（総務省自治行政局行政課（2007、2009、2012）をもとに作成）

 本調査では、都道府県の施設についてのみ、指定管理者制度の導入率が示されている。表7-8は、都道府県施設における施設種別の指定管理者制度の導入率の推移を示したものである。指定管理者制度の導入率は61.3%である。導入種別にみると、レクリエーション・スポーツ施設で

表7-8 施設種別指定管理者制度導入率の推移（都道府県）

施設区分	平成19年	平成21年	平成24年
レクリエーション・スポーツ施設	86.9%	89.8%	87.5%
産業振興施設	41.9%	40.8%	40.4%
基盤施設	62.2%	59.6%	64.0%
文教施設	41.2%	50.9%	46.6%
社会福祉施設	44.7%	46.3%	41.4%
合計	59.2%	58.7%	61.3%

（総務省自治行政局行政課（2007、2009、2012）をもとに作成）

の導入率が際立っており、585施設に対して512施設が導入し、その導入率は87.5%である。レクリエーション・スポーツ施設における導入率が高い理由として、公共スポーツ施設にはプールやトレーニングルームなど民間と同種の施設があり、事業者にとって参入が容易であることなどが挙げられる（間野、2013）。

また、昨今ではプロスポーツチームが、指定管理者制度を利用してホームスタジアムの管理運営に乗り出すケースが見受けられる。プロ野球では千葉ロッテマリーンズと広島東洋カープが、Ｊリーグでは鹿島アントラーズが、それぞれホームスタジアムの指定管理者となっている。それ以外にも、横浜Ｆマリノスとアルビレックス新潟は、民間企業とコンソーシアム（共同事業体）を組むことによって指定管理者となっている。この取り組みは、施設の有効活用と事業目的の拡大による財政基盤の確保が見込まれ（野川、2011）、スタジアムと一体化した興行もまた期待される。

（金森　純）

【参考資料】

1) 月刊指定管理者制度編「全国自治体における指定管理者制度導入状況の最新動向（前編）〜総務省の最新調査結果に見る実態と課題」月刊指定管理者制度(83)、2013
2) 月刊指定管理者制度編「全国自治体における指定管理者制度導入状況の最新動向（後編）〜総務省の最新調査結果に見る実態と課題」月刊指定管理者制度(84)、2013
3) スポーツ振興資金財団『オリンピック東京大会記念スポーツ施設完成報告書』1970
4) 2002年ワールドカップサッカー大会日本組織委員会『2002FIFA ワールドカップ™ 大会報告書』2002
5) 日本サッカー協会監修『SOCCER STADIUMS in JAPAN』2002
6) 笹川スポーツ財団『スポーツライフ・データ』2012
7) 総務省自治行政局行政課「公の施設の指定管理者制度の導入状況等に関する調査結果」2007、2009、2012
8) 体育施設出版編「2002年サッカーW杯あと1年半　公認キャンプ候補地全リスト」月刊体育施設(372)、2001
9) 体育施設出版編「ワールドカップ・キャンプ候補地その後」月刊体育施設(399)、2003
10) 東京2020オリンピック・パラリンピック招致委員会「2020年オリンピック・パラリンピック競技大会　申請ファイル」2012
11) 東京2020オリンピック・パラリンピック招致委員会「2020年オリンピック・パラリンピック競技大会　立候補ファイル」2013
12) 野川春夫「指定管理者時代の公共スポーツ施設経営　第17回　Jリーグ関連施設における指定管理者制度の実態について」SF(533)、2011
13) 原田宗彦編著『スポーツ産業論　第5版』杏林書院、2011
14) 間野義之「指定管理者制度　創設から10年〜その効果と課題」SF(555)、2013
15) 文部科学省「体育・スポーツ施設現況調査」2004、2010

第 8 章　スポーツ設備産業

1．スポーツ施設に求められる座席数

　全国持ち回りで開催される国民体育大会や2002FIFAワールドカップをはじめとした国際的スポーツイベントの開催などにより、わが国には数多くの大規模スポーツ施設が誕生した。これらのスポーツ施設にはどの程度の座席数が求められるのであろうか。

（1）サッカー

　日本サッカー協会は、サッカースタジアムの建設・改修にあたってのガイドラインとなる「スタジアム標準」を定めている。これはスタジアム建設の基本指針のほか、必要な諸設備などを詳細に定めたものである。ここで示されているサッカースタジアムに必要な座席数をまとめたものが表8-1である。対象となる試合に応じて5段階に分類され、そこで必要とされる収容人員規模が示されている。

　例えば、J1リーグ戦は20,000席以上が、J2リーグ戦は15,000席以上が求められる。また、先のワールドカップでは40,000席以上の規模が求められたが、日本代表戦も同様に40,000席以上のスタジアムであることが条件とされる。今日では、この条件を満たすスタジアムは、ワールドカップ開催地8箇所（茨城県立カシマサッカースタジアムとノエビアスタジアム神戸は、大会後の改修により40,000席を割っている）のほかには、4箇所（国立競技場、味の素スタジアム、豊田スタジアム、エディオンスタジアム広島）のみである。なお、これらはいずれも一つ一つが独立した個席とされ、ベンチシートや立ち見席、芝生席は含まないものとされている。

（2）プロ野球

　日本プロ野球の組織および運営の細目を定めているのが「野球協約」である。また、セントラル、パシフィック両リーグ運営に関する規定が定められているのが「アグリーメント」である。これらに沿って運営されるプロ野球であるが、スタジアムに関連する条文には、専用球場を定めることや競技に係る規格や設備を要求するのみで、座席に関する条文は確認できない。

（3）国民体育大会

国民体育大会は、1955（昭和30）年1月に定められた「国民体育大会開催基準要項」に沿って開催され、国体開催における施設の条件は、同年2月に制定された「国民体育大会開催基準要項・細則」によって定められている。それによると、秋季大会の総合開・閉会式を行う会場は、「観覧席が仮設スタンドを含み、約3万人を収容できる施設」であることが示されているのみである。競技別の施設については規格に関する要求のみで、座席数に関する要求はされていない。

表8-1　クラス別収容規模と対象試合

クラス	収容人員規模(注)	主催	大会名
クラスS	40,000人以上	FIFA	FIFAクラブワールドカップ
		AFC	AFCチャンピオンズリーグ（決勝トーナメント）
		JFA	日本代表（A代表、五輪代表）公式試合および親善試合
			Jリーグディビジョン1
			Jリーグディビジョン2
			天皇杯全日本サッカー選手権大会（準決勝・決勝）
			高円宮杯全日本ユース（U-18）サッカー選手権大会（準決勝・決勝）
			高円宮杯全日本ユース（U-15）サッカー選手権大会（決勝）
			全日本女子サッカー選手権大会（決勝）
クラス1	20,000～40,000人	AFC	AFCチャンピオンズリーグ
		JFA	日本代表（五輪代表、U-20、U-17）公式試合および親善試合
			Jリーグディビジョン1
			Jリーグディビジョン2
			天皇杯全日本サッカー選手権大会（3回戦～準々決勝）
			高円宮杯全日本ユース（U-18）サッカー選手権大会（準決勝・決勝）
			高円宮杯全日本ユース（U-15）サッカー選手権大会（決勝）
			全日本女子サッカー選手権大会（決勝）
クラス2	15,000～20,000人	JFA	日本代表（U-20、U-17）公式試合および親善試合
			Jリーグディビジョン2
			天皇杯全日本サッカー選手権大会（3回戦～準々決勝）
			高円宮杯全日本ユース（U-18、U-15）サッカー選手権大会
			全日本女子サッカー選手権大会
			地域リーグ決勝大会
クラス3	5,000～15,000人	JFA	日本代表（U-17）公式試合および親善試合
			天皇杯全日本サッカー選手権大会（1回戦～3回戦）
			高円宮杯全日本ユース（U-18、U-15）サッカー選手権大会
			全日本女子サッカー選手権大会
			日本フットボールリーグ（JFL）
			日本女子サッカーリーグ（なでしこリーグ）
クラス4	～5,000人	JFA	地域リーグ決勝大会
		地域主催大会	日本フットボールリーグ（JFL）
		都道府県大会	日本女子サッカーリーグ（なでしこリーグ）
			各種別大会決勝

注）新設の場合　　　　　　　　　　　（財団法人日本サッカー協会（2010）をもとに作成）

2．観客席の改修と多様化する観戦環境

近年のプロ野球では、ファンサービスの一環としてスタジアムの改修が数多く行われている。そこで本節では、様々な改修の中で、ファンサービ

表 8-2　MAZDA Zoom-Zoom スタジアム広島　席種一覧

	席種	席数
一般席	正面砂かぶり席	約160席
	KIRINシート内野砂かぶり	約340席
	SS指定席	約600席
	S指定席	約700席
	内野指定席A	約6,000席
	内野指定席B（3塁側）	約530席
	スカイシート	約980席
	外野砂かぶり席	約170席
	ウッドデッキ席	30席
	セブンイレブンシート寝ソベリア	39クッション（1クッション2名まで）
	ベランダ席	約155席
	外野指定席	約4,300席
	カープパフォーマンスA	約200席
	カープパフォーマンスB	約1,100席
	ビジターパフォーマンス	約1,670席
	内野自由席	約6,500席
グループ席	コカ・コーラテラスシート	74席（1席5名まで）
	ゲートブリッジ	10席（1席6名まで）
	鯉桟敷	9席（1席8名まで）
	プレミアムテラス	25席（1席8名まで）
	コージーテラス	24席（1席7名まで）
パーティー席	パーティーベランダ	150名まで
	ラグジュアリーフロア	50名まで
	auスマートバリューパーティーフロア	貸切200名まで、大30名4ブロック、小40名まで3ブロック
	パーティーデッキ内野3塁側	25名まで
	パーティーデッキ外野レフト側	20名まで
	スポーツバー	40名まで
	エバラ黄金の味　びっくりテラス	貸切100名まで、大50名まで、小40名まで
	パーティーグリル	30名まで
車いす席	内野車いす席正面砂かぶり3塁寄り	1席
	内野車いす席	100席
	外野車いす席ライト側	30席
	外野車いす席カープパフォーマンス	3席
	外野車いす席ビジターパフォーマンス	4席
	収容人数	33,000人

（広島東洋カープホームページ（2013）をもとに作成）

スの一環として整備された野球場におけるユニークな座席に着目し、論を進めたい。

近年の野球場改修の多くは、アメリカ型のボールパークをイメージし、フィールドと座席を隔てるフェンスの撤去や外野ファウルゾーンなどに迫り出すフィールドシートの設置などに代表される。フィールドシートに目を向けると、プロ野球の本拠地では明治神宮球場とナゴヤドームを除く10箇所で設置されるにまで至っている。

表8-2は、プロ野球12球団の本拠地の中で最も新しいMAZDA Zoom-Zoomスタジアム広島（2009（平成21）年4月開場）の広島戦における座席区分である。販売される席種が30種に及び、従来の野球場とは趣を異にする多様な席種が整備されている。また、1席当たりのスペースは、間口が50cm（従来は43cm）、奥行きが85cm（従来は内野席75cm、外野席60～70cm）で設計されており、ゆとりのある広いスペースでの観戦が可能となっている（佐名田、2009）。

3. 可動式可変施設と仮設スタンド

今日、わが国のスポーツ施設の多くは多目的施設として計画・利用されており、それに伴い可動式のスポーツ施設は目新しいものではなくなりつつある。この可動式スポーツ施設の先駆けとなったのが横浜スタジアム（1978（昭和53）年開場）であった。内野席の一部が移動し、昇降式のピッチャーズマウンドが降下することで、扇形の野球場と長方形のフットボール場を兼ねており、これらの可動式設備は日本初の機能であった（山下、1994）。

また近年では、札幌ドームが可動式の可変スタジアムとして知られている。可動式の座席に加え、「ホヴァリングステージ」と呼ばれる天然芝を備えたステージ状の可動式ピッチがドーム外から移動することで、人工芝と天然芝の両立を果たし、野球場とサッカー場の共存を可能としているのである。

そのほか、さいたまスーパーアリーナは、「ムービングブロック」と呼ばれる9,200席の客席がついた壁が移動することにより、多様な形態の施設へと変化することで知られている。この「ムービングブロック」が移動することで、バスケットボールやバレーボール用、陸上やアメリカンフットボール用などに変化し、「ロールスクリーン」による間仕切り機能を加えると、5,000人規模のコンサートホールから3万7,000人規模のスタジアムにまで施設空間を変化させることができるのである。

　さらに、「第9回世界水泳選手権大会福岡2001」では、多目的コンベンションホールであるマリンメッセ福岡に、FRP（繊維強化プラスチック）製の国際公認の50m特設プールが設営された。このプールは2週間で施工され、1週間で解体できることが特徴であり、本体価格は約1億5,000万円とされる。このように仮設設備と組み合わせることで既存施設を可変的に使用することができると同時に、短い準備期間で安価にイベントを開催することができることが示された。

　ところで、オリンピックやワールドカップなどの大規模イベントでは数多く座席が求められる。反面、こうした一過性のイベントに対応した開発には、後利用などの問題が残ることが課題であった。そこで、仮設スタンドを設置することによってイベント開催基準を満たし、大会後は必要に応じた規模へと改修する手法が採られる場合がある。ちなみにこの手法は、2020年東京オリンピック競技大会の開催予定地でも数多く採られている（前章表7-3参照）。

　ノエビアスタジアム神戸では、2002FIFAワールドカップ会場としての整備を目的とする「一次整備」と、大会後の後利用を目的とする「二次整備」に分けて整備が進められてきた。ワールドカップ開催基準であった40,000席以上の座席を確保するために設置された仮設スタンドは、公園敷地面積に余裕がないこと、施設周辺への騒音などの環境配慮を理由に「二次整備」において撤去された（吉田、2002）。この改修により仮設スタンドを撤去したスペースには開閉可動屋根が設置され、収容人数はワールドカップ時の42,000人から30,123人へと縮小されたのである。

4. 芝生グラウンドの増加とその背景

　本節では、近年増加している芝生のグラウンドについて、ワールドカップの余剰金による助成、「スポーツ振興くじ（toto）」の収益金による助成という2つの側面から、その背景を探りたい。人工芝の品質向上によって、芝のコンディション維持やランニングコストの確保など設置後も多大な負担がかかる天然芝に代わり、人工芝の普及が進んでいる。そこで本節では天然芝、人工芝のいずれも芝生グラウンドと捉えるものとする。

　2002FIFAワールドカップの余剰金の一部を日本サッカー協会が引き継いで行われたのが「2002FIFAワールドカップ記念助成」である。この中で芝生グラウンドをはじめとしたスポーツ環境の整備は「サッカーを中心としたスポーツ環境整備モデル事業」として行われた。当事業の助成区分と助成内容を示したものが表8-3である。いずれの区分においても、グラウンドに加えてクラブハウスもしくはレストハウスと、人工芝のグラウンドにおいては夜間照明設備が助成対象とされ、グラウンドの有効活用を図ることが意図されている（体育施設出版編、2007）。助成一覧をまとめた表8-4に示す通り、ハード（グラウンド整備）とソフト（クラブ育成）両面から、全23件総額約36億2,759万円の助成が行われたのである。

　次に2001（平成13）年3月から販売が開始された「スポーツ振興くじ

表8-3　2002FIFAワールドカップ記念助成　助成区分と助成内容

助成区分A	サッカーを中心としたスポーツクラブ整備助成
助成対象事業	天然芝グラウンド、人工芝グラウンド、クラブハウス、夜間照明施設整備事業、スポーツクラブ運営事業
助成金額の上限	3カ年のスポーツクラブ運営助成を含め、338,000千円（助成率2/3）

助成区分B	サッカーによるスポーツクラブ整備助成
助成対象事業	天然芝グラウンド、人工芝グラウンド、クラブハウス、夜間照明施設整備事業、スポーツクラブ運営事業
助成金額の上限	3カ年のスポーツクラブ運営助成を含め、232,000千円（助成率2/3）

助成区分C	サッカー施設整備助成
助成対象事業	人工芝グラウンド、レストハウス、夜間照明施設
助成金額の上限	126,000千円（助成率2/3）

（体育施設出版編（2007）をもとに作成）

(toto)」の収益金による「地域スポーツ施設整備助成」は、「クラブハウス整備事業」、「グラウンド芝生化事業」、「スポーツ施設等整備事業」に大別される。表 8-5 は、これまでの地域スポーツ施設整備助成の推移をまとめたものである。初年度となった 2001 年度に約 643 億円を売り上げ、約 58 億円が助成金となった toto であったが、年々売上額が減少し、2006（平

表 8-4　2002FIFA ワールドカップ記念事業「サッカーを中心としたモデル的スポーツ環境整備」助成一覧

（単位：千円）

2004年度サッカーを中心としたモデル的スポーツ環境整備事業

助成対象者	区分	整備場所	交付決定限度額	助成対象事業
NPO法人新潟スポーツコミュニティー	A	新潟県聖籠町	338,000[2]	天然芝グラウンド3面、人工芝グラウンド2面（夜間照明付）、フットサル場、クラブハウス
守山市/（社）滋賀県サッカー協会[1]	B	滋賀県守山市	232,000[2]	天然芝グラウンド1面、人工芝グラウンド2面（夜間照明付）、クラブハウス
（社）大分県サッカー協会	B	大分県大分市	232,000[2]	天然芝グラウンド1面、人工芝グラウンド1面（夜間照明付）、クラブハウス
（財）東京都サッカー協会	C	東京都世田谷区	126,000	人工芝グラウンド2面（夜間照明付）、レストハウス
静岡県	C	静岡県掛川市	126,000	人工芝グラウンド1面（夜間照明付）、レストハウス
大分県	C	兵庫県神戸市	126,000	人工芝グラウンド1面（夜間照明付）、レストハウス
			1,180,000	

2005年度サッカーを中心としたモデル的スポーツ環境整備事業

助成対象者	区分	整備場所	交付決定限度額	助成対象事業
NPO法人北海道スポーツクラブ	A	北海道札幌市	332,000[2]	天然芝グラウンド1面、人工芝グラウンド1面（夜間照明付）、屋内フットサル場、クラブハウス
平塚市/NPO法人湘南ベルマーレスポーツクラブ[1]	B	神奈川県平塚市	232,000[2]	天然芝グラウンド2面、人工芝グラウンド1面、クラブハウス
埼玉県	C	埼玉県さいたま市	144,000[2]	人工芝グラウンド1面（夜間照明付）、レストハウス
茨城県	C	茨城県波崎町	126,000	人工芝グラウンド2面（夜間照明付）、レストハウス
鹿沼市	C	栃木県鹿沼市	126,000	人工芝グラウンド1面（夜間照明付）、フットサル場、レストハウス
市原市	C	千葉県市原市	126,000	人工芝グラウンド1面（夜間照明付）、レストハウス
横浜市	C	神奈川県横浜市	126,000	人工芝グラウンド1面（夜間照明付）、レストハウス
（社）京都府サッカー協会	C	京都府京都市	126,000	人工芝グラウンド1面（夜間照明付）、レストハウス
松江市	C	島根県松江市	126,000	人工芝グラウンド1面（夜間照明付）、フットサル場、レストハウス
（社）福岡県サッカー協会	C	福岡県福岡市	101,247	人工芝グラウンド1面（夜間照明付）、レストハウス
			1,565,247	

2006年度サッカーを中心としたモデル的スポーツ環境整備事業

助成対象者	区分	整備場所	交付決定限度額	助成対象事業
昭和町/（社）山梨県サッカー協会[1]	B	山梨県中巨摩郡昭和町	208,000[2]	天然芝グラウンド1面、人工芝グラウンド1面（夜間照明付）、クラブハウス
NPO法人徳島スポーツビレッジ	B	徳島県板野郡板野町	208,000[2]	天然芝グラウンド2面、人工芝グラウンド1面（夜間照明付）、クラブハウス
仙台市	C	宮城県仙台市	60,000	人工芝グラウンド1面
千曲市	C	長野県千曲市	100,000	人工芝グラウンド1面（夜間照明付）、レストハウス
独立行政法人日本万国博覧会記念機構	C	大阪府吹田市	108,000	人工芝グラウンド1面（夜間照明付）
松山市	C	愛媛県松山市	22,350	人工芝グラウンド1面（夜間照明付）
廿日市市	C	広島県廿日市市	126,000	人工芝グラウンド1面（夜間照明付）
			822,350	

1）スポーツクラブ運営助成金のみの助成対象者
2）3年間のスポーツクラブ運営助成金 18,000 千円を含む

（体育施設出版編（2007）より引用）

表 8-5　地域スポーツ施設整備助成の推移

(単位：件、千円)

	2002年度		2003年度		2004～2007年度		2008年度		2009年度	
	件数	金額	件数	金額	件数	金額	件数	金額	件数	金額
クラブハウス整備事業	4	132,612	6	161,811	募集停止		募集停止		2	71,250
グラウンド芝生化事業	24	509,189	13	311,364	^		24	266,341	65	1,088,570
スポーツ施設等整備事業 (2002～2008年 屋外夜間照明施設等整備事業)	17	201,606	8	78,025	^		0	0	23	274,812
	45	843,407	27	551,200			24	266,341	90	1,434,632

	2010年度		2011年度		2012年度		2013年度		合計	
	件数	金額	件数	金額	件数	金額	件数	金額	件数	金額
クラブハウス整備事業	12	359,115	2	52,536	9	281,395	2	90,812	37	1,149,531
グラウンド芝生化事業	137	1,768,357	182	2,469,116	117	2,825,124	111	1,908,844	673	11,146,905
スポーツ施設等整備事業 (2002～2008年 屋外夜間照明施設等整備事業)	65	1,761,343	103	3,297,400	117	3,169,612	118	2,631,326	451	11,414,124
	214	3,888,815	287	5,819,052	243	6,276,131	231	4,630,982	1,161	23,710,560

(日本スポーツ振興センター HP（2013）をもとに作成)

成18）年度には売り上げが約135億円、助成金は約8,000万円にまで減少したのであった（体育施設出版編、2012）。そのため、2004～2007（平成16～19）年度にかけては「地域スポーツ施設整備助成」の募集は停止され、2008（平成20）年度に至っても「グラウンド芝生化事業」が行われたのみであった。2006年途中より導入された最高当選金額6億円の「BIG」によって2007年度以降の売り上げが回復したことにより、2009（平成21）年度から本格的に助成が再開し、その件数・総額ともに助成開始当初の水準を上回るものとなったのである。

5．観戦環境の向上とスポーツ設備

　最後に、観戦環境の向上という観点からスポーツ設備について確認する。大規模集客施設で問題となる事柄の一つとして、トイレの数が挙げられる。また、テレビ観戦も含めたみるスポーツに関わるスポーツ設備としてスポーツ照明が挙げられる。本節ではスタジアムに関わる必要要件が示さ

れている「スタジアム標準」に沿って、サッカー場におけるトイレの設置数と照明基準に焦点を当てる。

　サッカースタジアムにおける推奨されるトイレの最小設置数は、男性1,000人につきトイレ5室、小便器10器、洗面台5台とされ、女性1,000人つきトイレ20室、洗面台7台とされる。また、補助が必要な身障者や小さな子ども用の多目的トイレは、5,000人につき1室の割合で検討すべきとの基準が示されている。

　次にスポーツにおける照明について紹介する。スポーツ照明が果たす役割とは、競技環境や観戦環境の向上に加え、時代に応じた高画質な放送を可能にすることも含まれる（財団法人日本サッカー協会、2010）。

　「スタジアム標準」によると、サッカー場において必要とされる照明設備は、「ピッチ内照明1,500ルクス以上」と定められている。クラス別（表8-1）に見てみると、クラスSに加え、クラス1とクラス2を新設する場合は「原則的に必ず設置する」ことが求められる。また既存のクラス1およびクラス2に対しては、「設置すべき」と定められている。

　2011（平成23）年11月「スポーツ照明基準（JIS Z 9127:2011）」が、日本工業規格として制定された。当基準は、スポーツに関わる人が、安全で円滑にそして快適に、競技を行ったり、観戦したり、撮影したりするために必要な照明要件を規定したものである（稲森、2012）。こうした基準に照らし合わせ、よりよいスポーツ環境が整備されることが望まれる。

（金森　純）

【参考資料】

1) 稲森真「新しいスポーツ照明 基準の概要」SF(536)、2012
2) 財団法人日本サッカー協会「スタジアム標準 サッカースタジアムの建設・改修にあたってのガイドライン」2010
3) 佐名田敬荘「特集 21世紀の新たなシンボル新広島市民球場が完成」SF(493)、2009
4) 彰国社編『SAPPORO DOME 動くサッカーフィールドと多目的デュアルアリーナ』彰国社、2001
5) 体育施設出版編「さいたまスーパーアリーナ全容紹介」月刊体育施設(369)2000
6) 体育施設出版編「水泳施設の新しい"風"「特設プール」に注目～第9回世界水泳選手権大会福岡2001」月刊体育施設(380)、2001
7) 体育施設出版編「ファンサービスのための野球場改革」月刊体育施設(436)2005
8) 体育施設出版編「2002FIFAワールドカップ記念助成 サッカーを中心としたスポーツ環境整備事業ほぼ終了」月刊体育施設(466)、2007
9) 体育施設出版編「toto助成によるスポーツ施設整備」SF(539)、2012
10) 広島東洋カープ http://www.carp.co.jp/ (参照日2013年10月1日)
11) 山下誠通『横浜スタジアム物語』神奈川新聞社、1994
12) 吉田亮浩「神戸ウイングスタジアム」Re(136)、2002

第 9 章　スポーツ用品産業

1．スポーツ用品産業の萌芽

　周知の通り現在盛んに行われているスポーツの大半は、いわゆる近代スポーツと呼ばれ、日本には明治初頭に移入されたものである。同時にスポーツに用いられる用具・用品も同時期から必要になったことを意味する。ところで、現在日本にはミズノやアシックスなど、知名度や売り上げなどで、世界のトップを追随するスポーツ用品メーカーが存在する。そこでまずは、スポーツ用品産業の歴史を紐解くと、わが国において最初のスポーツ用品を扱ったメーカーは「合名会社美満津商店」といわれている（中嶋、2011及び尾道、2005など）。同社は1882（明治15）年に体操器械及び動物学標本製造販売業者として東京に創業した。その後野球、テニス、サッカー等の用具なども製造・販売し、戦前のスポーツ用品製造・販売業界の中心的役割を担っていたようである（尾道、2005及び玉澤、1936）。

　1906（明治39）年には、現在もスポーツ用品メーカーとして名高いミズノ株式会社も「水野兄弟商会」という社名で創業、洋品雑貨や野球のボールを販売していた。同社はその後社会人野球や高校野球の大会を開催するなど、自ら市場を拡大していった。その後もスポーツ用品産業は、他の産業と同様に度重なる戦争の影響を受け、一旦は停滞するが、戦後に東京オリンピック競技大会の開催などを契機に、多少の浮き沈みはあるものの順調に市場を拡大してきた。

2．スポーツ用品の市場規模

　合名会社美満津商店の創業から数え、130年以上の時を経過した現在、スポーツ用品の出荷段階における市場規模は、2013（平成25）年には1兆3千億円を超えると見込まれ、かなり大きな分野に成長している。

　そこで、市場規模が近年どのような推移を辿っているかを概観するために作成されたのが、図9-1である。この図9-1にオリンピックやFIFAワールドカップ、さらには社会の状況などを重ねて考察していきたい。

この図 9-1 の対象となっている期間（1982 〜 2013 年）には、1984 年ロサンゼルス、1988 年ソウル、1992 年バルセロナ、1996 年アトランタ、2000 年シドニー、2004 年アテネ、2008 年北京、そして 2012 年のロンドンと夏季のオリンピック競技大会だけでも 8 大会もが開催されている。夏季オリンピック競技大会に関しては 2000 年のシドニー大会を除き、開催される前の年や、開催年に上向きの傾きを確認することができる。

　まずは 1984 年だが、この年は夏季のロサンゼルス、冬季のサラエボと、2 つのオリンピック大会が開催された年である。スポーツ用品市場はこの年はじめて 1 兆円を超える市場規模となっている。その後、急激ではないが市場を徐々に拡大し、1988 年のソウルとカルガリーの夏季・冬季のオリンピック両大会後から 1992 年のバルセロナオリンピック大会までは急激な市場規模の拡大をみせる。当時はいわゆるバブル経済と相まってか、バルセロナ前年の 1991 年には 1 兆 4,878 億円にまで市場規模が拡大している。これは図 9-1 の 2 つある頂点の左側にあたる。

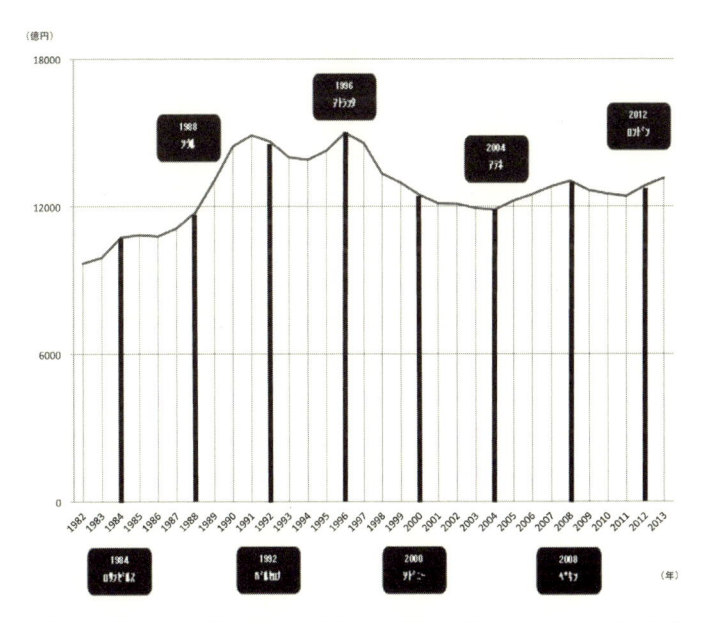

図 9-1　スポーツ用品の市場規模（国内出荷額）の推移と夏季オリンピック競技大会の開催地
（矢野経済研究所編（1988、1993 〜 2013）をもとに作成）

105

しかし、スポーツ用品産業ばかりでなく、あらゆる所で好景気をもたらしたバブル経済の崩壊により、1992〜1994年にかけて1千億円ほどスポーツ用品市場の規模は縮小している。この間に1993年のJリーグ開幕を挟むのだが、サッカー用品に限っては出荷段階での市場規模と指標は異なるが、小売市場において同年が350億円だったものが、1994年には420億円に、1995年には490億円と順調に拡大しているが、スポーツ用品全体の市場規模を押し上げるまでには至らなかったようである（矢野経済研究所、1993）。

　1996年はアトランタオリンピック大会が開催された年であるが、その年にスポーツ用品の市場規模は1兆4,976億円と現在までの最高額を記録している。この市場規模の拡大だが、スノーボード用品が影響を与えていそうだ。1993年の市場規模が158億円だったものが、1996年には738億円、1997年には821億円にまで拡大している（矢野経済研究所、1998）。

　その後は、反動もあってか、1997〜2004年まで8年間に渡り、合計で3千億円以上も市場規模は縮小する。この間1998年には1972年の札幌オリンピック大会以来の日本開催となった長野オリンピック大会と、日本が初出場となったFIFAフランスワールドカップ、2000年にはシドニーオリンピック大会、そして2002年には日本と韓国で共催されたFIFAワールドカップがそれぞれ開催された年であるが効果は薄かったようである。

　次にスポーツ用品の市場規模が増加するのは、2005年である、その後2008年にかけてスポーツ用品の市場規模は1,200億円ほど拡大する。前年の2004年はアテネオリンピック大会、2006年にはFIFAドイツワールドカップと、ワールド・ベースボール・クラシック、2007年は東京マラソン、2008年の北京オリンピック大会など、この間はスポーツの大きなイベントが目白押しであったことが追い風となった。さらにこの間の種目別の市場規模に目を向けると、急速に市場規模を拡大しているのは、アウトドアスポーツ用品及び、サイクルスポーツ用品で、それぞれ3年間に157億円と90億円ずつ市場を増大させている。しかし、2008年後半のリーマンショックにより、その後のスポーツ用品市場は縮小していくこ

とになる。

　さらに2011年には東日本大震災及び、その後の原発事故の発生により市場規模はさらに縮小するのだが、2011年の女子サッカーのワールドカップ大会の優勝や、翌年のロンドンオリンピック大会の日本人選手の活躍により、市場は回復の傾向を見せており、2020年のオリンピックの東京における開催との関係も注目したいところである。　　　　　　　　（福井　元）

3．スポーツ用品小売業の動向

　日本において、スポーツ市場に貢献してきた最も身近な領域はスポーツ用品産業である。国産のスポーツ用品の出現は、ミズノ（株）が創業する1906（明治39）年よりも後を待たねばならない。既述されたように、創業当初は洋品雑貨や野球ボールの販売を手掛ける小売業であった。1964（昭和39）年に東京オリンピック競技大会が開催されるまで、スポーツ用品は日用雑貨用品の一部商品として扱われていた（原田、2010及び竹田、2011）。

　現代におけるスポーツ用品の小売市場規模は図9-2のように推移している。スポーツ用品小売の主要業態は①スポーツ量販店②スポーツ専門店③百貨店④GMS（総合スーパー）⑤その他（インターネット販売、アウトレット、直営店）に分類され、各業態の動向は以下のとおりである（矢野経済研究所、2011）。

　スポーツ量販店の出店数はすでに飽和状態にあり、今後は増加よりも収益に見合った構造の見直しと店舗の整理に追われている。取り扱う商品量の多さと価格帯に優位性を持ち、今後はターゲットとなる顧客を見直し、独自性の高いコンセプトを打ち出す方向性にある。こうした中でスポーツ量販店大手のゼビオは2010（平成22）年に茨城県土浦市に「スーパースポーツ ゼビオ ドームつくば学園東大通り店」を出店した。国内最大級の体験型スポーツモールであり、店内はライブラリーのコンセプトで統一されたグループ旗艦店である。広い敷地を利用して商品を実際に試す設備を

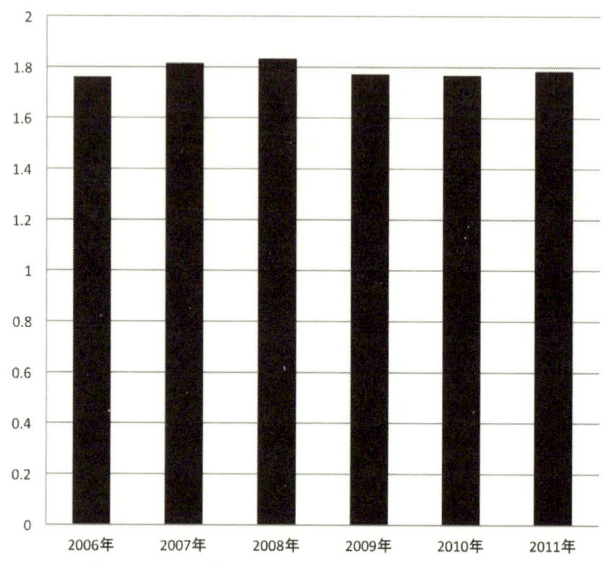

図9-2　スポーツ用品小売市場規模の推移
（矢野経済研究所（2011）をもとに作成）

有し、流行に見合ったショップインショップを出店するなど、店舗内で総合的にスポーツを閲覧できる様はまさにライブラリーといえよう。

　スポーツ専門店は取り扱う商品カテゴリーによって好不調の波があるが、全体的に価格競争において不利な状況に立たされている。こうした状況を打開して生き残っているスポーツ専門店の共通点として「小回りの効くサービス」が挙げられる。オーダー、カスタム受注に対して1点から対応する身軽さやアフターケアへのこだわり、消費者との距離感を埋めたホスピタリティの高いサービスなどである。地域に密着することでローカルなルールに、あるいは競技経験者を雇用することで専門的な知識と情報を持って対応できるといったことも優位な部分であった。こうした部分についてスポーツ量販店も対応し始めたことから、今後は新たな打開策を練る必要性に駆られている。

　小売チャネルの多様化により、百貨店の業績降下が進んでいる。伊勢丹吉祥寺店、阪急四条河原町店、松坂屋名古屋店、西武有楽町店といった

都市部の大手百貨店が相次いで閉店したのが2010（平成22）年である。1997（平成9）年から同年までの年間売上高は連続して前年売上高を割っている。こうした状況の対応は今のところ、大手百貨店同士の経営統合しか策が講じられていない。バブルがはじけて以来、百貨店の強みであったシャワー効果も期待できず、苦戦を強いられている。こうした状況下で2010（平成22）年9月に西部池袋本店スポーツ売場が専門知識・技術を併せ持ったスタッフを擁する「SEIBU SPORTS」としてリニューアルされた。「カラダステーション」と呼ばれるスポーツによる健康な体づくりを提案するセクションが設けられ、消費者のニーズに応える商品提案から生活処方のアドバイスという試みは業界では目新しい。

　2011（平成23）年から2014（平成26）年にかけて高島屋大阪店、JR大阪三越伊勢丹、大丸梅田店、阪急百貨店うめだ本店、阪神百貨店梅田本店による増床と新規開業が予定されている。大阪市内の百貨店売上面積が1.4倍に増床することになるが、2009（平成21）年の大阪百貨店市場の売上高が前年比10.4％減少していることと、供給過多に陥ることは目に見えている。

　GMS（General Merchandise Store）いわゆる総合スーパーにおけるスポーツ用品の売上高も落ち込んでいる。日本チェーンストア協会加盟店全体の年間売上高は2010（平成22）年まで7年連続で前年割れを続けている。かつては安定需要が見込まれ確保されてきたスポーツ用品売場を専門店に委託、あるいは同業態が展開するショッピングセンターにスポーツ量販店を併設するという状況が進行している。売上規模に対するスポーツ用品に関する知識はアンバランスであり、専門スタッフを雇用するより効率が高いと考えられている。

　これらの他にインターネット販売、アウトレット、直営店といった業態が挙げられる。インターネットの普及により急速に成長しているインターネット販売の優位性は価格競争と利便性にある。市場規模は経済産業省によれば2009（平成21）年で4兆3,750億円であり、2007（平成19）年からおよそ32％増加している。アウトレット店は在庫処分店という位置付けから、メーカー直販商品・限定品を低価格で購入できることで注目

を集めるようになった。有名ブランドの出店も多く、ブランド志向の顧客を集めている。2010（平成22）年のアウトレットモールの市場規模は6,000億円超といわれ、前年比10ポイント以上の成長率が見込まれたのは、「1000円高速道路」といった追い風要素もあった。直営店はメーカーのアンテナショップから、消費者ニーズに合わせたコンセプトショップとなっていきている。スポーツにも流行があり、必要な商品を届けることが最重要事項となってきている。

いずれにせよ少子高齢社会と雇用情勢の冷え込みは消費者行動を慎重にさせている。2011（平成23）年のスポーツ用品小売市場は1兆7,830億円8,000万円になり、前年比101.0％の成長が見込まれた。2012（平成24）年の第二次安倍内閣によるアベノミクスといった明るい材料もあるが、各業態には今後も消費者と対峙し、小売の原点に立ち返った関係性を築く必要性がある。

4．アメリカンフットボールに必要な用具と費用

アメリカンフットボール（以下アメフット）には着用を義務付けられる装具がある（表9-1）。この中でジャージ、パンツ、ソックスはルールの範囲内でチーム独自のデザインが反映されるユニフォームの機能を有する。特にジャージには各選手の背番号が入り、オフィシャルやコーチ・スタッフの他にも観客が選手個人を判別するのに必要不可欠な機能を持つ。この3点を除いた装具はアメフットの特性の中で、選手を守るための「防具」として位置付けることができる。防具は国産品がなく、輸入に頼らざる得ない状況から、購入はヤマモトスポーツ、POWER HOUSE、QB clubといった専門店に限られていた。店舗の多くが大都市に限られ、小都市に関して商品が行き届かない状況が長らく続いていた。競技者数が決して多いと言えないアメフットの商品だけでなく、他カテゴリーの専門店も兼ねていることが多い。インターネットの普及によって専門店はインターネット上で商品を扱うようになった他、店舗を持たずインターネット

表 9-1　着用義務のある装具

装　具	備　考	価　格
ヘルメット	フェイス・マスクがあり、かつ4ポイントまたは6ポイント・チンストラップにより固定されたもの。	34,000円〜（チンストラップは標準装備、フェイスマスクは3,500円〜）
マウスピース	口の内部に入れ、色は見た目に分かりやすいものでなければならない（白・無色は不可）。上顎部を全て覆ってなければならない。	100円〜。歯科医によるオーダーメイドは約10,000円〜。
ショルダー・パッド	肩章部分の先端の半径が、使用されているパッドの材質の厚さの1.5倍を越えてはならない。	16,000円〜。ポジションによって形状が異なる。
ヒップ・パッド	尾てい骨部分を保護するものを含んでいること。	2,500円〜
サイガード	基材に堅い物質を使用する場合、発砲ビニールのような柔らかい材質で表面が覆われてなければならない。	1,200円〜
ニー・パッド	1/2インチ（13mm）以上の厚さで完全に膝を覆えるもの。	1,000円〜
ジャージ	ショルダーパッドを完全に覆う袖があり、パンツの中にしまうのに十分な長さがあるもの。	1,900円〜。試合用のものはデザインや背番号が入り、より高価となる。
パンツ	同一チームのプレーヤーは同一色、同一デザインのものを着用する。	3,800円〜。試合用のものはデザインにより、より高価となる。
ソックス	同一チームのプレーヤーは色、デザインおよび長さが同一の見た目に分かるものか脚部を覆うものを着用する。	500円〜。試合用のものはデザインにより、より高価となる。

日本アメリカンフットボール協会競技規則委員会：(2013) をもとに作成。装具の価格はFOOTBALL DIRECT HP、ヒップパッドとニーパッドの価格は QB club HP をもとに作成。

販売のみの専門店（FOOTBALL DIRECT）が出現した。人件費の削減によって商品価格を下げると同時に、日本人の手になじむ国産のボール開発を進めるといった新しい展開が期待されている。

　防具の中で個人的にカスタマイズが可能なのはマウスピースだけである。ラバー素材が主流であり、最も安価なもので100円から購入することができる。歯型を採取してフィット感を向上させるものは高級品だが、プレー中の口腔内の違和感が少ないとして、使用する選手数は増加傾向にある。

　ニー・パッド（膝）、サイガード（太腿）、ヒップ・パッド（臀部）といった防具は低反発ソフト素材を使用している。ニー・パッドとサイガードはパンツの中に装着する袋部分が設けられている。ピップ・パッドは従来、ベルトで固定するものが一般的であったが、スパッツと一体化した新製品が主流となりつつある。

　ヘルメットとショルダー・パッドはアメフトにおいて象徴的な防具である。素材とテクノロジーにおいて最新のものが投じられ、価格も他の防具に比べて圧倒的に高級である。命に直結する部分を保護するものであり、

防具としての重要性は高い。

　こうした防具にユニフォームである装具、それにスパイクといった消耗品を揃えることでアメフトをプレーすることができる。今回の調べによる装具の総額は、スパイクを除けば48,500円となった。我が国では大学から始める人口が多い種目であり、プロもないことから4年間で引退する選手も多い。そのためマウスピースを除いて装具の一部を先輩からのお下がりで始めるケースが見受けられる。メンテナンスが必要な防具については自分に合った製品を専門知識の高い店員と相談して購入することを推奨する。

　アメフト日本代表は第1回、第2回ワールドカップで優勝するなど高い実力を備えるが、ラグビー同様に指導者不足と競技人口の伸び悩みに対して普及策を講じなければ市場が好転するとは言い難い。

（松浪登久馬）

【参考資料】

1) 玉澤敬三編『東京運動具製造販賣業組合史』東京運動具製造販賣業組合、1936
2) 尾道博『MIMATSU GYMNASIUM&PLAYGROUND』の紹介－日本最初のスポーツ用品製造企業「美満津」について、「商経学会誌」第24巻第1号、日本文理大学商経学会、2005
3) 中嶋健「伊藤卓夫『美満津商店』創業までの経歴」阿部生雄監『体育・スポーツの近現代』2011
4) 矢野経済研究所『スポーツ産業白書』矢野経済研究所、1988、1993～2013
5) 平田竹男『スポーツビジネス最強の教科書』東洋経済、2012
6) 伊多浪良雄他編著『スポーツの経済と政策』晃洋書房、2011
7) 原田宗彦編著『スポーツ産業論』第5版、杏林書院、2011
8) 山下秋二他編著『スポーツ経営学』改訂版、大修館、2010
9) 岸野雄三他編、日体体育協会監修『最新スポーツ大事典』第6版、大修館、1997
10) 日本アメリカンフットボール協会競技規則委員会『2013～2014アメリカンフットボール公式規則・公式規則解説書』、日本アメリカンフットボール協会、2013。本書は社団法人日本アメリカンフットボール協会のホームページより、pdf版をダウンロードすることができる。
　　http://www.americanfootball.jp/rule/rulebook2013.pdf
11) FOOTBALL DIRECT　http://www.sportsdirectjapan.com/
12) QB club　http://www.qbclubstore.com/

第 10 章　世界で活躍する日本のスポーツ用品産業

1．はじめに−スポーツとスポーツ用品

　スポーツは、"世界共通の人類の文化"であるといわれており、世界には多種多様なスポーツが存在している。それらのスポーツは、「競技スポーツ」、「近代スポーツ」、「生涯スポーツ」、「民族（民俗）スポーツ」、「ニュー・スポーツ」などと呼ばれるが、その中でも、現在、世界の多くの人々に最も親しまれているのは、近代スポーツといえよう。加えて、スポーツをする目的も勝利を目指すものから健康の維持・増進のため、ダイエットや人間関係の構築、あるいは、純粋に楽しむためなど人々によってさまざまである。

　さまざまな側面を持つスポーツであるが、スポーツが存在するためには、当然、スポーツ施設をはじめ、ルールや審判、スポーツウエア・シューズ、ボールなどの用具等、様々な要素が必要であると同時に、少なくともスポーツを行う「場」（物理的な場所と言うだけでなく、社会がスポーツを許容するという意味においても）が必要であることはいうまでもない。

　一般的に、それらを包括してスポーツを表す際に、「スポーツ文化」を用いるが、とりわけ、スポーツウエアやシューズは、日進月歩の勢いで、開発競争が進められている。

　多種多様なスポーツの中でも、陸上競技は記録を追求するスポーツのため、そこで使用されている用品の改良は毎年のように行われている。短距離用のスパイクは、片足140gでとてつもなく軽いだけでなく、足底のスパイクピンも地面に効率的に力を加えることができる位置に配置されている。また、マラソン用のシューズは、長時間走っても身体への負担を少なくするように設計されている。さらには、ユニフォームは軽いだけでなく、着心地が良く、通気性に優れている製品が開発され、販売されている。このように、スポーツメーカー各社の製品開発によって、スポーツ愛好家や競技者たちは、より楽しく、より快適にスポーツすることができる環境が創り出されているといえよう。

　したがって、ジャマイカ出身のウサイン・ボルト選手が100mを9秒58、200mを19秒19という驚異的なタイムで世界記録を更新できたのは、

当然、人間が直接触れることになる「走路」の改良やトレーニング方法など記録向上のための多くの要因があることを前提としてもスポーツメーカーの影の努力があったからこそと言っても過言ではない。

このようにオリンピックや世界選手権で金メダルを目指す競技スポーツの世界から個人の健康のためにスポーツをする一般スポーツ愛好者まで、スポーツメーカーが製造するスポーツ用品を使用している状況において、世界では日本のスポーツ用品が活躍している。

２．新しいスポーツ用品の価値

スポーツに「商品」としての価値があることは、これまでに多くの研究や書籍で述べられているが、大きくスポーツイベントのようにスポーツそのものに価値を求める場合と、自社製品の価値を上げるためにスポーツの価値を利用する場合に分けられよう。

前者は、プロ野球やサッカーＪリーグ、大相撲などのスポーツイベントで、直接人々がスタジアムに足を運んで観戦したり、テレビを通して観戦することによって、直接・間接的に利益を生み出す。さらに、年会費や利用料・参加費を払い、健康の維持増進やダイエットのためにスポーツジム・クラブへ通うことも直接的な利益となる。

他方で、後者はそれらのイベントのスポンサーやスタジアムなどの命名権、あるいは、競技力の高い選手と契約し、スポーツ用品を提供するなどが挙げられる。例えば、タイガー・ウッズと契約しているナイキの例を取り上げるまでもなく、選手が好成績を残すことが自社ブランドを高めることになる。ブランドが高まったスポーツ用品は、同質の用品と比べ、人々の購入意欲を高めることに繋がるため、競争力を持つことになるのである。

一般的にスポーツ用品は、スポーツを実施している、あるいは、実施しようとしている人々によって購入されるものと思われがちである。しかし、かつてアスリートブランドだったオニツカタイガーが、若手社員を中心としたプロジェクトチームによって、ヨーロッパで「ファッションブランド」として復活し、その１年後には日本でも復活した例にみられるように、ス

ポーツ用品のファッションブランド化を確立できれば、購入者は一般人にも広がっていくことになり、マーケットも広がることとなる。しかも、20年前と比べ、普段着もしくは、ファッションとしてのスポーツウエアは、すでに定着しているといっても良く、オニツカタイガーの事例は、スポーツ用品を販売する際に大いに参考にできることを示してくれている。

写真10-1　オニツカタイガーのロゴマークとブランドイメージ（提供：株式会社アシックス）

3．日本のスポーツメーカー

　スポーツの現場ではナイキ、アディダス、プーマなどの外国のスポーツメーカーだけでなく、日本のスポーツメーカーの製品も多く使用されている。

　例えば、ミズノ、アシックス、ヨネックスなど、世界的に有名な国内スポーツメーカーが存在する。もちろん、他にも会社はあるが、『スポーツ産業白書』（矢野経済研究所）に掲載されており、なおかつ、多種目にわたって製品を製造している上記の3社に絞って、2005（平成17）年から2012（平成24）年までの決算をみると、図10-1のように、この間、我が国では長

期にわたる経済低迷期であったにもかかわらず、若干の変動があるにせよ、総売上高をキープしているといえる。もっといえば、2008（平成20）年9月15日に、アメリカ合衆国の投資銀行であるリーマン・ブラザーズが破綻したことをきっかけに世界的金融危機に見舞われた「リーマン・ショック」をも乗り越え、今日に至っているのである。

さらに、別の角度からみれば、長期にわたる経済低迷期であっても、人々はスポーツを享受し続けるとともに、企業はスポーツを支えてきたといえよう。

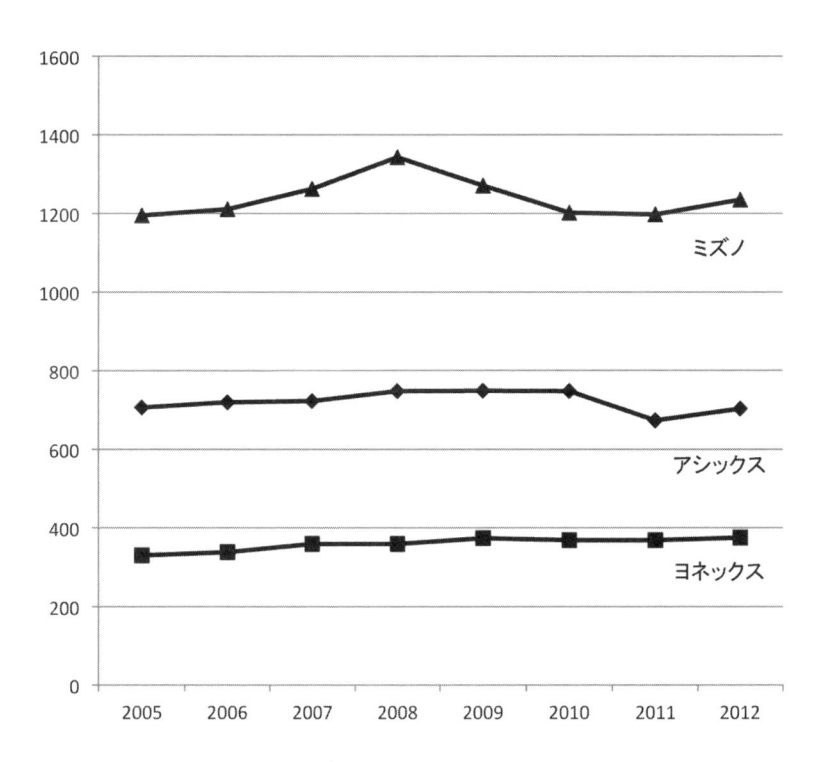

図10-1　日本のスポーツ用品メーカー3社の総売上高の推移
（矢野経済研究所（2005-2013）をもとに作成）

4．世界で活躍する日本製スポーツ用品

　日本には世界大会で公認球として認められるボールを製造している会社や、国内だけでなく世界中で知られている有名企業と比べ知名度では劣るものの、その実績は驚きと尊敬の念すら感じさせる町工場があるので、以下でみておきたい。

　株式会社モルテンは、広島県広島市西区にある。1958（昭和33）年11月にモルテンゴム工業株式会社として創業し、翌年2月には第1号ボールを完成させ、スポーツ事業へ参入した。そのわずか2年後の1960（昭和35）年6月には、日本バスケットボール協会から検定球として認められ、7月には日本バレーボール協会から検定球として認められた。さらに1962（昭和37）年10月には日本ハンドボール協会から検定球として認められるという驚くべきスピードで次々と「ボール」を製造したのである。

　その後は表10-1の通り、1969（昭和44）年からは国際バレーボール

表10-1　モルテンの歩み

年　月	内　　　容
1958年11月	本社工業を広島県西区中広町におき、モルテンゴム工業株式会社を設立
1959年 2月	第1号ボールが完成し、スポーツ事業に参入
1973年 4月	国際バスケットボール連盟から公認球として認められる
6月	国際サッカー連盟から公認球として認められる
1975年 5月	国際ハンドボール連盟から公認球として認められる
1979年 5月	アディダス社と単語サッカーボールに関し、ライセンス契約締結
1980年12月	バスケットボールが'82世界選手権（コロンビア）の公式試合球（男子）に決定
1981年11月	ロサンゼルスオリンピックのバスケットボール公式試合球に決定
1982年 8月	日本サッカー協会より検定球として認められる
1983年10月	『株式会社モルテン』に社名変更
1985年 9月	第10回バスケットボール選手権の公式試合球に決定
1991年11月	日本プロサッカーリーグ（Jリーグ）と試合球の独占契約
1998年 7月	バスケットボール世界選手権大会唯一の公式試合球として使用
2000年 6月	サッカーセリエA　パルマA.C.、
2001年 7月	サッカーセリエA　A.C.フィオレンティーナ
2002年 7月	サッカーセリエA　モデナF.C.1912
8月	バスケットボール男子・女子世界選手権大会唯一の公式試合球を提供
2011年 8月	国際バスケットボール各大陸選手権に唯一の公式試合球『GL7/GL6』を提供

（株式会社モルテンホームページをもとに作成）

連盟（6月）から公認球として認められたのを皮切りに世界に舞台を移し、国際バスケットボール連盟（1973（昭和48）年4月）、国際サッカー連盟（同年6月）、国際ハンドボール連盟（1975（昭和50）年）とそれぞれの国際連盟における公認球として次々に認められた。さらには、1984（昭和60）年のロサンゼルスオリンピック大会のバスケットボールの公式試合球として使用されたり、サッカーの名門クラブであるセリエAのパルマA.C.、A.C.フィオレンティーナやモデナF.C.1912とオフィシャルサプライヤー契約を締結するなど、世界で「モルテン（molten）」の名を轟かせてきた。

　現在は、元来のゴム製造会社の特徴を活かし、スポーツ用品事業の他、自動車部品事業、医療・福祉用品事業、親水用品事業・産業資材事業に事業を広げるだけでなく、世界各国に関連会社および拠点を保有しており、資本金3億1,614万円（日本本社）、売上高376億円（2013年9月期国内）、従業員数は国内で619人、グループ全体では4,200人というグローバル企業へ成長している。

写真10-2　モルテン社製のバスケットボールとバレーボール

　次に取り上げるのは、埼玉県富士見市にある有限会社辻谷工業である。辻谷工業は辻谷政久社長の他、3人の子息とパート社員による家族経営の会社である。現在は、陸上競技のハードルやバトン、砲丸を製造しているが、1996（平成8）年のアトランタ大会、2000（平成12）年のシドニー大会、2004（平成16）年のアテネ大会の3大会連続でオリンピック男子

砲丸投げの金・銀・銅を独占したのである。

　砲丸の材質はであるが、鋳物(いもの)はシリコン、カーボン、リン、硫黄(いおう)など最低でも5つの物質が入っているため、型にを流し込んでから冷えて固まる過程の中で、比重の差からどうしても軽い物質は浮かび上がり、重い物質は沈むという。つまり、固まった時に、上と下では重さが異なるのである。こうした重さの異なる鉄の固まりを削って球体である砲丸を作っていくことになる。

　現在は、国際陸上競技連盟の規格（直径125.2〜125.8ミリ、重さ7.260kgのプラス5〜25g）（表10-3）に合わせて砲丸を作るが、その前は、例えば、一般男子の砲丸の重さは、7.260kgよりも軽くなければ規格をクリアするというものであった。しかし、誤差の範囲が厳格に規定されるようになったため、他の会社は砲丸づくりをやめてしまったのである。

　辻谷工業でも当然、その規格に合わせて砲丸を作るが、コンピューターで数値を制御するNC旋盤(せんばん)ではなく、汎用旋盤を用いて、国際陸上競技連盟の規格に合うように削り出す。他の会社が砲丸づくりをやめてしまったこともあり、それまで年間で300から400個しか作っていなかった辻谷工業は、急激に注文数が増え、10倍の3,000から4,000個になったという。

　さらに、辻谷工業で削り出された砲丸の重心は、限りなく中心に近く、選手たちにとって、非常に投げやすく、オリンピックの決勝に残った8人の選手全員が使用したのである。つまり、日本の小さな町工場の「技術」が世界の上位を独占したといえる。

表10-3　砲丸の大きさに関する国際競技ルール

Minimum weight for admission to competition and acceptance of aRecord:					
	3.000kg	4.000kg	5.000kg	6.000kg	7.260kg
Information for manufacturers: Range for supply of implement for competition					
	3.005kg	4.005kg	5.005kg	6.005kg	7.265kg
	3.025kg	4.025kg	5.025kg	6.025kg	7.285kg
Diameter:					
Minimum	85mm	95mm	100mm	105mm	110mm
Maximum	110mm	110mm	120mm	125mm	130mm

(IAAF Competition rule から抜粋)

最後に取り上げる株式会社野田鶴声社は、東京都葛飾区亀有にある町工場である。会社のホームページによると、「1919年、先代・野田義定により、主にハーモニカ、鉄琴、手風琴といった音響玩具の北米向け輸出専門メーカーとして、東京は台東区で創業、独立元の『鶯声社（おうせいしゃ）』になぞらえ、社名を『野田鶴声社（かくせいしゃ）』としました。（北米輸出専門としたのは、日本国内を市場とする鶯声社との共栄を願ってのことでした）」というように、元々、ハーモニカなどの玩具を北米向けに輸出する会社であった。

　しかし、1968（昭和43）年にホイッスルの製造を開始し、全米の学校、軍、警備関係、スポーツ専門店、世界最大の量販店「K mart」などに年間約60万個を輸出してきた。その他、表10-4の通り、1982（昭和57）年のFIFAワールドカップスペイン大会で公式採用され、1990（平成2）年には日本国内で販売を開始し、1998（平成10）年のFIFAワールドカップフランス大会では、唯一の日本人審判である岡田正義氏が野田鶴声社のホイッスルを使用したのである。このホイッスルは、真鍮（しんちゅう）でできており、軽く息を吹いただけで高く澄んだ音色がスタジアム全体に響くという。

　また、今日に至るまでに世界45カ国、累計1,500万個以上のホイッスルを世に送り出している。

　野田鶴声社のホイッスルもまた、会社の規模こそ大企業と比べ小さいものの、世界に認められたスポーツ用品といえる。

表10-4　野田鶴声社の歩み

年	出来事
1919	先代・野田義定により、主にハーモニカ、鉄琴、手風琴といった音響玩具の北米向け輸出専門メーカーとして、東京は台東区で創業
1978	旧西ドイツのブンデスリーガ審判連盟で推奨
1982	サッカーワールドカップスペイン大会で公式採用
1986	サッカーワールドカップメキシコ大会で公式採用
1993	日本サッカー審判協会（RAJ）推奨品認定
1998	サッカーワールドカップフランス大会で唯一の日本人審判である岡田正義氏が使用

（株式会社野田鶴声社ホームページをもとに作成）

5．おわりに－まとめにかえて

　これまでみてきたように、日本のスポーツメーカーは、長期にわたる経済の低迷期だけでなく、リーマン・ショックにも負けることなく、今日まで我々のスポーツ環境を支えてくれた。また、オニツカタイガーはこれまでのアスリートブランドの枠を超え、ファッションブランドとしてヨーロッパで復活し、日本でも復活を果たした。
　さらに、モルテンや小さな町工場の辻谷工業や野田鶴声社は、世界に誇るスポーツ用品を世に出し続けている。
　このように、我が国のスポーツメーカーが作るスポーツ用品は決して世界のスポーツメーカーが作るスポーツ用品に負けることなく、「世界」という大きな舞台で大いに活躍しているといえよう。加えて、今後も、我々にスポーツという豊かな文化を享受することをサポートしてくれることであろう。

（田中悠士郎・田簑健太郎）

【参考資料】

1）矢野経済研究所：『スポーツ産業白書』1993 － 2013 年版
2）矢野経済研究所：『スポーツアパレル市場動向調査』2008 － 2013 年版
3）原田宗彦編著：『スポーツ産業論』杏林書院、1995.5
4）松田義幸著：『スポーツ・ブランド－ナイキは私たちをどう変えたのか？』中央公論新社、2003.4
5）新星出版社編：『SPOERTS シューズのひみつ』新星出版社、2009.5
6）坂本光司著：『ちっちゃいけど、世界一誇りにしたい会社』ダイヤモンド社、2010.3
7）DIAMOND online （http://diamond.jp/articles/-/21500）
8）有限会社辻谷工業 （http://www9.plala.or.jp/tuk-hougan/）
9）株式会社野田鶴声社 （http://nodakakuseisha.world.coocan.jp/）
10）株式会社モルテン （http://www.molten.co.jp/corporate/jp/index.html）
11）IAAF Competition Rules 2014-2015
12）オツニカタイガーブランドイメージ　Directed by: MOTE SINABEL　Production: YUKO WATANABE / NIKOLA BOGDANOVIC　shot on locations in Serbia

新体操の大会参加にかかる経費

コラム4

　多くのスポーツ選手たちにとって、オリンピック競技大会や世界選手権大会への出場は大きな目標の一つであるが、日々の努力の成果が実り、世界選手権大会への切符を勝ち取ったその先では、いったいどれくらいのお金がかかるのだろうか？ここでは新体操を例として、世界選手権大会の現場でかかるお金について紹介したい。

　世界選手権大会への出場に際し、まず必要となるのが参加費である。野球やサッカーに代表される国内のプロスポーツ興行では、選手たちは試合に出場することでお金を受け取っているが、それ以外の試合では、トップレベルの選手が集まる国際大会であっても、選手が参加費を支払う場合は多い。新体操の世界選手権大会では、個人選手1名につき約5,500円、団体1チームにつき約22,000円の参加費を支払わなければならない。

　次に、選手やコーチが滞在する間のホテルの宿泊費や食事代が必要である。大会に参加する選手は、基本的に公式ホテルに宿泊しなければならないが、ツインの部屋でも1人あたり10,000円以上することが多い。また、体調管理のためにもきちんとした食事をとりたいので、滞在中の食費も安くない。

　意外なところでは、追加のアクレディテーション（ADカード）をもらうのにお金がかかるということである。アクレディテーションとは、競技施設や大会関連施設への入場や施設内各所へのアクセスのために用いられる、言わば通行許可証のようなものである。これがなければ、選手や大会関係者であっても施設内に入ることはできない。オリンピック競技大会や世界選手権大会等の国際大会において、アクレディテーションは主にセキュリティ対策の面で重要な役割を果たしている。海外から選手が多数参加するだけでなく、記者や放送関係者、来賓など、外部から大勢の人々が関わる国際大会では、セキュリティ対策をいかに効率的に、また円滑に計画するかが重要になる。そのためにも、施設内をエリア分けし、それぞれのエリアごとにどんな種類のアクレディテーションを持っている人が入れるのかを明確に区分することで、大会に関わるすべての人々の認識を共通にしているのである。

　このように厳しく定めているからこそ、大会運営が円滑に進むのだが、それだけにアクシデントも伴う。実際私が選手だった時には、試合直前の練習会場にコーチが入れず、1人で試合に臨んだことがある。コーチもJAPANのユニフォームを着ているにもかかわらず、どんなに懇願しても無駄だった。なぜなら、コーチもアクレディテーションを持っていたものの、練習会場に入れるカードではなかったからである。

　さて、これら大会にかかる費用を合わせると、新体操の世界選手権大会では、日

本選手団全体でおおよそ表2に示したほどのお金が必要になる。もちろん、このほかにも現地までの飛行機代などが必要なので、実際にはもっと多額の費用を伴うことになる。

　世界選手権大会のように国の代表選手として出場する国際大会では、これらの費用は基本的に協会が負担することとなる。スポーツを支えている企業の協賛金やスポーツ振興くじ（toto）の助成等は、このようなかたちで国際大会に出場する選手を支えることで、多くの人々の喜びや感動を生み出しているのである。

（村田由香里）

表1　世界新体操選手権大会出場にかかる平均的な金額

参加費	個人選手1名につき	約5,500円
	団体1チームにつき	約22,000円
公式ホテル（朝食込み）	シングル	約13,500円
	ツイン	約10,100円
食事券（ランチ・ディナー）	1食あたり	約3,200円
フェアウェル・バンケット※	公式ホテルに宿泊している選手団メンバーには無料券が配布される。それ以外は、1名につき約5,400円を支払えば参加出来る。	
追加のアクレディテーション	1名につき	約20,300円
（選手団席へのアクセスのみ）	ただしオリンピック競技大会および世界選手権大会の元チャンピオンは無料	

※フェアウェル・バンケットとは、試合終了後に行われるパーティーのことを指す。

表2　日本選手団の世界新体操選手権大会出場時にかかる費用のめやす

参加費	個人選手×2名	約11,000円
	団体×1チーム	約22,000円
宿泊（6泊7日×20名）		計約1,020,000円
食事（6日×20名）		計約778,000円
追加のアクレディテーション	1名	約20,300円

※選手9名（個人選手2名、団体選手7名）、スタッフ11名（団長、審判2名、個人・団体コーチ各2名、ドクター1名、トレーナー2名、アディショナルコーチ1名）が1週間滞在した場合のおおよその費用

第四部　スポーツ医療・コンディショニングの産業

第 11 章　スポーツトレーナー産業

1．スポーツトレーナー養成の歴史

　アメリカのスポーツトレーナー（以下トレーナー）の歴史は、アメリカンフットボールの発展と共に歩んできており、1881 年にハーバード大学のアメリカンフットボール部にトレーナーが雇用されたのが始まりである（深井ら、2006）。1950 年には、全米アスレティックトレーナー協会（National Athletic Trainers' Association、以下 NATA）が設立され、アメリカのアスレティックトレーナー教育の歴史が始まった。1970 年には、最初の認定資格試験が開始され、2011 年には 35,542 名の会員を持つ大きな組織にまで発展してきた。その内、79.5％（28,849 名）が公認アスレティックトレーナー（Athletic Trainer, Certified、以下 ATC）であり、スポーツクリニックを始め、大学、高校、プロスポーツなどで活躍している（NATA official site1）。1990 年には、ATC が準医療従事者として、アメリカ医学会により正式に承認され、アメリカでの ATC の社会的地位が確立された（Delforge ら、1999）。

　日本では、1994（平成 6）年より日本体育協会（以下日体協）がトレーナー養成講習会と認定資格試験事業を開始し、大学や専門学校にトレーナー養成講習会免除適応コースを設け、アスレティックトレーナー養成を行っている。2012（平成 24）年 10 月現在で、日体協公認アスレティックトレーナー（以下日体協 AT）が 1861 名登録されているが、アメリカの ATC の僅か 4.8％という現状である（表 11-1）。一方、あん摩・マッサージ・指圧師は約 18 万人、はり師は約 15 万人、柔道整復師は約 7.8 万人が厚生労働省に登録されている。その内どれくらいの割合でトレーナーとして活動しているかはデータがないので実態は不明である。近年、鍼灸師や柔道整復師の資格取得を目指しながら、トレーナーの勉強ができる大学も増え、日本でのトレーナーに対する社会的認知度も徐々に高まってきた。しかしながら、大学卒業後、トレーナーとして雇用される職域は、非常に限定的であり、社会的に安定した職業とは言い難い。今後、日本でトレーナーの社会的認知度をさらに高め、安定した職業として確立するまでには、様々な問題を解決しなければならないであろう。

表 11-1　トレーナー関連資格の有資格者数

資格	有資格者数	備考
あん摩・マッサージ・指圧師	184,276名	2011年度　*1
はり師	152,049名	2011年度　*1
柔道整復師	77,916名	2012年3月31日現在　*2
健康運動実践指導者	21,544名	2013年3月31日現在　*3
健康運動指導士	16,468名	2013年3月31日現在　*3
日体協AT	1,861名	2012年10月1日現在　*4
NSCA-CPT（NSCAジャパン）	2,353名	2013年3月末現在　*5
CSCS（NSCAジャパン）	1,119名	2013年3月末現在　*5
米国BOC-ATC	39,052名	2012年1月現在　*3

(*1：東洋医療研修試験財団公式サイト、*2：柔道整復研修試験財団公式サイト、*3：健康ネット公式サイト、*4：日本体育協会公式サイト、*5：NSCAジャパン、2013、*6：NATA official site 1 をもとに作成)

2．スポーツトレーナーの養成校と資格

　日本において、トレーナーに関わる関連資格は、鍼灸・マッサージ師や柔道整復師を中心に、日体協AT、理学療法士、健康運動指導士、健康運動実践指導者、全米ストレングス＆コンディショニング協会（National Strength & Conditioning Association、以下NSCA）認定ストレングス＆コンディショニングスペシャリスト（以下CSCS）やパーソナルトレーナー（以下CPT）、日本トレーニング指導士（以下JATI）など多岐にわたる。これらの関連資格が取得できる大学や専門学校を「リクナビ進学」で『スポーツ』というキーワードで検索すると、それぞれ169校、114校、合計283校が存在する（図11-1）。なお理学療法士は医療系の大学や専門学校に該当するので、『理学療法』というキーワードで検索すると、それぞれ94校、121校、合計215校ある。
　一方、アメリカでは、1994年に準医療従事職教育プログラム認定委

員会（Commission on Accreditation of Allied Health Education Program、以下 CAAHEP）により学部および大学院での Entry-level のアスレティックトレーニング教育プログラムが認可された。そして、2004 年に向けての資格認定試験の受験要項の変更に伴い、認定校が急速に増加し、2002 年 8 月時点で 170 校（学部 167 校、大学院 3 校）となった。2006 年には、CAAHEP から独立した組織としてアスレティックトレーニング教育プログラム認定委員会（Commission on Accreditation of Athletic Training Education、以下 CAATE）による認定校が、学部 337 校、大学院（修士）27 校、大学院（博士）1 校、合計 365 校となった（CAATE official site）。NSCA では、CSCS 認定校が学部 80 校、大学院(修士)17 校、CPT 認定校が 30 校、合計 127 校ある。認定校 80 校のうち、アメリカ 63 校、日本 9 校、オーストラリア 3 校、イギリス 3 校、カナダ 1 校、スウエーデン 1 校となり、NSCA は認定校を国際的に拡大している（NSCA official site）。

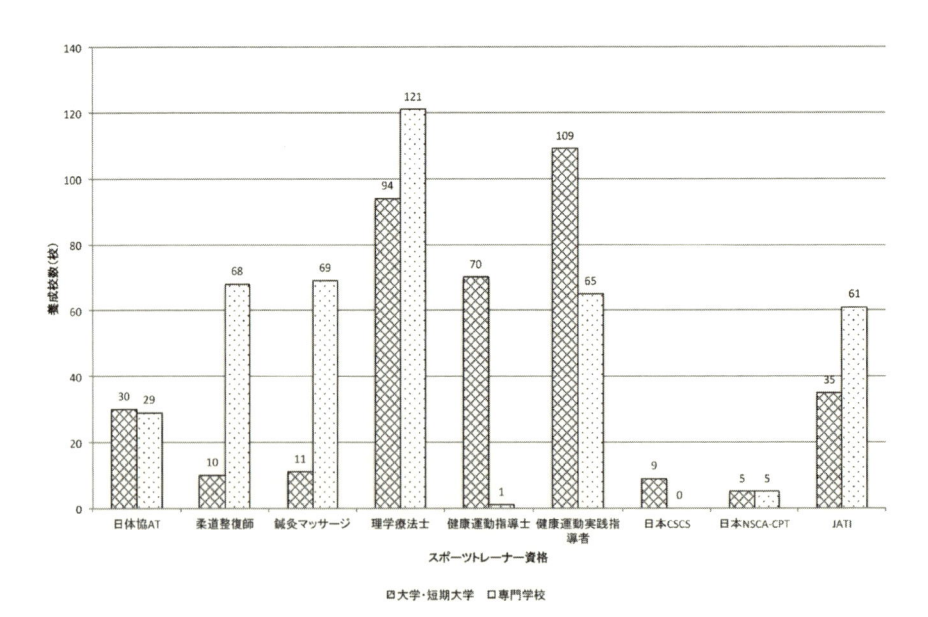

図 11-1　スポーツトレーナー資格に関わる養成校数
（リクナビ進学サイトをもとに作成）

3. スポーツトレーナーの雇用環境の変化と就職状況

　日本では、1990年代前半のバブル経済崩壊後、企業スポーツの衰退が加速し、1991（平成3）年から2008（平成20）年までに廃部・休部が324チームに上った。特に、野球（83チーム）、バレーボール（38チーム）、バスケットボール（26チーム）などの強豪チームの廃部・休部が相次ぎ、それに伴ってトレーナーの雇用環境も年々悪化していった。2008（平成20）年から2009（平成21）年の3月までに32チームの企業スポーツで、また、2010（平成22）年から2012（平成24）年3月までに8チームの企業スポーツで休廃部が行われた。このように日本のスポーツの発展基盤であった企業スポーツがここ30年で大幅に衰退している（図11-2）。その反面、スポーツトレーナーに関わる資格養成校数は年々増加しており、卒業後の就職先が激減している現状を勘案すると、大学や専門学校は今後トレーナー教育プログラムを見直す必要があるだろう。

　日本のプロリーグは、企業スポーツの衰退に伴い、様々な競技団体でリーグ再編が行われ、ここ10年で徐々に拡大傾向にある。しかしながら、プ

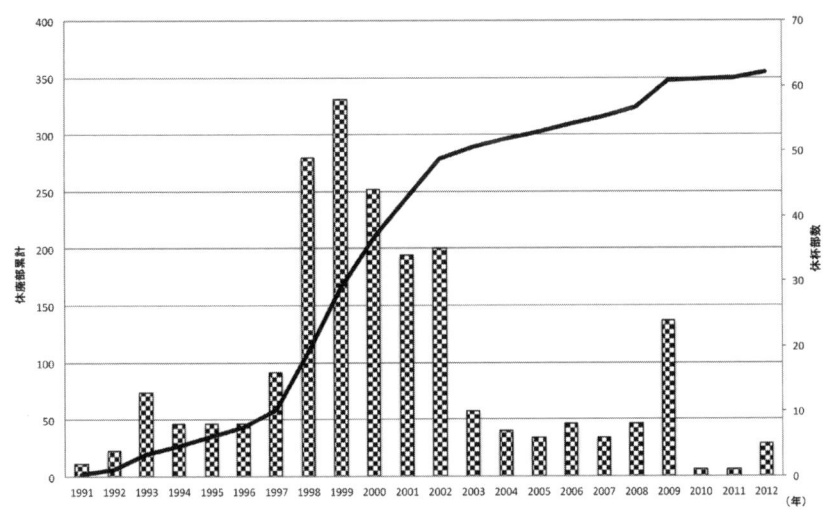

図11-2　企業スポーツ休廃部の推移
（ダイヤモンド・オンライン、青石ら（2010）、濱谷（2012）をもとに作成）

ロスポーツとはいえ、一部の安定した経営母体を持っているプロ野球やJリーグ（J1）などを除くと、雇用条件は必ずしも良いわけではない。それぞれのプロリーグ別にトレーナー関連スタッフ（トレーナー、アスレティックトレーナー、マッサー、理学療法士、トレーニングコーチ、ストレングスコーチ、コンディショニングコーチ、フィジカルコーチを含む）の雇用状況を比較すると（図11-3）、プロ野球が最も多く、1チーム当り11.7名が雇用されている。その中でもセ・リーグの読売巨人軍が17名、パ・リーグの福岡ソフトバンクホークスが16名と最も多い。

　Jリーグでは、J1で18チーム、J2で22チーム、合計40チームが所属する最も大きいプロリーグ組織となっている。しかし、トレーナー関連スタッフはJ1で1チーム当り4.8名、J2で3.1名しか雇用されていない。ラグビーのトップリーグでは、怪我が多発するコンタクトスポーツであることから1チーム当り5.2名が雇用され、J1より雇用人数が多い。しかしながら、トップリーグは、プロリーグになったとはいえ、企業チームで構成されている実態を考えると、企業の経営状況に大きく左右され、

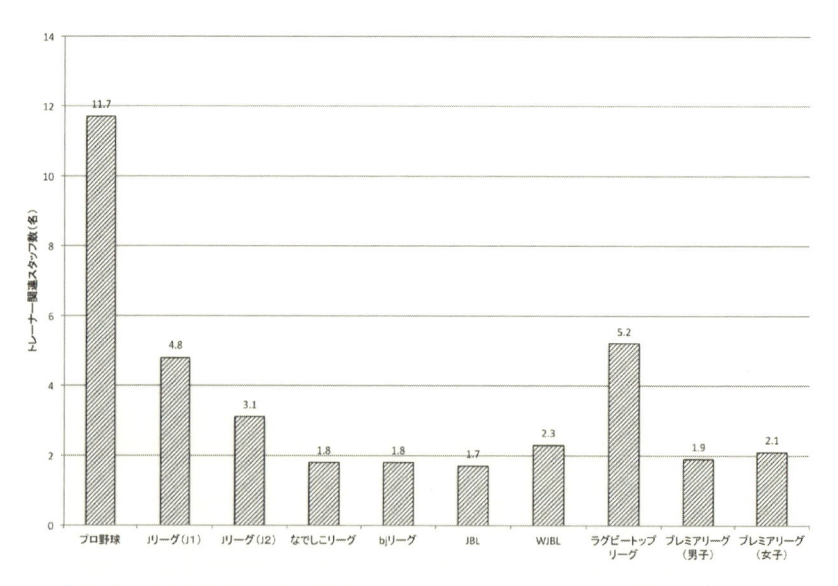

図11-3　プロスポーツにおける1チーム当りのトレーナー関連スタッフ数
（各プロリーグの公式サイトをもとに作成）

休廃部になるリスクを抱えている。そのため雇用人数は多いもののトレーナーの雇用環境としては決して良いとは言えない。Jリーグやトップリーグでの雇用人数は他のプロリーグより多いが、プロ野球と比較すると半数以下であることから、プロ野球が、日本のスポーツ界の中で最も安定したトレーナーの雇用環境であるといえる。

4．スポーツトレーナーの年収

NATAの2011年の年収調査結果（NATA official site 2）によると、ATCの伝統的な職場である大学・短大において、大学の場合、雇用条件や職務内容により年収幅はあるが、平均で$46,000から$48,000であった（表11-2）。

表11-2　ATCの職域別平均年収の比較

職域	平均年収
大学・短期大学	大学教員：$66,252　短大教員：$57,887
	大学ATC：$45,842〜$48,259
	短大ATC：$49,701〜$53,191
中学校・高校	私立中学校・高校：$41,941〜$51,483
	公立中学校・高校：$50,637〜$52,935
スポーツクリニック	$41,797〜$55,114
総合病院	$48,213〜$102,500
民間企業	ATC：$44,252〜$61,837
	営業・マーケティング：$68,320
フィットネスクラブ／	フィットネスクラブ：$90,861
個人契約	個人契約（パーソナルトレーニング等）：$45,350
軍隊／政府機関	軍隊（陸軍、海軍、空軍等）：$58,282
	政府機関（警察、消防署等）：$57,670〜$70,339
レクリエーション／ユーススポーツ	$38,994
プロスポーツ	NFL：$128,438、NHL：$51,251、NBA：$88,444、MLB：$51,451、MLS：$50,167、WNBA：$90,000
	テニス（女）：$68,500、レーシング：$50,000、舞台芸術：$68,207

* NFL: フットボール、NHL: アイスホッケー、NBA: バスケットボール、MLB: 野球、MLS: サッカー、WNBA: 女子バスケットボール
（NATA official site2、Arnoldら、1996、Somervilleら、1996をもとに作成）

大学の教員として教育や研究に従事した場合は年収が高く、トレーナーとしてスポーツ現場で働く場合は年収が低い傾向にある。しかし、地域差、経験年数、学位、ATC 以外の資格の有無、婚姻関係の有無などによって年収は影響する。大学や大学院の新卒者の初任給は、学位の違いによって年収差は若干あるものの平均で $22,000 から $25,000 が相場のようだ（Moss、1996）。もう一つの伝統的な職場である中学校・高校では、公立高校と私立高校では若干の差があり、私立より公立の方が高い傾向にあるものの平均で $42,000 から $53,000 であった（表 11-2）。ただし、高校での新卒者の初任給は、大学でのポジションより年収が若干高く、平均で $25,000 から $27,000 であった。この年収差は、高校での雇用条件としてトレーナーと教師の職務を兼任しているため給与に反映されている。

　日本では、多岐にわたる資格を持ったトレーナーが混在し、NATA のような統一された業界団体が存在しないこともあり、日本のトレーナーの職域や年収などの実態は、組織的なデータもなくほとんど不明である。日体協 AT マスタープランの報告（日本体育協会アスレティックトレーナー連絡会議、2010）によると、日体協 AT の年収に関して、100 万円以下 20%、200 万円以下 6%、300 万円以下 8%、400 万円以下 8%、500 万円以下 3%、501 万以上 17% であり、その反面、無報酬が 25% と最も高い割合を占めた。このことは、日体協 AT の多くがトレーナー活動をボランティアとして行ってきた実態を反映している。

5．スポーツトレーナーの職域拡大とその将来展望

　近年、アメリカでは、ATC の職域は拡大傾向にあり、伝統的な職場である大学や高校だけに留まらず、民間企業、軍隊、警察、消防署、舞台芸術、総合病院、フィットネスクラブなどで雇用されている。例えば、民間企業では、従業員やその配偶者、退職後の年金受給者、その会社関係者などの福利厚生の一環として、ATC が健康管理、健康増進、傷害予防、仕事による怪我や手術後のリハビリテーションなどのサービスを提供している。

また、海兵隊、海軍、空軍、陸軍、沿岸警備隊、軍士官学校を含む軍隊においても、ATCが雇用され、兵隊や軍に勤務する職員や関係者に対して、健康管理、訓練に向けての傷害予防、職務による怪我のリハビリテーションなどの業務を行っている。

　日本のトレーナーの典型的な職場は、企業スポーツやプロスポーツであった。アメリカのように伝統的な職場として大学や高校にトレーナーとして雇用されることは、以前は非常に稀であった。しかし、近年、トレーナーに関わる様々な教育プログラムが大学に設置されることに伴い、トレーナーおよび教員として大学に常勤で雇用されるようになったが、その数はまだまだ少ない。また、スポーツクリニックや接骨院・整骨院で雇用され、近隣の高校でトレーナー活動をしているケースも見られるようになった。日本では、フィットネスクラブやスポーツクラブの健康フィットネス産業で雇用される場合が圧倒的に多い。今後、アメリカのATCの職域拡大にならって、民間企業での福利厚生や健康増進をサポートする人材や自衛隊、警察署、消防署などの政府機関での健康管理や職務の傷害予防をする人材として雇用を創出する取り組み、あるいは、パーソナルトレーニングやトレーナー派遣などの個人事業を立ち上げるための環境整備や社会的支援などが必要であろう。

（葛原憲治）

【参考資料】

1) 深井麻里ら「National Athletic Trainers' Association（NATA、全米アスレティックとレーナーズ協会）と第56回NATA年次総会報告」、仙台大学紀要、37（2）、2006．
2) Delforge, GD,et al.「The history and evolution of athletic training education in the United States」J Athl Train, 34 (1), 1999.
3) NATA official site 1「NATA membership statistics 2」http://members.nata.org/members1/documents/membstats/2012-01.htm（参照日2013年5月11日）
4) 日本体育協会公式サイト「公認スポーツ指導者登録状況」http://www.japan-sports.or.jp/coach/tabid/248/Default.aspx（参照日2013年5月11日）
5) 柔道整復研修試験財団公式サイト「柔道整復師免許証の登録事務」http://www.zaijusei.com/2_toroku.html（参照日2013年5月11日）
6) 東洋療法研修試験財団公式サイト「年度別登録者数」http://www.ahaki.or.jp/registration/enrollment.html（参照日2013年5月11日）
7) 健康ネット公式サイト「健康運動指導士・健康運動実践指導者登録状況」http://www.health-net.or.jp/shikaku/shidoushi/touroku_jyokyou.html（参照日2013年5月11日）
8) NSCAジャパン「第13回総会・基調講演プログラム」2013年6月16日（日）、早稲田大学国際会議場
9) リクナビ進学サイト「『大学・短大を探す』、『専門学校を探す』」http://shingakunet.com/（参照日2013年5月11日）
10) CAATE official site http://www.caate.net/imis15/caate/（参照日2013年5月11日）
11) NSCA official site http://www.nsca.com/Programs/Education-Recognition-Program/Recognized-ERP-Schools/（参照日2013年5月11日）
12) ダイヤモンド・オンライン「ライフ・健康、だれが『スポーツ』を殺すのか～暴走するスポーツバブルの裏側～第12回」http://diamond.jp/articles/-/4920（参照日2013年5月11日）
13) 青石哲也ら「企業スポーツチームにおけるトップアスリートのセカンドキャリア形成に関する研究–ラグビー部を有する企業に所属している選手を事例として–」生涯学習・キャリア教育研究、6、2010．
14) 濱谷健史「改めて見直すべき『スポーツの価値』–スポーツの活性化に向けて求められること–」NRIパブリックマネジメントレビュー、112、2012．
15) NATA official site 2「Hire an athletic trainer to increase efficiency in your work setting」http://www.nata.org/sites/default/files/2011-AT-Salaries.pdf（参照日2013年5月13日）
16) Arnold, BL, et al.「1994 athletic training employment and salary characteristics」J Athl Train, 31 (3), 1996.
17) Somerville, J,et al.「Salary survey of certified athletic trainers in Delaware, New Jersey, New York, and Pennsylvania」J Athl Train, 31 (4), 1996.
18) Moss, CL「1994 entry-level athletic training salaries」J Athl Train, 31 (1), 1996.
19) 日本体育協会アスレティックトレーナー連絡会議「日本体育協会公認アスレティックトレーナー　JASA-ATマスタープラン」2010年

第 12 章　障がい者スポーツ産業

はじめに

　半世紀に渡ってわが国のスポーツに関する施策の基本となっていたスポーツ振興法が「スポーツ基本法」として全面改正し2011（平成23）年6月に制定された。
　このスポーツ基本法の特徴は、その前文に「スポーツを通じて幸福で豊かな生活を営むことは全ての人々の権利である」とする「スポーツ権」が示されたことと、スポーツ振興法にはなかった障がいのある人のスポーツに関することが条項内で言及されたことである。さらに、翌年の2012（平成24）年3月には、スポーツ基本法の理念を実現するべく、スポーツ推進に関する基本的な計画を示した「スポーツ基本計画」が策定、今後5年間に総合的かつ計画的に取り組むべき具体的施策が示され、その中にも障がいのある人のスポーツが明記された。
　これらの詳細については後述するが、このように、わが国がスポーツ立国の実現を目指し、国家戦略としてスポーツに関する施策を総合的かつ計画的に推進することを目的として定められたスポーツ基本法及びスポーツ基本計画に障がいのある人のスポーツが示されたことは、今後、わが国のスポーツプロモーションやスポーツビジネスのあり方に大きな変化をもたらすことになると言える。
　そこで本章では、障がい者スポーツ産業の今後のあり方や可能性について、それを取り巻く環境の現状と変化の兆しを各種データから示しつつ、パラリンピックを頂点とする競技力の向上と、健康づくりなどを目的とする生涯スポーツの普及・拡大の2つの視点から概観する。

1．わが国の障がいのある人の状況（基本的統計より）

　わが国の障がいのある人の総数（表12-1）は、身体障害（366.3万人）、知的障害（54.7万人）、精神障害（320.1人）の3区分を合わせると741.1万人であり、これは国民1,000人あたり59人、つまり全体の約

表 12-1 わが国の障害児・者数（推計）

		総数	在宅者	施設入所者
身体障害児・者	18歳未満	9.8万人	9.3万人	0.5万人
	18歳以上	356.4万人	348.3万人	8.1万人
	合計	366.3万人(29人)	357.6万人(28人)	8.7万人(1人)
知的障害児・者	18歳未満	12.5万人	11.7万人	0.8万人
	18歳以上	41.0万人	29.0万人	12.0万人
	年齢不詳	1.2万人	1.2万人	0.0万人
	合計	54.7万人(4人)	41.9万人(3人)	12.8万人(1人)

		総数	外来患者	入院患者
精神障害者	20歳未満	17.9万人	17.6万人	0.3万人
	20歳以上	301.1万人	269.2万人	31.9万人
	年齢不詳	1.1万人	1.0万人	0.1万人
	合計	320.1万人(25人)	287.8万人(22人)	32.3万人(3人)

注1：（ ）内数字は、総人口 1,000 人あたりの人数（平成 17 年国勢調査人口による。精神障害者については、平成 22 年国勢調査人口による）。
注2：精神障害者の数は、ICD10（国際疾病分類第 10 版）の「V 精神及び行動の障害」から精神遅滞を除いた数に、てんかんとアルツハイマーの数を加えた患者数に対応している。
注3：身体障害児・者の施設入所者数には、高齢者関係施設入所者は含まれていない。
注4：四捨五入で人数を出しているため、合計が一致しない場合がある。

(内閣府（2013）をもとに作成)

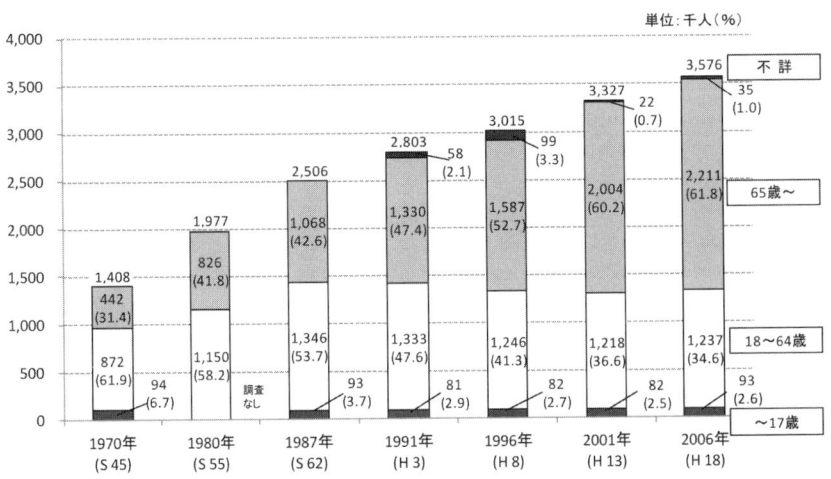

図 12-1　年齢階層別障害者数の推移（身体障害児・者・在宅）
(内閣府（2013）をもとに作成)

6%を占める（内閣府、障害者白書2013）。

　現在の状況について、在宅の身体障害者の年齢階層別による内訳を見てみると（図12-1）、2006（平成18）年における65歳以上の割合が61.8％（221.1万人）と1970（昭和45）年の値31.4％の約2倍、1996（平成8）年度の値52.7％より約1割上昇していることから、高齢者の増加が顕著である。さらに、在宅の身体障害者の障害種類別の内訳（図12-2）では、特に内部障害の変動が大きく、1973（昭和48）年に僅か5.1％であった値が、1991（平成3）年は17.0％、2006（平成18）年度には30.5％と著しい増加がみられる。これは、生活習慣病を中心とした疾患の増加とともに、高齢化が要因となっていることが推察される。

　2012（平成24）年のわが国の高齢化率は24.1％と過去最高を更新しているが、2025年頃には3割に達し、その後も上昇すると推計されている（内閣府、高齢者白書2013）。高齢化の要因として、平均寿命の延伸によ

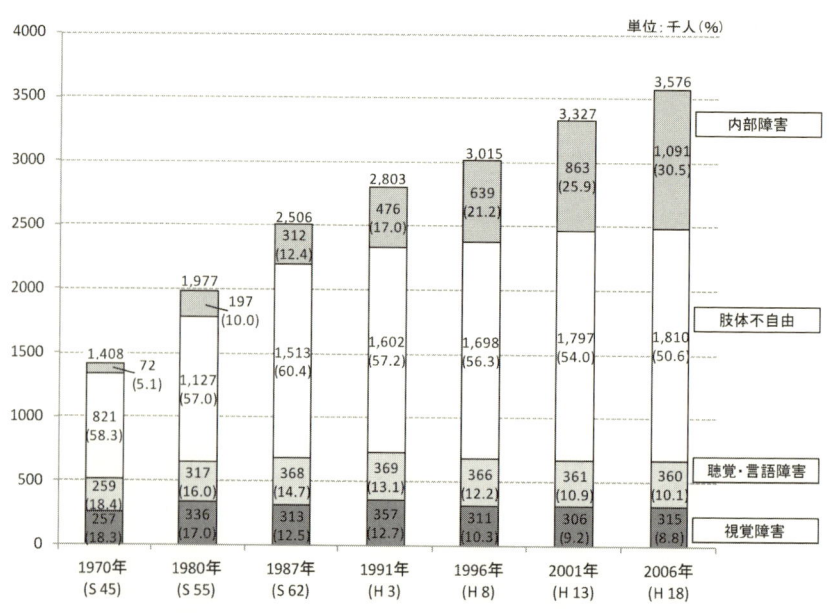

図12-2　種類別障害者数の推移（身体障害児・者・在宅）
（内閣府（2013）をもとに作成）

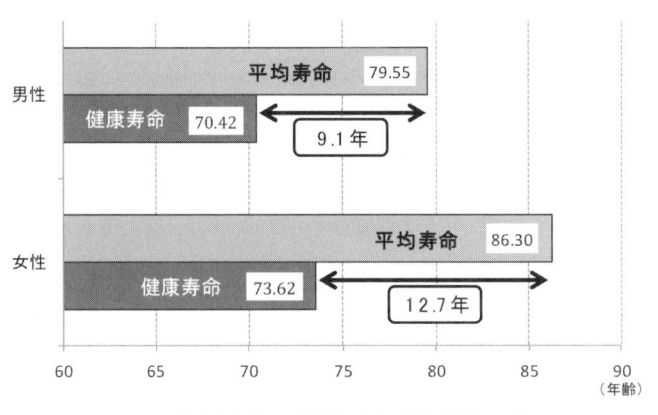

図12-3　平均寿命と健康寿命の差
（厚生労働省（2012）をもとに作成）

る65歳以上人口の増加と少子化の進行による若年人口の減少があげられるが、現在、2000（平成12）年に世界保健機関（WHO）が提唱した「健康寿命」への関心が高まっている。

健康寿命とは、健康上の問題で日常生活が制限されることなく生活できる期間と定義され、寝たきりなどの介護状態を余儀なくされた期間を平均寿命から差し引いて算出されるものである。2010（平成22）年のわが国の値を見ると（図12-3）、男性70.4歳、女性73.6歳と、男女ともに平均寿命との差（＝要介護期間）は約10年という結果を示している（厚生労働省、2012）。この健康寿命の延伸に資する健康づくりのための生涯スポーツのあり方が、今後さらに重要となってきている。

2．わが国の障がい者スポーツに関する政策

ここでは、冒頭で述べた「スポーツ基本法」と「スポーツ基本計画」の、障がいのある人のスポーツに関して言及している部分を整理してみる。

まずは、「スポーツ基本法」の基本理念を示す第2条の5において、障害者が自主的かつ積極的にスポーツを行うことができるよう、障害の種類及び程度に応じて必要な配慮をするとし、同条の6では、パラリンピッ

表12-2　障がいのある人のスポーツに関わる施策の展開

スポーツ推進7つの基本方針	今後5年間に総合的かつ計画的に取り組むべき施策
① 子どものスポーツ機会の充実	・障害のある児童生徒への効果的な指導の在り方に関する先導的な取組の検討・推進
② ライフステージに応じたスポーツ活動の推進	・地域のスポーツ施設が障害者を受け入れるために必要な運営・指導上の留意点に関する手引きや、種目・用具等の開発・研究の推進
③ 住民が主体的に参画する地域のスポーツ環境の整備	・障害者のスポーツ指導を行うための講習会等の充実を図る ・健常者と障害者がともに利用できるスポーツ施設のあり方を検討 ・健常者と障害者が同じ場所でスポーツを行う方法等について、大学等での研究成果や人材を広く地域スポーツに活用する取組を推進
④ 国際競技力の向上に向けた人材の養成やスポーツ環境の整備	・アスリートの発掘・育成・強化や情報分野等を支援
⑤ 国際競技大会の招致・開催等を通じた国際貢献・交流を推進	・障害者スポーツを含む市民レベルでのスポーツを通じた国際交流を図る
⑥ スポーツ界の透明性、公平・公正性を向上	
⑦ スポーツ界の好循環を創出	・地域におけるスポーツを推進する中から優れたスポーツ選手が育まれ、そのスポーツ選手が地域におけるスポーツの推進に寄与するというスポーツ界の好循環を創出

（文部科学省（2012）をもとに作成）

ク競技大会等で優秀な成績を収めることができるように競技水準の向上を図ることが示され、障がいのある人のスポーツについても健常者のスポーツと同様に、生涯スポーツとしての普及・拡大と競技力向上の2つの視点で捉えられている。

続いて、第12条では、スポーツ施設を整備するにあたり障害者等の利便性の向上を図るよう努めることとしている。第26条では、全国障害者スポーツ大会の開催と円滑な実施及び運営について、第27条では国際競技大会の招致などについて、そして第33条では、全国障害者スポーツ大会やスポーツ振興事業への国の補助について示されている。

スポーツ基本法の理念を実現するため、スポーツの推進に関する基本的な計画・方法が「スポーツ基本計画」として打ち出され、今後10年間を見通したスポーツ推進7つの基本方針と、今後5年間に総合的かつ計画的に取り組むべき施策を明示した（表12-2）。

なお、この新法及び基本計画により、障がいのある人のスポーツ振興の所管省庁が検討され、2014（平成26）年度よりこれまでの厚生労働省から、まずは健常者のスポーツ振興を所管している文部科学省へと移管し、わが国のスポーツ振興が一本化することになっている。

3. 公益財団法人日本障害者スポーツ協会

現公益財団法人日本障害者スポーツ協会（Japan Sports Association for the Disabled：JSAD）は、1964（昭和39）年に開催されたパラリンピック東京大会を契機に、わが国の身体に障がいのある人のスポーツの普及・振興を図る統括組織として設立された。1998（平成10）年に長野県で開催された冬季パラリンピック大会を契機に、3障がいすべてのスポーツ振興を統括する組織として、また国際舞台で活躍できる選手の育成・強化を担う統括組織となり、翌1999（平成11）年に財団法人日本障害者スポーツ協会に組織名を改称するとともに、協会内部に日本パラリンピック委員会を設置した。その後、2002（平成14）年に閣議決定された新たな障害者基本計画において、障がいのある人のスポーツの振興については同協会を中心に進める旨が記され、さらに上述した新法とその基本計画では、障がいのある人のスポーツ振興がはじめて言及されたことにより、国の責務とともに同協会の立場がより明確になった。

（1）公認指導者養成

同協会の業務内容としては主に11の事業があげられるが、ここでは、障がいのある人のスポーツを普及・推進していく上で最も重要な存在となる人材（障害者スポーツ指導者）の育成事業について見てみることにする。

同協会による人材育成は、1965（昭和40）年から全国身体障害者スポーツ大会が開催されるようになったことを契機に、厚生省（現、厚生労働省）が「身体障害者スポーツ指導者講習会」を財団法人日本身体障害者スポー

表12-3 公認指導者の推移

	1985	1990	1995	2000	2005	2010	2013
障害者スポーツ指導員	329	1,126	4,395	13,375	21,186	21,713	21,500
初級指導員	157	847	3,921	12,235	18,872	18,706	18,292
中級指導員	169	218	360	853	1,833	2,322	2,519
上級指導員	3	61	114	287	481	685	689
障害者スポーツ医（2005～）	‒	‒	‒	‒	55	167	235
障害者スポーツトレーナー（2009～）	‒	‒	‒	‒	‒	47	76
障害者スポーツコーチ	17	32	31	51	76	134	125
公認指導者合計	346	1,158	4,426	13,426	21,317	22,061	21,936

（公益財団法人日本障害者スポーツ協会（2014）をもとに作成）

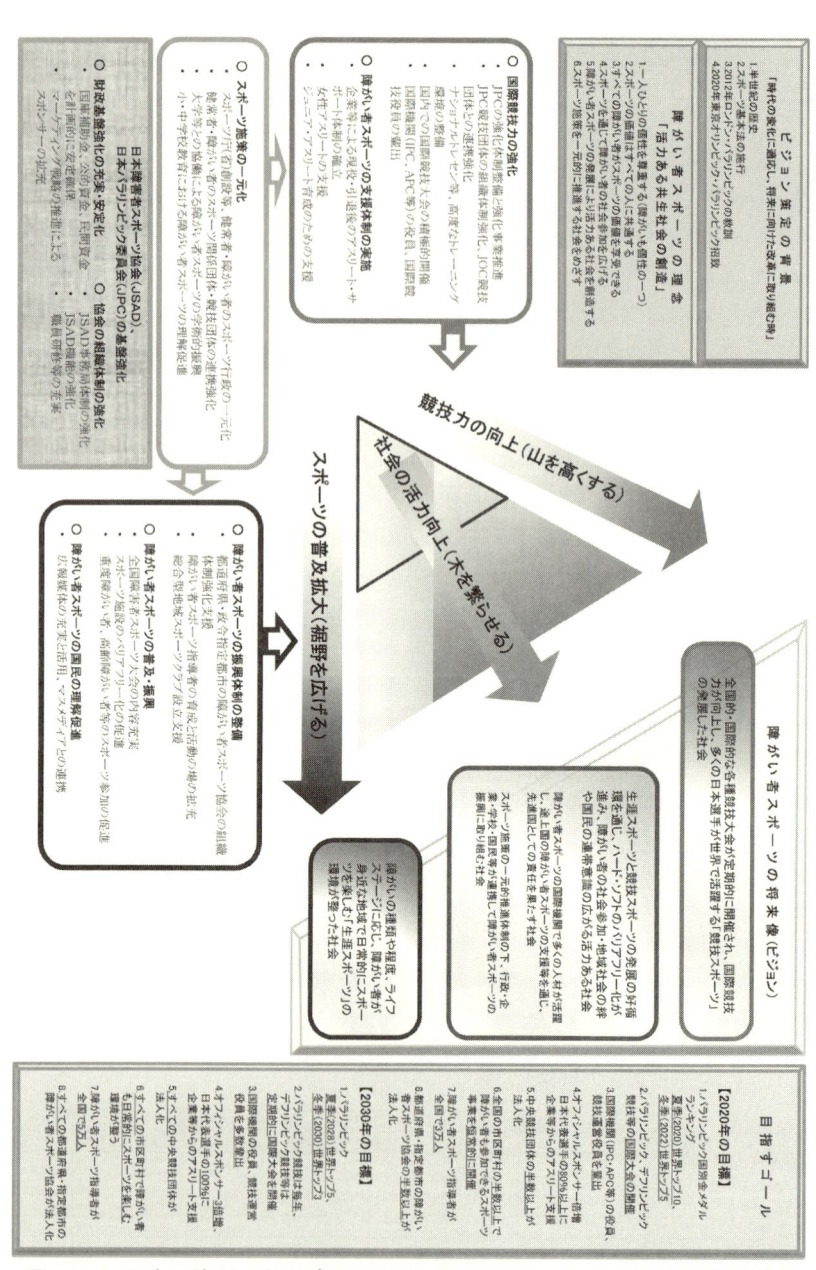

図 12-4　日本の障がい者スポーツの将来像（ビジョン）と具体的施策の概要
（公益財団法人日本障害者スポーツ協会 HP より転載）

ツ協会に委託し、1966（昭和41）年より開催するようになった。現在では、障害者スポーツ指導員（初級・中級・上級）、障害者スポーツコーチ、障害者スポーツ医、障害者スポーツトレーナーを養成しており、その数は2万人を超えているものの、2007（平成19）年の22,432人をピークに減少傾向にある。スポーツの普及・振興を進めていく上で指導者の存在は重要となることから、同協会としては早い時期の3万人確保を目標としている（表12-3）。

（2）日本の障がい者スポーツの将来像（ビジョン）

日本の障がいのある人のスポーツを牽引する立場にある同協会は2013（平成25）年に、これまでの歴史や直面する現状と課題などを踏まえ、障がいのある人のスポーツのさらなる発展を目指して、「日本の障がい者スポーツの将来像（ビジョン）」を策定した。なお、このビジョンの着実な実行を図るために、2020年と2030年の目標を掲げ、アクションプランを示している（図12-4）。わが国の障がいのある人のスポーツの振興のあり方などが明確に打ち出されていることからも、スポーツに携わる者としては、把握しておくことが肝要であろう。

4．パラリンピック競技大会におけるわが国の現状

わが国が初めて夏季パラリンピック競技大会に参加したのは、1964（昭和39）年に東京で開催された第2回大会（冬季も同じく、1980（昭和55）年にヤイロ（ノルウェー）で開催された第2回大会）からである。

過去6大会の成績（ランキング）の推移を見てみると（表12-4、5）、冬季は10位以内で安定しつつあるものの、夏季は下降傾向となっている。各競技種目の記録が、一様に当初の急激な向上から緩やかな向上を経て安定・頭打ちの段階となり、より高度化への様相をみせている今、わが国のトップアスリートを取り巻く環境と万全なサポート体制の構築が待たれていることは事実であろう。

2020（東京）オリンピック・パラリンピック大会の開催が決まり、わ

表12-4　夏季パラリンピック競技大会におけるわが国の成績の推移（過去6大会）

西暦	開催地	国	選手総数	日本選手	金	銀	銅	計	ランキング
2012	ロンドン	164	4,310	135	5	5	6	16	24
2008	北京	146	3,951	162	5	14	8	27	17
2004	アテネ	135	3,808	163	17	15	20	52	10
2000	シドニー	122	3,881	151	13	17	11	41	12
1996	アトランタ	104	3,259	81	14	10	12	36	10
1992	バルセロナ	83	3,001	75	7	8	15	30	17

（公益財団法人 日本障害者スポーツ協会（2014）をもとに作成）

表12-5　冬季パラリンピック競技大会におけるわが国の成績の推移（過去6大会）

西暦	開催地	国	選手総数	日本選手	金	銀	銅	計	ランキング
2014	ソチ								
2010	バンクーバー	44	502	41	3	3	5	11	8
2006	トリノ	39	477	40	2	5	2	9	8
2002	ソルトレークシティ	36	416	36	0	0	3	3	22
1998	長野	32	571	70	12	16	13	41	4
1994	リレハンメル	31	492	27	0	3	3	6	18

（公益財団法人 日本障害者スポーツ協会（2014）をもとに作成）

が国のスポーツを取り巻く世界は新たな転換期を迎える。

　特に、障がい者スポーツについては、新法による言及の影響とその効果から、国の予算拡充をはじめこれまでにない速度による大きな変化の到来が予想される。歯止めない高齢化によって増加する障がい高齢者を含め、健康づくり（健康寿命をのばすこと）を主たる目的とする生涯スポーツ実施者と、パラリンピックを頂点とする競技力向上を目指すアスリート達、両者を強固に支援するバランスのとれた推進・振興と、それに寄与する障がい者スポーツ産業のあり方が期待される。

（山田力也）

【参考資料】

1) 内閣府「障害者白書　平成 25 年度版」2013
2) 内閣府「高齢社会白書　平成 25 年版」2013
3) 厚生労働省「健康日本 21（第 2 次）の推進に関する参考資料」、厚生科学審議会地域保健健康増進栄養部会・次期国民健康づくり運動プラン策定専門委員会、2012
4) 公益財団法人日本障害者スポーツ協会編、「障害者スポーツの歴史と現状」、財団法人日本障害者スポーツ協会、2012
5) 公益財団法人笹川スポーツ財団「健常者と障害者のスポーツ・レクリエーション活動連携推進事業（地域おける障害者のスポーツ・レクリエーション活動に関する調査研究）報告書」、2013
6) 山田力也「アダプテッド・スポーツとスポーツビジネス」黒田次郎ほか編著『スポーツビジネス概論』叢文社、2012
7) 文部科学省ホームページ「スポーツ基本法（平成 23 年法律第 78 号）（条文）」2011
http://www.mext.go.jp/a_menu/sports/kihonhou/attach/1307658.htm（参照日 2013 年 11 月 29 日）
8) 文部科学省ホームページ「スポーツ基本計画」2012
http://www.mext.go.jp/component/a_menu/sports/detail/__icsFiles/afieldfile/2012/04/02/1319359_3_1.pdf（参照日 2013 年 11 月 29 日）
9) 藤田紀昭「スポーツ基本法と障がい者（アダプテッド）スポーツ」『みんなのスポーツ』vol.397、日本体育社、2013
10) 公益法人日本障害者スポーツ協会ホームページ http://www.jsad.or.jp/（参照日 2014 年 1 月 6 日）

第13章　医療・福祉とスポーツ産業

1. スポーツの年齢階級別行動者率

　日本人のスポーツ行動の実態をみると、わが国の成人の週1回以上の運動・スポーツ実施率は45.3%であり、近年この数字は上昇傾向にある（文部科学省2012）。この1年間に運動やスポーツを行ったとする者に実施日数を尋ねたところ、「週に3日以上（年151日以上）」と答えた者の割合が30.1%、「週に1～2日（年51日～150日）」は28.6%、「月に1～3日（年12日～50日）」が22.6%、「3ヶ月に1～2日以下（年4日～11日）」は10.0%となっている。この傾向は、都市規模別にみても大きな差異はみられなかった。前回（3年前）の調査結果との比較でも、大きな変化はみられなかった。

　年齢・男女別では、「週に3日以上」と答えた者の割合は男女とも60歳代、70歳以上で高く、「週に1～2日」は男性が20歳代、女性は60歳代、「月に1～3日」は男性が20歳代から50歳代、女性は60歳代、「3ヶ月に1～2日以下」は男性が30歳代から40歳代、女性は20歳代から40歳代でそれぞれ高かった（図13-1）。

　男女別にスポーツ種目別行動者率をみると、男女ともにウォーキング・体操が最も高く、続いて男性はランニング（ジョギング）、ゴルフ、ボウリング、キャッチボール・ドッジボール、野球・ソフトボール、女性はボウリング、テニス、水泳、ランニング（ジョギング）、室内運動器具による運動が高かった（図13-2）。ウォーキング・体操については、元気な高齢者が健康維持のためによく散歩をするほか、そうではない高齢者も介護予防の観点からデイサービス等で体操などを行っていることが影響しているのかも知れない。男性ではゴルフ、ボウリング、野球の行動者率が高いことがうかがわれる。体操、ダンスの2種目では、男女の差が大きかった。

　現代において、「週に3日以上」の高頻度で運動・スポーツを行っている年代は60歳以上の男女であり、手軽にできるウォーキングやランニング、体操が安定した水準を保っている。スポーツ産業として考えた場合、一人で好きな時に気軽にできるスポーツへの志向が高まっていることが指摘できる。

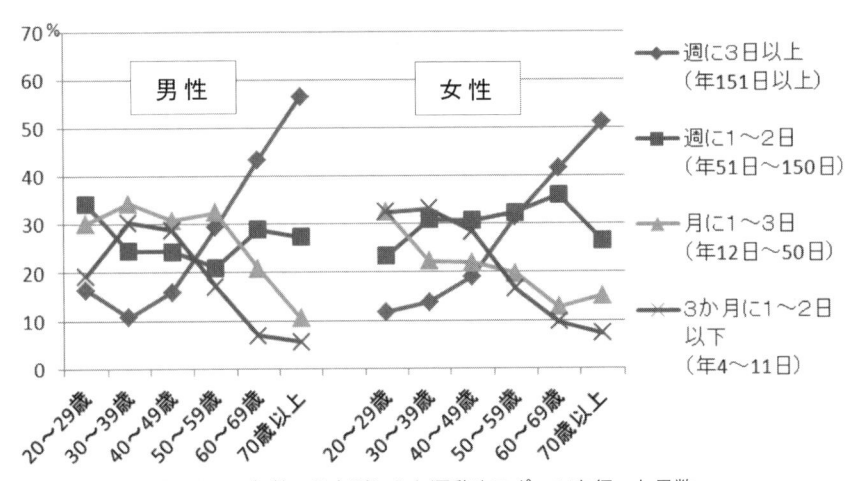

図 13-1　年齢・男女別にみた運動やスポーツを行った日数
（文部科学省（2012）をもとに作成）

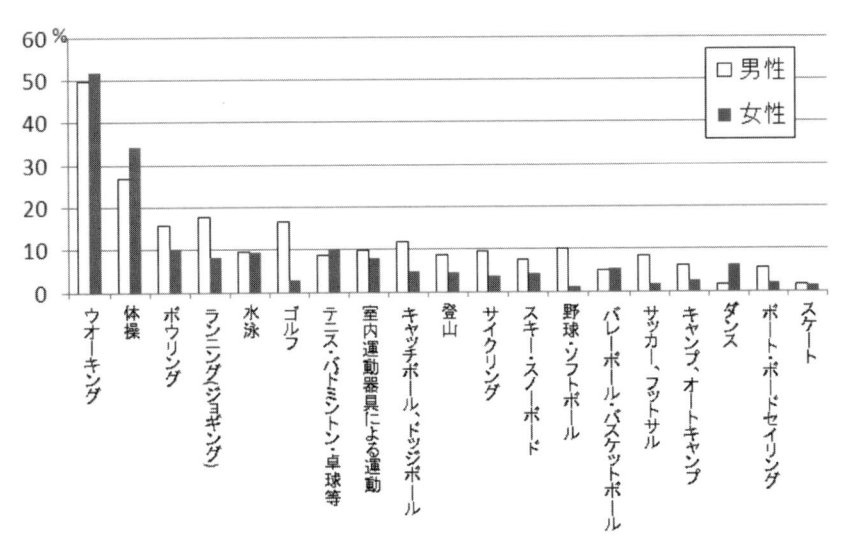

図 13-2　男女別にみたスポーツ種目別行動者率
（文部科学省(2012)をもとに作成）

2. メタボリックシンドロームの性・年齢階級別頻度

　2011（平成23）年の国民健康・栄養調査報告（厚生労働省，2012-2013）をみると、メタボリックシンドロームが強く疑われる人と予備群と考えられる人を合わせた割合は、男性が20歳代から、女性は40歳代から年齢進行とともに高まっていた（図13-3、図13-4）。男性は50歳を過ぎると2人に1人、女性は5人に1人がメタボリックシンドロームを有していることがわかる。

　ところで、メタボリックシンドロームの診断基準は、①腹囲（へそ周り）が男性で85cm以上、女性は90cm以上に加えて、下記の項目で2つ以上あてはまる場合となっている。①中性脂肪150mg/dL以上、HDLコレステロール40mg/dL未満のいずれかまたは両方、②最高（収縮期）血圧130mmHg以上、最低（拡張期）血圧85mmHg以上のいずれかまたは両方、③空腹時血糖値110mg/dL以上とされている。メタボリックシンドロームの原因として、日常のライフスタイル、特に食べ過ぎと運動不足の影響が大きいことがわかっている。厚生労働省研究班による内臓脂肪蓄積者へ対するライフスタイル調査結果をみると、内臓脂肪蓄積者は非内臓脂肪蓄積者と比較して、以下のような特徴を有していることがわかった（（　）内は発症リスク。非内臓脂肪蓄積者と比較して発症のリスクが何倍高いかを示す）。1回の食事時間が30分以上（2.78倍）、②食事は満足するまで食べる（1.72倍）、③間食をよくする（1.69倍）、④アイスクリームを好む（3.56倍）などであった。これら食生活に加えて、肥満であっても内臓脂肪が正常な肥満者、すなわち皮下脂肪型肥満の人は、日常的にやや重い作業をしていたり、交通手段が徒歩や自転車であって、かなり体を動かしていることがわかった。食べ過ぎていても運動をしていれば、内臓脂肪はたまりにくい、つまり過食と運動不足が重なることで内臓脂肪蓄積はおこると考えられている。メタボリックシンドロームは、糖尿病をはじめとして、高血圧症、脂質異常症、虚血性心疾患・心筋梗塞、脳血管障害・脳卒中、高尿酸血症といった様々な生活習慣病の発症につながることがわかっている。食生活の改善とともに、適度な運動の実施が不可欠になるといえよう。

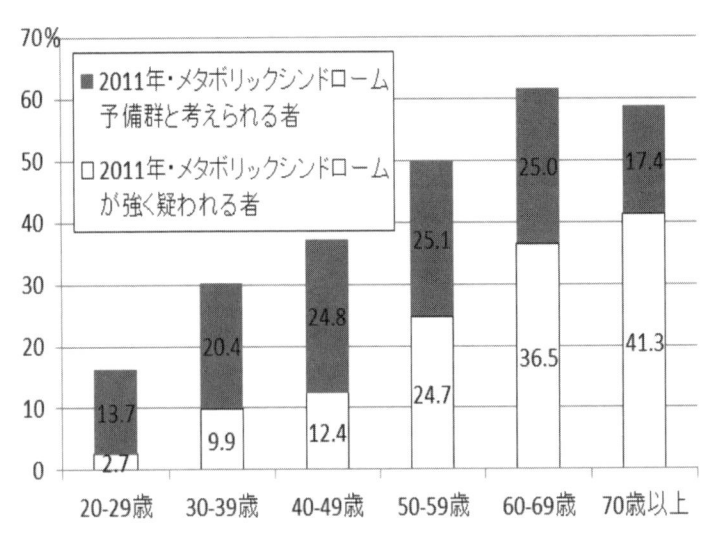

図 13-3　2011 年次におけるメタボリックシンドローム、および予備群者の比率（男性）
（平成 23 年国民健康・栄養調査報告 (2013)）

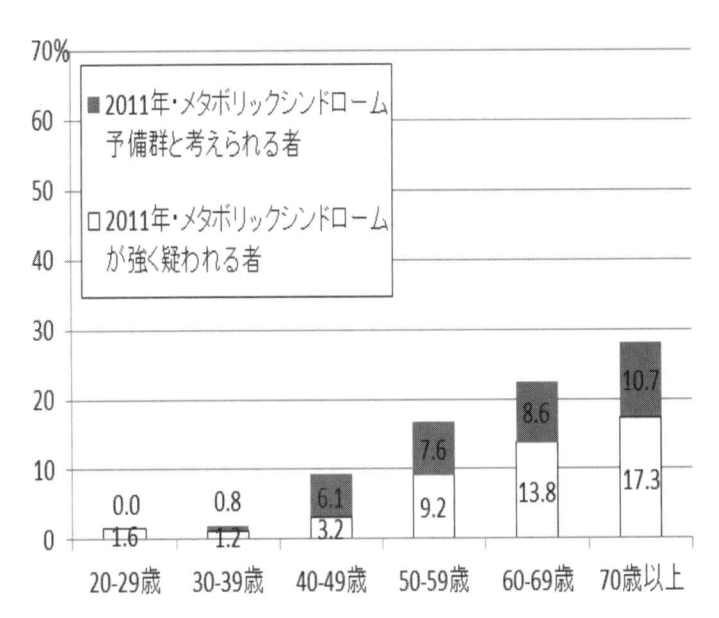

図 13-4　2011 年次におけるメタボリックシンドローム、および予備群者の比率（女性）
（平成 23 年国民健康・栄養調査報告 (2013)）

3. 肥満人口比率　男女別・国別ランキング

　世界においても、太りすぎ・肥満対策は大きな課題になっている。むしろ、世界の方がこれら状態は深刻といえる。OECD（経済開発協力機構）による加盟諸国の肥満比率（BMI（体重÷身長^2）が30以上の成人人口比率）をみると、米国が肥満世界一であることがわかる（図13-5）。米国のほか、メキシコ、ハンガリー、オーストラリア、ニュージーランド、カナダ、チリ、英国といった国々の肥満比率が高い。男女別には、米国、メキシコ、ハンガリー、ニュージーランド、チリ、英国、アイルランド、イスラエル、フィンランド、韓国において、女性の肥満比率が男性を上回っていた。日本の肥満比率は、韓国とともに世界の中では低い。

　肥満の状態が継続された場合、糖尿病の発症率が高まることが知られている。WHOのWorld Health Statisitics 2012年版をみると、世界における糖尿病の現状がわかる（図13-6）。米国、ロシア、ドイツにおいて、糖尿病の発症率が世界平均を上回り高かった。糖尿病においても、日本は韓国とならんで比率は低い。男女差については、ロシア、中国、サハラ以南アフリカは差が小さいが、米国をはじめとしてそれら以外の国では女性が男性を下回っている。日本においても同様の男女差が認められる。日本人は遺伝的に糖尿病になりやすいとの研究報告があるが、世界各国との比較からは必ずしも悪くないレベルにあると考えられる。その一方で、2011年次における日本人の年齢階級別糖尿病、および予備群者の比率をみてみると、年齢の高まりに伴って階段状に比率が上昇していることがみてとれる（図13-7、図13-8）。70歳以上者においては、男性は2人に1人、女性は3人に1人が糖尿病、および予備群であり、糖尿病の放置は深刻な合併症（神経障害、網膜症、腎障害など）の発生につながることから、糖尿病予防は国家的課題といえる。糖尿病の運動療法は有効性が広く認知されているものの、定着率、継続率が常に課題であり、糖尿病患者が楽しく実践できるスポーツ、身体活動プログラムの開発が待たれる。

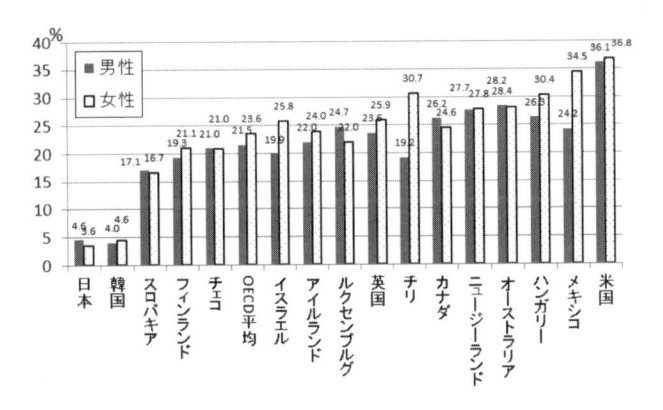

図 13-5　男女別にみた主な OECD 諸国の肥満比率
（OECD Health Data (2013)）

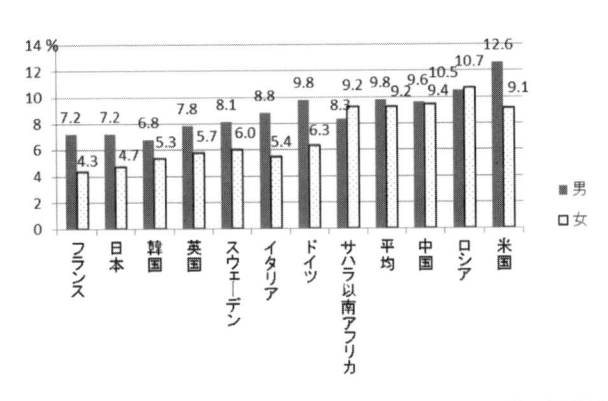

図 13-6　男女別にみた空腹時血糖値 126mg/dl 以上または糖尿病の投薬治療中の比率
（WHO, World Health Statistics (2012)）

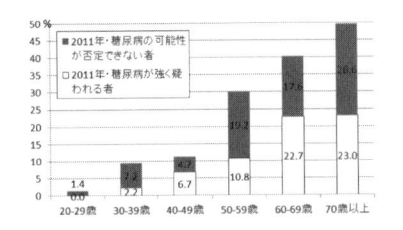

図 13-7　2011 年次における糖尿病、および予備群者の比率（男性）（平成 23 年国民健康・栄養調査報告 (2013)）

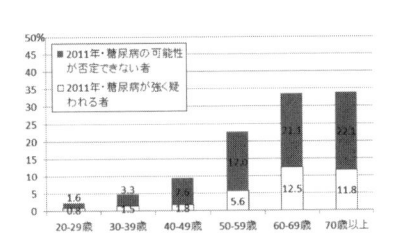

図 13-8　2011 年次における糖尿病、および予備群者の比率（女性）（平成 23 年国民健康・栄養調査報告 (2013)）

4. 年齢階級別医療費の年次推移

　2010年度の国民医療費は37兆4,202億円となり、前年度に比べ1兆4,135億円、3.9％増加していた。医療費の増加は8年連続であり、4年連続で過去最高を更新した（図13-9）。国民所得に占める割合は10.71％でこれも過去最高であった。2013年度の国家予算が97兆円であることからも、その大きさがわかる。増加した3.9％の内訳を分析すると、新しい抗がん剤の開発や治療方法の確立、高度な診断機器の普及など、医療の高度化が2.1％分を占め、高齢者が増えたことによる影響は1.6％分であった。今後も、医療費は増え続ける見通しで、厚生労働省は2013年度に50兆円を超えるとみている。年齢階級別に国民医療費の構成割合をみると、65歳以上の人の割合が年々高まりをみせている（図13-10）。

　それでは、世界の中では日本の医療費はどのような状態にあるのだろうか。毎年OECDは加盟各国の医療費の対GDP比率を発表しており、これが医療費の上昇に歯止めをかけたい各国の関心を引くところとなっている（本川，2010）。国によって国民の所得や物価等が異なるため、わかりやすくGDPの比率で医療費が調整されている。最新の公表値をみると、日本は34カ国中12位の9.6％であり決して高くはない（図13-11）。国民の健康状態をあらわす平均寿命が日本は世界一であることから、世界で最も効率的な医療が行われていると一般的には評価されている。世界の中では米国が17.7％と突出して高い。米国の平均寿命は決して高い水準にはなく、米国の医療は高度医療では世界をリードしているものの、平均的な国民のニーズには応えていないことがわかる。なお、日本の場合、対GDP比のうち公的保険や財政負担にかかわる公的負担は7.9％である。米国、チリ、メキシコでは私的負担の割合が半分を超えている。特に米国は個人主義のもと、自分の健康は自分でまもる、自分で適切な医療（保険を含めて）を選ぶといった意識が強く、オバマ米国大統領がすすめる米国における医療保険改革法、いわゆる「オバマケア」への根強い反対をみても、米国が有する特殊性が伺われる。

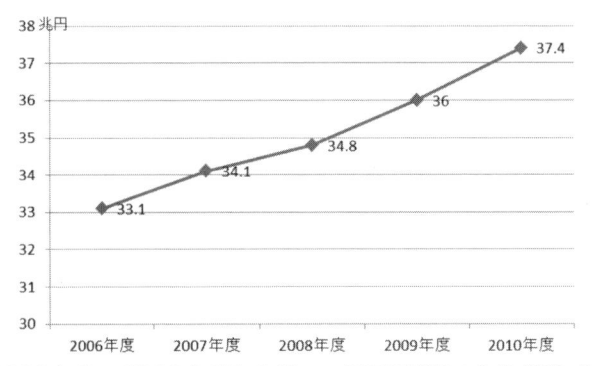

図13-9　2006年度〜2010年度にかけての国民医療費の年次推移（厚生労働省）

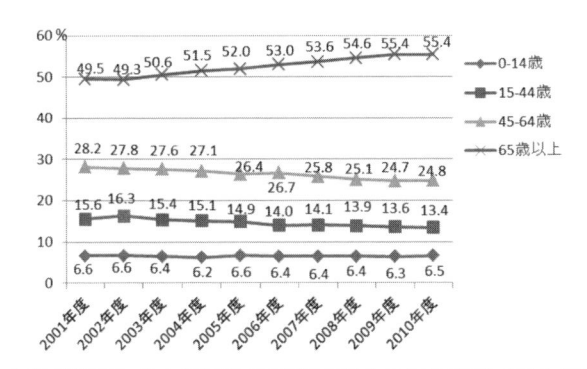

図13-10　年齢階級別にみた国民医療費構成割合の年次推移（厚生労働省）

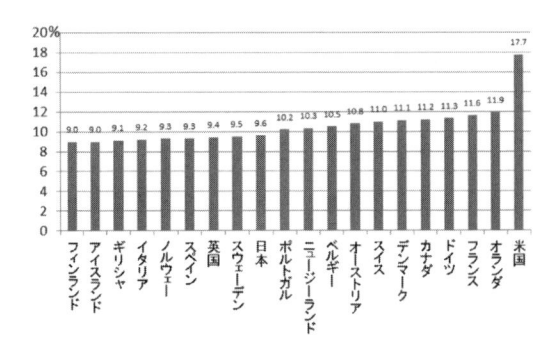

図13-11　OECD加盟主要国における総医療費の対GDP比（OECD(2013)）

5. 要介護状態の原因

介護が必要になった人の主要な原因をみると、脳血管障害、衰弱、認知症、関節疾患、骨折・転倒に起因していることがわかる（平成25年版高齢社会白書，2013）。年齢階級別に要介護の原因をみると、高齢になるにしたがって、衰弱の割合が高まる（図13-12）。衰弱を「年をとったのだから仕方がない」と放置しておくと、さらに重い要介護状態に進んでしまう。衰弱予防・介護予防の視点からは、激しくなく日常的に楽しく体を動かすことが重要になる。

30歳代から40歳代のスポーツ行動の低下が危惧される。これはメタボリックシンドロームや肥満、糖尿病の発症予防の観点からも、国民の身体活動量の低下を防ぐ意味からも早急に改善が求められる。近年、アクティブシニア向けに通信カラオケ機器を活用した介護予防・健康増進コンテンツ配信システムが開発された。年齢に関係なく、楽しく体を動かせる音楽・体操・映像などを盛り込んだ新規のスポーツ産業の開拓が待たれる。

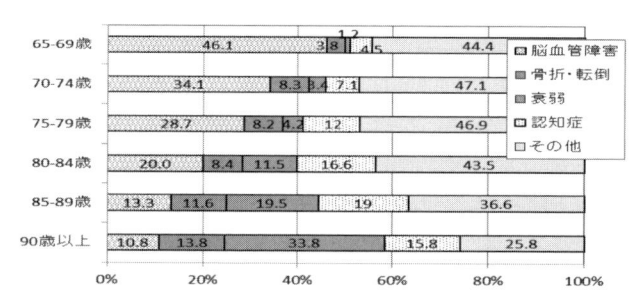

図13-12　年齢階級別にみた介護が必要となった原因（厚生労働省）

（内田勇人）

【参考資料】

1) 文部科学省『体力・スポーツに関する世論調査』2013
2) 厚生労働省『平成22・23年国民健康・栄養調査報告』2012-2013
3) OECD『Health Data 2013』2013
4) 厚生労働省『平成22年国民生活基礎調査』2011
5) 本川 裕『統計データはおもしろい！ －相関図でわかる経済・文化・世相・社会情勢のウラ側-』技術評論社，2010
6) 内閣府『平成25年版高齢社会白書』2013

第 14 章　健康運動指導の仕事

1. 健康に関する社会的背景と施策

　人々の健康に影響を与える身体活動（生活活動・運動）に関連する国内外の研究による成果は、国際的ガイドラインの策定や各国の施策として活用されている。世界保健機関（WHO）は全世界の死亡に対する危険因子として、高血圧（13%）、喫煙（9%）、高血糖（6%）に次いで、身体不活動（6%）を位置づけ、2010（平成22）年には「健康のための身体活動に関する国際勧告」を発表し、有酸素性の身体活動の時間と強度に関する指針及び筋骨格系の機能低下を防止するための運動頻度等を示している。その背景となるのが、非感染性疾患（NCDs）による死亡の増加であり、2008（平成20）年中の全死亡数5,700万人のうち、63%にあたる3,600万人がNCDsにより死亡していることが報告されている（WHO、2013）。NCDsによる死亡割合は、2001（平成13）年の59%から10年後の2011（平成23）年には67%へと漸増し（Foreign Affairs Report、2011）、さらに国連は、2030年までに途上国におけるNCDs関連の疾病による死亡は82%に達すると予測していることからも、世界規模での対策が急務であるといえる。

　日本においては、結核による死亡が主因であった昭和20年代後半以降、死因構造の中心に変化がみられるようになった（図14-1）。人口の年齢構成という、死亡率に影響を与える要因を削除した年齢調整死亡率でみると、総じて死亡率は低下傾向にあるが（図14-2）、死因構造は感染症から、食生活や運動等の生活習慣に起因して発症する生活習慣病へと変化している。2011（平成23）年の患者調査による罹患状況をみると、医療機関を受診している総患者数は、高血圧性疾患907万人、糖尿病270万人、心疾患（高血圧性のものを除く）161万人、脳血管疾患124万人、悪性新生物153万人であり（厚生労働省、2012/2013）、生活習慣病は国民の健康に対する大きな脅威であるといえる。また、生活習慣病に関わる国民医療費については、2010（平成22）年度の合計が8兆6,402億円にのぼり、医科診療医療費の31.7%を占めている。わが国の国民医療費は今後も増加が見込まれていることからも、深刻な社会経済的課題といえる。しか

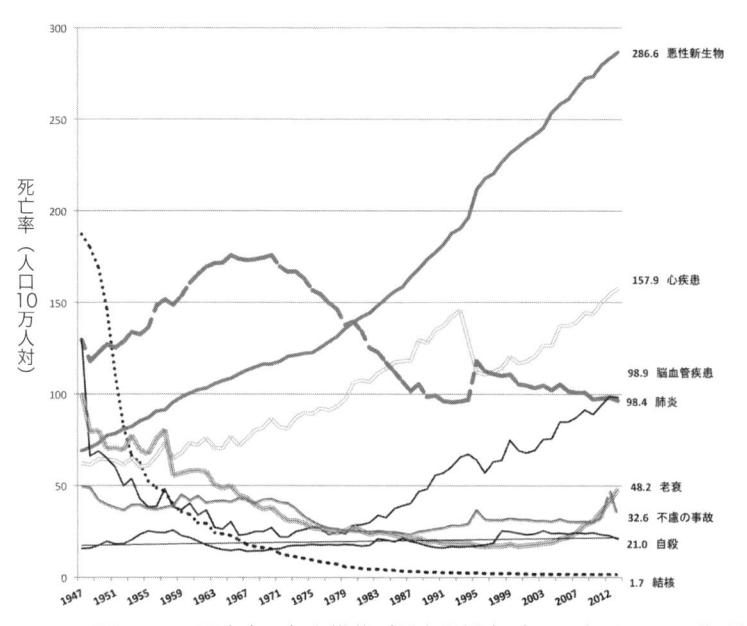

図 14-1　死亡率の年次推移（厚生労働省（2013）をもとに作成）

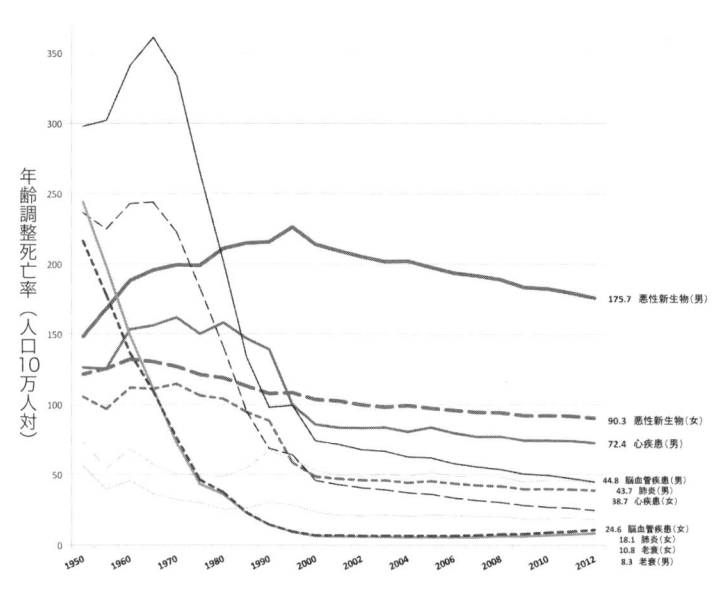

図 14-2　年齢調整死亡率の年次推移（厚生労働省（2013）をもとに作成）

161

し、身体活動と医療費の関連に着目し、27,421名を対象として行われた4年間の追跡調査では、1日1時間歩いている者は、1時間未満しか歩いていない者より、4年後の医療費が15%低下したと報告されている（村山ら、2004）。国民医療費の課題解決にあたり、医療費を押し上げる要因に着目し、生活習慣病予防等の中長期的な対策を進められることが望まれるといえる。

2. 健康運動指導士・健康運動実践指導者の位置づけ

　健康に対するシステム整備としての医療制度は、医療提供施設と医療従事者による医療を提供する体制の整備のための制度と、国民の保険料と窓口負担、行政の公的負担、それらを管理運営する保険者による医療保険制度から構成され、さらに医療制度に密接に関連する施策として、健康の増進（健康づくり）を図るための施策（健康増進法、地域保健法等）が存在している。健康増進法は、生活習慣病を防ぐための栄養改善の視点だけでなく、運動や飲酒、喫煙等の生活習慣の改善を通じた健康増進の概念を取り入れたものであり、2003（平成15）年5月より施行された。

　2008（平成20）年度に開始された医療制度改革において、生活習慣病の予防は国民の健康確保の上で重要であるのみならず、治療に要する医療費の減少にも資するとされ、生活習慣病対策の推進が重要な要素とされている。その具体的な取り組みとして、40~74歳を対象に、生活習慣病予防に着目した特定健康診査・特定保健指導の実施が義務付けられるようになった。

　組織体系として、特定保健指導の統括責任者である医師や保健師、管理栄養士がその資格を持って指導に従事し、協同して健康運動指導士が行動変容に結び付く運動・身体活動支援を安全かつ効率的に実施し、成果を上げることが求められている。特に健康運動指導士は、生活習慣病ハイリスク者への運動指導を実施する者としての標準的な資格として位置づけられている。

運動を通じた国民の健康づくりを進めるためには、適切な運動指導を行える人材の育成が重要である。このため厚生労働大臣の認定事業として、健康・体力づくり事業財団において、健康づくりのための運動指導を行う専門家に位置づけられる、健康運動指導士（1988（昭和63）年～）と健康運動実践指導者（1989（平成元）年～）の養成事業が実施されている。2006（平成18）年度からは財団法人健康・体力づくり事業財団独自の事業として継続して実施され、2013（平成25）年8月現在、健康運動指導士の登録者数は16,822名、健康運動実践指導者の登録者数は20,633名である。

3. どのような人々を運動指導の対象としているか

　生活習慣病の予防等の効果は、身体活動量の増加によって上昇し（Pataら、1995）すなわち、食生活や運動等の生活習慣の改善により疾病の発症予防が可能であることが分かってきたことから、発症そのものを予防する考え方が重視されてきている。

　厚生労働省は2000（平成12）年、各地方自治体に、国民が主体的に取り組む健康づくり運動を総合的に推進する通知文を示し、2010年度を目途に、国民の生活習慣に関わり、保健医療対策上での課題とされる9つの分野についての基本方針と目標を提示した「健康日本21」を定めている。2011（平成23）年の健康日本21の最終評価からは、「身体活動・運動」分野の1997（平成9）年と2009（平成21）年の比較において、15歳以上の1日の平均歩数値が男女ともに、約1,000歩減少したことが報告されている（図14-3、14-4）（厚生労働省、2011）。また、1日あたりの平均歩数値は、運動習慣のある者は男性：8,155歩、女性：7,365歩である一方、運動習慣のない者は男性：6,054歩、女性：5,435歩であり、統計的にも有意差がみられている。したがって、健康運動の指導にあたり、運動の意義や重要性に関する啓発を行い、多くの国民が生活の中に運動習慣を取り入れてゆけるような指導が必要とされている。

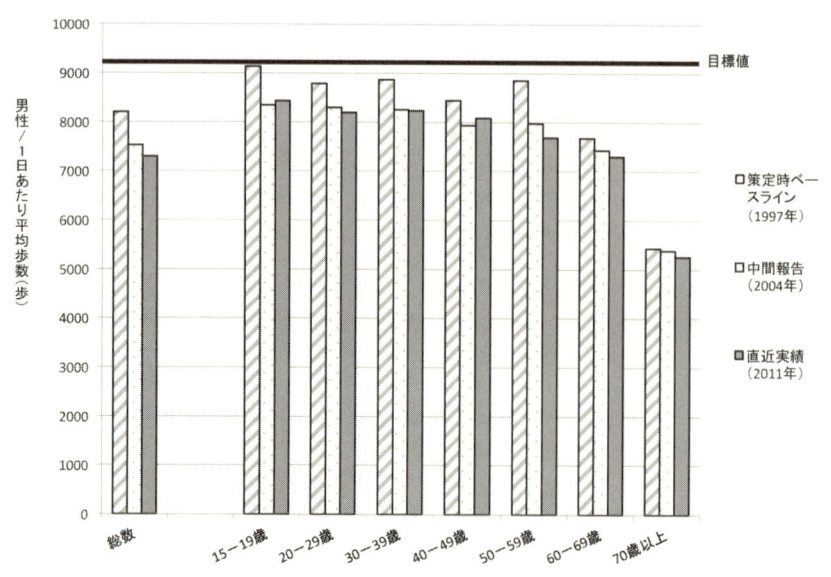

図14-3　男性の1日あたり平均歩数（厚生労働省（2011）をもとに作成）

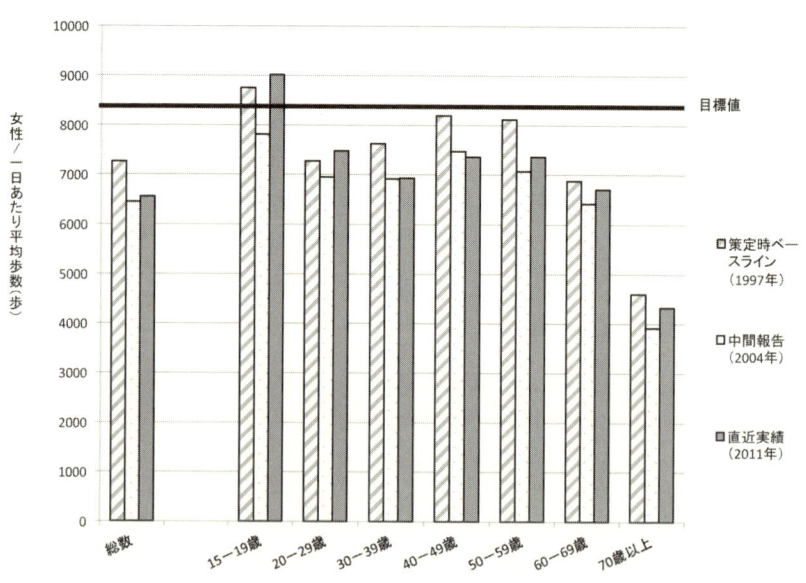

図14-4　女性の1日あたり平均歩数（厚生労働省（2011）をもとに作成）

2013（平成25）年度より健康日本21（第二次）が開始され、「運動習慣者の増加」、「1日歩数の増加」、「個人にとどまらず、自治体単位での環境整備推進」の3つを大きな目標とする、「健康づくりのための身体活動指針（アクティブガイド）」が新たに取りまとめられた。その中に「プラス10」と称して、過去10年間に減少した1日の平均歩数1,000歩に相当する、ウォーキング10分の身体活動増加が推奨されている。

　健康運動指導士・健康運動実践指導者は運動指導・プログラム提供を、健康な中・高齢者の他、疾病の発症要因を含む者に対して行っている（図14-5）。

　高齢期には、骨粗鬆症に伴う易骨折性と変形性関節症等による関節の障害が合併しやすく（Reginsterら、2006）、加齢に伴う筋量や筋力の減少によって寝たきり等に至るリスクが高まる（Cruz-Jentoftら、2010）。高齢者の身体活動量の減少は、生活習慣病発症の危険因子であるだけでなく、

	健康な中・高齢者	メタボリックシンドローム該当者	要介護（予備群）高齢者	障害、怪我等のリハビリ者	ハイリスク者	その他
■健康運動指導士	79.3	67.6	44.4	33.2	30.0	10.1
□健康運動実践指導者	79.3	52.5	37.0	34.5	19.5	12.5

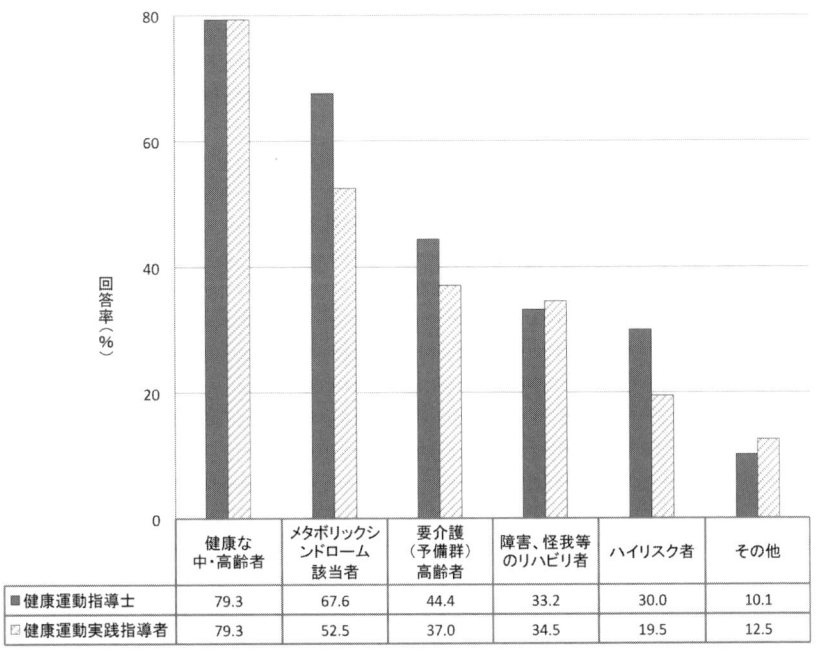

図14-5　運動指導・プログラム提供を行っている対象者
（健康・体力づくり事業財団（2009）をもとに作成）

自立度低下や認知症発症等、虚弱・要介護の危険因子といえる。高齢者の体組成の加齢変化として体脂肪の増加とともに、全身骨格筋量の低下が認められ、「肥満」と「やせ」の問題を同時に抱えることから、高齢者においてはメタボリックシンドロームの予防・改善だけでなく、加齢による筋量およびそれに伴う筋機能の低下対策も重要である。

特定保健指導における目標はメタボリックシンドロームの減少であるが、これに該当する者は元来、身体を動かすことを好まず身体活動量が少ないことや運動習慣がないこと等、生活習慣の中に改善可能な課題が多くみられる。健康づくりのための身体活動や運動の実践がない者は60.6%にのぼり（厚生労働省、2013）、国民の多くは身体活動量増加への積極的取り組みがなされていない状況にある。このため、身体活動に対する意欲をもたせ、生活習慣改善の可能性を見出してゆく、予防医学の観点からの運動指導が行われている。

4. 健康運動指導士・健康運動実践指導者の活躍現場

健康運動指導士や健康運動実践指導者の資格を活かしてスポーツ産業に従事する者は5割近くを占め、フィットネスクラブでの運動指導の他、行政・企業からの健康事業における講演や実技指導等を活躍の場としている（図14-6）。また、地方自治体等が運営する施設においての運動指導は資格を有していることが条件とされるため、資格を取得することにより、活躍の幅が広がることも期待できる。

医療機関や保健センター等においては、栄養士（管理栄養士を含む）や保健師が健康運動指導士・健康運動実践指導者の資格を取得し、その知識や技能を得ることによって、患者や地域住民等に対し、栄養指導だけでなく運動指導も合わせて実施することができるようになる。したがって、より幅広い健康指導を目指してゆくことから、健康運動指導士・健康運動実践指導者の資格を取得する者も多い。

資格を活かして就業している者の平均収入は職種により差異があるが、

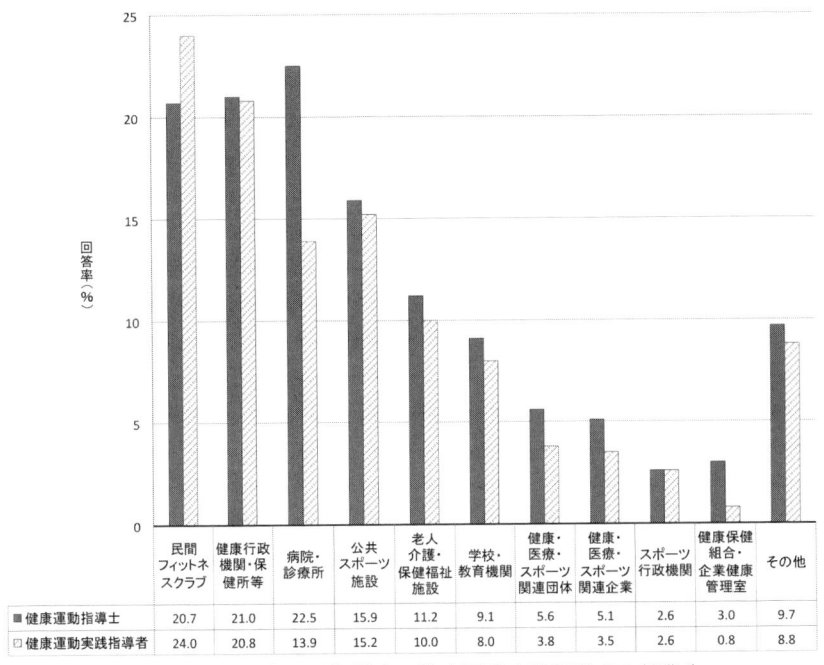

	民間フィットネスクラブ	健康行政機関・保健所等	病院・診療所	公共スポーツ施設	老人介護・保健福祉施設	学校・教育機関	健康・医療・スポーツ関連団体	健康・医療・スポーツ関連企業	スポーツ行政機関	健康保健組合・企業健康管理室	その他
健康運動指導士	20.7	21.0	22.5	15.9	11.2	9.1	5.6	5.1	2.6	3.0	9.7
健康運動実践指導者	24.0	20.8	13.9	15.2	10.0	8.0	3.8	3.5	2.6	0.8	8.8

図14-6 健康運動指導士・健康運動実践指導者の就業先
（健康・体力づくり事業財団（2009）をもとに作成）

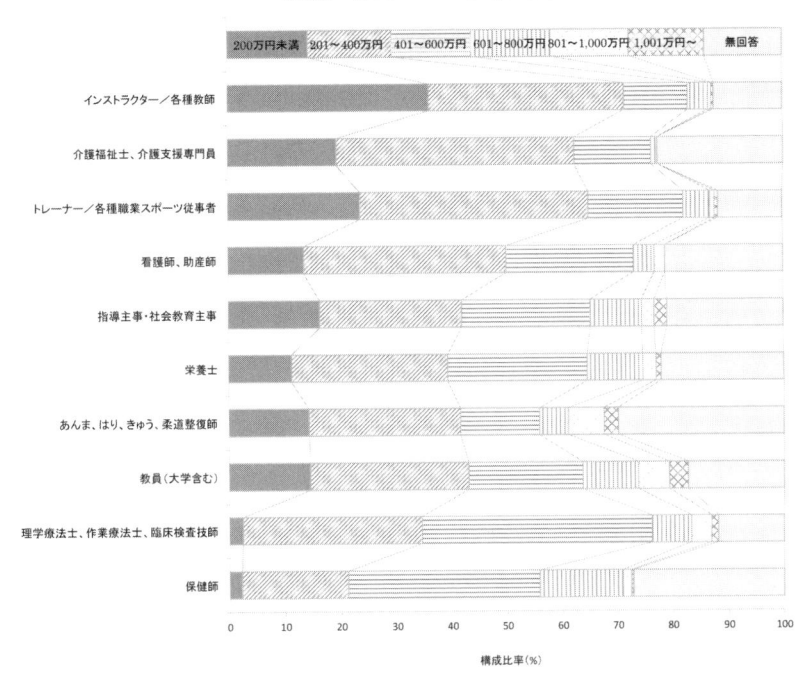

図14-7 健康運動指導士・健康運動実践指導者の職業別年収
（健康・体力づくり事業財団（2009）をもとに作成）

インストラクター／各種教師においては271.4万円であり（図14-7）、民間事業所における平均給与409万円（国税庁、2012）との比較をみても、資格保有者の社会的地位向上は今後の課題といえる。

5. 健康運動指導士・健康運動実践指導者の今後の展望

　身体活動は人々の健康に多くの便益をもたらし、将来的な疾病予防だけでなく、精神的側面等（Rosenbaumら、2011、Teixeiraら、2012）、様々な角度から現在の生活の質を高めることができる。一方身体不活動は、非感染性疾患の主な危険因子であり（Leeら、2012）、今後、二次予防も含めた健康づくりのための運動を指導する専門家の養成と、多くの学術研究から新たに明らかとなってゆくであろうエビデンスに基づいた運動指導の実践が望まれるといえる。

　高齢化が進展する日本においては、健康運動指導士・健康運動実践指導者による地域での運動プログラム実施等、高齢者の社会参加を支援してゆく必要性がある。社会参加への働きかけは、身体活動量増加による介護予防の側面に大きな役割を果たすのみならず、社会との繋がりがもたらす心の充足度に良い影響をもたらすものと考えられる。

　青年期から中高年、そして高齢者に向けての個別の体質や体力、体組成、ライフプランに応じた包括的な運動指導を対象者のために考え、提供してゆくことが求められている。同時に、対象者の運動指導の受け入れ状態はそれぞれが同様ではないため、経過を観察しながら状況に応じ、介入して指導を継続してゆくことが必要とされる。また、運動指導の対象者は身体機能面を配慮すべきハイリスク者が多いことからも、リスク改善のための運動指導に関しては、医療従事者等との協力が必要であるといえる。今後、行動心理学、医学的基礎知識、運動生理学、栄養学、保健衛生学等の多方面の知識を活かし、職場や地域社会の人々に対し、改善が必要な生活習慣の見直しから望ましい行動変容へと導き、心身共に健やかに過ごすための支援を行う役割を担って活躍してゆくことが期待される。　　　　（水谷幸恵）

【参考資料】

1) WHO「Burden：mortality, morbidity and risk factors」
   http://www.who.int/nmh/publications/ncd_report_chapter1.pdf
2) Foreign Affairs Report「Global Action on Non-communicable Disease」(2011年11月号)
   http://www.foreignaffairsj.co.jp/essay/201111/disease.htm#1
3) WHO「Global Recommendations on Physical Activity for Health」
   http://whqlibdoc.who.int/publications/2010/9789241599979_eng.pdf.
4) 厚生労働省「保険と年金の動向」59(14)、2012/2013.
5) 村山正博、濱島ちさと、川久保清、辻一郎、小堀悦孝「スポーツと医療経済：運動習慣は医療費を削減出来るか」臨床スポーツ医学21(7)、2004.
6) Pate RR, Pratt M, et al「Physical activity and public health. A recommendation from the Center for disease Control and Prevention and the American College of Sports Medicine」The Journal Of The American Medical Association 273(5),1995.
7) 厚生労働省「健康日本21」最終評価の公表
   http://www.mhlw.go.jp/stf/houdou/2r9852000001r5gc.html
8) 厚生労働省「平成23年国民健康・栄養調査報告」
   http://www.mhlw.go.jp/bunya/kenkou/eiyou/h23-houkoku.html
9) Reginster JY, Burlet N「Osteoporosis：A still increasing prevalence」Bone 38(2),2006.
10) Cruz-Jentoft AJ, Baeyens JP, et al「Sarcopenia：European consensus on definition and diagnosis：Report of the European Working Group on Sarcopenia in Older People」Age and Ageing 39(4),2010.
11) 健康・体力づくり事業財団「健康運動指導士・健康運動実践指導者従事状況調査」
    http://www.health-net.or.jp/tyousa/shidoushi_shidousya/tyousa_kekka.html
12) 国税庁「平成23年分民間給与実態統計調査結果」
    http://www.nta.go.jp/kohyo/press/press/2012/minkan/
13) Rosenbaum S, Sherrington C「Is exercise effective in promoting mental well-being in older age? A systematic review」British Journal Of Sports Medicine 45(13),2011.
14) Teixeira PJ, Silva MN, et al「Motivation, self-determination, and long-term weight control」The International Journal Of Behavioral Nutrition And Physical Activity 9,2012.
15) Lee IM, Shiroma EJ, et al「Effect of physical inactivity on major non-communicable diseases worldwide：an analysis of burden of disease and life expectancy」Lancet 380(9838),2012.

スポーツ産業の基盤となる競技人口の変化

コラム5

　毎年甲子園において行われている春夏の高校野球、秋にはそれらの大会で活躍した高校生らがプロ野球のドラフト会議を賑わせている。サッカーにおいても、高校サッカーが多くの人々の注目を集め、そこで活躍した選手たちがＪリーグ、さらには海外へと羽ばたく様子は、メディアで盛んに伝えられている。このように、今日の日本において野球とサッカーは国民の注目度の高い２大スポーツとなっており、スポーツ産業のあらゆる領域をけん引する存在となっている。

　そこで、ここでは野球とサッカーという２つの競技をとりあげ、両者の高校生年代の競技人口の推移を比較することで、スポーツ産業の基盤を築く若い競技者数の変化その要因について考えてみたい。

　現在の競技登録者が他の競技に比べ多い野球とサッカーだが、以前は日本国内において圧倒的に野球の方が人気の高いスポーツであった。高度成長期の「巨人・大鵬・卵焼き」という言葉に表されるように、巨人のＶ９や、長嶋茂雄や王貞治といったスーパースターの存在がその大きな要因といえよう。そのように長らく野球人気が高い時代が続いてきたのだが、その関係に昨今は変化が見られるようになった。

　このことは図からも裏付けられる。図は1982（昭和57）年から2012（平成24）年までの高校生の硬式野球部員数と、サッカーのいわゆる高校生年代の競技者を示す第２種登録の人数の推移を表したものだ。この図からは、大きく２つの変化を読み取ることができる。１つ目は1980年代後半、２つ目は1990年代なかばのサッカーの競技者数の急増と、野球部員数の急速な減少である。

　まず１つ目の変化だが、高校生年代における野球とサッカーの競技者数が逆転した年は1986（昭和61）年から1988（昭和63）年である。それまではおおよそ２万人程度野球の競技者数が多かったが、しかし、この３年間については1987（昭和62）年の１万人程度を筆頭に、サッカーの競技者数が野球の競技者数を上回っている。これについて考察すると、最大の理由として「キャプテン翼」の影響が考えられる。周知の通り「キャプテン翼」はサッカーを主題に扱ったものとして、世界的に知名度の高い漫画である。多くの世界や日本を代表するサッカー選手も、サッカーを始めるきっかけとなったものとしてあげているほどだ。週刊少年ジャンプへの連載は1981（昭和56）年から1988（昭和63）年、アニメ番組としてテレビ東京での放映は1983（昭和58）年から1986（昭和61）年の間行われている。また、当時の報道によると視聴率は20％を超えるほどの人気振りであった。これらのことから、「キャプテン翼」に影響された小・中学生が高校生となったことで、この現象を生み出したといえそうだ。

そして2つ目の変化であるが、1993（平成5）年から2003（平成15）年までの10年間である。この10年間については千人程度（2002年はサッカー15万2千人・野球15万千人）から、最大で3万人程度（1995年はサッカー17万3千人・野球14万2千人）まで、サッカーの競技者数が、野球のそれを上回っている。

　これについては、まず1993（平成5）年のJリーグ開幕と、それによって生まれたカズこと三浦知良選手、ラモス瑠偉選手、ジーコ選手などのスター選手の存在が考

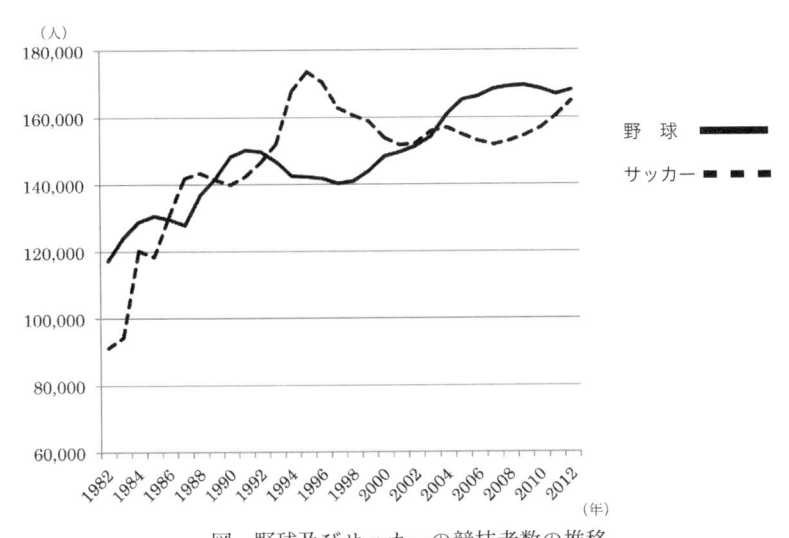

図　野球及びサッカーの競技者数の推移
（日本高等学校野球連盟、日本サッカー協会各公式HPをもとに作成）

えられる。また同年は翌年開催予定のアメリカワールドカップ大会の、アジア地区最終予選が開催されていたが、日本はワールドカップ初出場をあと一歩のところで逃し、それによりドーハの悲劇という言葉も生まれるほどマスコミにも取り上げられた。

　そしてついに日本は1998（平成10）年のフランスワールドカップへ初出場を成し遂げる。さらには2002（平成14）年にはワールドカップを韓国との共催ではあるが、日本において開催したことなどにより、サッカーの注目度が格段に上がった事が原因といえよう。

　高校生年代における競技者数の増加は、その後のサッカー関連産業拡大の基盤になっているといえる。

（福井　元）

第五部　プロスポーツの産業

第 15 章　プロスポーツビジネスの基本的構造

1. プロスポーツの収入源

プロスポーツビジネスには①チケット②スポンサー③放映権④グッズの4つの大きな収入源がある。

①チケット
　チケットの総売り上げは、どのような計算式で計算されるだろう。
　　売れた枚数　×　単価　＝　チケットの総収入
　チケット収入を伸ばそうと思った時、まずはじめに考えるのが集客だろう。つまり、いかに多くのチケットを買ってもらうかという事を考える。そこも当然重要なのだが、現在は、アメリカやヨーロッパ、そして日本でも、いかにチケット単価を上げるかが重要だと言われるようになってきた。単にチケットの値上げをしろという意味ではない。いかにチケットに付加価値をつけて、高いシートを販売するかということだ。
　いちばんの好例が、ＶＩＰシートだ。スタジアムなどの上に個室があり、そこで飲み食いをしながらのんびりと観戦できるような施設を目にしたことがある方もあろう。東京ドームなどは「エキサイティングシート」と呼ばれる、フィールドにより近い席を他の席種より高額（6,500円）で販売している。最近ではファミリーシートのような、3～5名で入れるようなブースを設置する球場や、女性だけが応援する区画を設けるなど、いろいろなニーズに対応する席種を開発し、単価向上に努めている。
　顧客は誰で、その顧客にどうやってアプローチするのか？一度来てくれた人に対して、どんな対策を打つのか？ターゲット層はどこで、そのターゲットを呼び込むのにどんな施策を打てばいいのか？1人の顧客を捕まえてくるのにいくらかけられるのか？チケット収入を上げていくにはこの様な事をしっかり考えて行く必要がある。そのあたりの戦略的なマーケティングのノウハウなどは、まだまだ日本のスポーツ業界の中で足りない部分だ。また、CRM（カスタマーリレーションシップマネジメント）など、顧客情報を使った施策というのも今後どんどん取り入れていかなければならない分野だろう。

プロスポーツビジネスは戦績に大きく左右される。強ければ売り上げを上げられるし、弱ければ上げられない。また、特に外で行なうスポーツにいえるが、売り上げが天候に左右されてしまう。

　この2つの要素のリスクヘッジとして重要になってくるのが、年間指定席をいかに多く販売するかということだ。つまり、チームの順位も、天候もわからない、シーズンが始まる前にいかにチケットを売ってしまうかだ。シーズンの始めに多くの現金を得ておくことは、キャッシュフローの面でもチームにとって非常に重要となる。

　海外のチームでは、年間指定席が何年も買えないという話や、チケットを親から子へと引き継いでいるというような話を聞いたことがあるかもしれない。アメリカのNFL（ナショナルフットボールリーグ）、グリーンベイパッカーズというチームのシーズンチケットを購入しようと6万人がウェイティングリストに載っていると言われ、15年かけてようやく手にしたという人もいる。

②スポンサー

　海外では、スポーツチームを企業が保有するということは珍しい。アメリカでは、NFLは法人による球団保有を禁止している。また、MLB（メジャーリーグベースボール）でも個人による球団保有が推奨されており、法人が保有しているのは30球団中、アトランタ・ブレーブス、シアトル・マリナーズ、トロント・ブルージェイズなど数えるほどしかない（鈴木、2011）。日本では親企業＝メインスポンサーという形になる。実業団チームなどはチームの支出の100％を親会社が負担するところも珍しくない。

表15-1　ドイツのプロサッカーチームの主なスポンサー契約

チーム	スポンサー企業	スポンサー料(1年あたり)	スポンサー料(円換算、約)
マンチェスター・ユナイテッド	GM	6000万ドル〜7000万ドル	60億円〜70億円
レアル・マドリード	エミレーツ航空	3000万ユーロ	40億円
バイエルン・ミュンヘン	Telekom	2500万ユーロ	33億円
シャルケ04	Gazprom	1600万ユーロ	21億円
ボルシア・ドルトムント	Evonik	1000万ユーロ	13億円

※1ドル＝100円、1ユーロ＝135円で計算
（Qoly、スポーツニッポン、ビルド紙をもとに作成）

海外ではチームを保有している人とスポンサーは分離しているが、日本ではこれが一緒になっているのが特色といえる。

チームが得られるスポンサー収入とはどんなものがあるのか。いちばんすぐに思いつくのが、サッカーの胸スポンサーや、野球のヘルメットスポンサーなどだ。この「商品」には広告露出の価値があると言われている。

イングランドのサッカークラブ、マンチェスター・ユナイテッドの胸スポンサーが年間何十億円で売れたというようなニュースを聞く一方、J1のチームでは、胸スポンサーが獲得できないというニュースも耳にする。

なぜ、J1チームでも胸スポンサーをうまく獲得できないのか。企業側からすれば、広告として払う値段分の価値（ちなみにJ1で年間1億〜2億円程度）がないと判断されているからだろう。一方で、なでしこ人気で、胸スポンサー企業が注目されたというようなニュースも耳にする。

「看板」もスポンサーというと思いつく「商品」だ。プロ野球中継の時にバックネット裏にみられるものや、サッカー中継でピッチサイドなどに映りこんでいるものである。最近では、LEDなど様々な技術が導入され、スポンサー企業の露出の機会を増やす方法が考案されている。マンチェスター・ユナイテッドや代表戦、一部の人気球団で常にメディアに露出されているチームやリーグであれば、「広告としての価値」があるだろう。しかし、何千人しか入っていなくて、メディアへの露出もほとんどないチームの看板という商品に広告としての価値があるのか再考が必要だ。

「冠試合」というのもひとつの「商品」だ。○○ナイター、○○マッチデーなど企業名が入った試合を聞いたことがある方もいるだろう。また、リーグとして「日本生命交流戦」や「ナビスコカップ」など大会そのものにスポンサーを付けているケースもある。プロゴルフは毎試合、スポンサーがついている。裏を返すと、スポンサーが付かないとゴルフトーナメントは開催できない。その時の景気や人気選手の有無によって、その年の開催試合数が増減するのはそのためだ。

企業側の冠試合を開催するメリットは何だろうか。当然、露出効果はある。しかし、ここでは、例えば、来て頂いた観客に対して自社製品を配るなど、より消費者に近いマーケティング活動が可能というメリットもある。

冠試合までいかなくても、企業のプロモーションとして、いろいろなイベントを開催する例もある。いちばんわかりやすい例は、アメリカの野球などでよく行なわれる、イニング間のイベントだ。例えばマクドナルドと組んで、マクドナルド商品の無料券などをイニング間にマスコットが投げ入れるなどの例だ。

　球場外でのイベントへの協賛などもありえる。例えば、チームが主催するサッカー教室などにスポンサーを付けて、○○サッカー教室などとする。これには、プロモーションの意味合いもあるが、地域貢献、社会貢献、CSR（Corporate Social Responsibility、企業の社会的責任）、ブランドイメージの向上などの側面もある。

　また、企業がスポンサードするメリットとしては、チケットをもらえるということもある。チケットを接待に使ったり、福利厚生として社員同士で観戦したり、プロモーションに使える。プロモーションとは、例えば、いくら以上買った人にはチケットプレゼントなどの手法だ。

　その他のスポンサーメリットとしては、「うちの会社はこんなチームをサポートできるほど素晴らしい企業だ」と社員に誇りを持たせる効果や、チームの選手が年1回は訪問してくれるなど、社員に対してのモチベーションアップにも使える。

　これらの商品をどう売っていけばいいのか？ここがチームの腕の見せ所だ。スポンサーメリット＝メディアへの露出価値、と思われがちだが、その価値があるのは一部の競技の一部のチームに限られる。ちなみに、アメリカの4大スポーツでは、ユニフォームに企業名を入れることは禁止されている。

　これらの価値の組み合わせにより、チームの営業担当者は企業にこの商品を売りに行くのだ。

③放映権

　テレビ局が番組を作るのに当然お金がかかる。例えば、ドラマを作るにはお金がかかるのは想像できる。テレビ局は24時間の間に何を放送するかを考え、その選択肢は、お笑い、音楽番組、旅番組、映画、情報番組、ニュー

表15-2　主なスポーツリーグの放映権

リーグ	放送局	放映権料	放映権料(円換算、約)	放映権料(1年あたり、約)	契約期間
MLB (アメリカ・野球)	ESPN	56億ドル	5600億円	700億円	2014－2021
	TBS	24億ドル	2400億円	300億円	2014－2021
	FOX	40億ドル	4000億円	500億円	2014－2021
	合計	120億ドル	1兆2000億円	1500億円	
NFL (アメリカ・ アメリカンフットボール)	FOX	90億9000万ドル	9090億円	1010億円	2014－2022
	CBS	90億ドル	9000億円	1000億円	2014－2022
	NBC	9億5000万ドル	950億円	105億円	2014－2021
	ESPN	150億2000万ドル	1兆5020億円	1877億円	2014－2021
	DirecTV	40億ドル	4000億円	1000億円	2011－2014
	合計	380億6000万ドル	3兆8060億円	4992億円	
プレミアリーグ (イングランド・サッカー)	国内	約30億ポンド	4800億円	1900億円	3年
	国外	約20億ポンド	3200億円	1066億円	3年
	合計	約50億ポンド	8000億円	1966億円	
セリエA (イタリア・サッカー)		9億ユーロ	1215億円	1215億円	1年
ブンデスリーガ (ドイツ・サッカー)		7億ユーロ	945億円	945億円	1年
Jリーグ (日本・サッカー)			50億円	50億円	1年

※1ドル＝100円、1ユーロ＝135円で計算

スなどの中から選択するわけだ。そのうちのひとつがスポーツという選択肢だ。当然スポーツというコンテンツを作るにも製作費がかかる。コンテンツそのものを提供してくれているのはチームであったり、リーグであったりするので、その人たちに出演料の代わりに、放映権料を支払う。テレビ局は、その間に入るCM料でその元を取って利益を得る。これが放映権の簡単な構造だ。

では、放映権料は誰に支払われるのか。それはリーグなどによって違う。例えば日本のプロ野球では、放送された試合のホームチームに放映権料が支払われる。つまり、神宮球場で行なわれるスワローズ戦が放送されれば、スワローズにお金が入る。

Jリーグは、放映権のすべてが一旦Jリーグに入り、シーズン終了後に分配金という形で各チームに配分される。これは、アメリカの4大スポーツ、イングランドのサッカーリーグ・プレミアリーグなどにみられる方式だ。

リーグやチームが放映権を販売できるルートは3つである。国際、全国(日本)、ローカルだ。国際的な放映権となると、例えばイングランドプレミアリーグなどがある。日本でもマンチェスター・ユナイテッドの試合を

見ることが出来るが、これは日本の放送局がプレミアリーグから放映権を買っているからだ。

　国内は何となく想像できるだろう。ローカルは、地元の放送局だ。アメリカの4大スポーツは、全国の放映権はリーグが管理しているが、ローカルの放映権はチームが持っている。注目すべきは北海道などではローカル放送の日ハム戦が視聴率を比較的稼げるコンテンツとなっていることだ。

④グッズ

　グッズは当然自分たちで作るものもあるが、ロゴだけを貸す場合もある。大きなクラブになると国内だけでなく、海外でも販売できる。

　チームとしては、この4大収入のバランスを取る必要がある。日本はスポンサー収入の割合が高いことが特徴となっている。つまりは親会社からのお金だ。セリエAなどは放映権の割合が高くなっている。これは、もし今後放映権バブルがはじけた時、チームの経営が行き詰まる可能性があるということだ。

　今このバランスが良いのはドイツのサッカーリーグ・ブンデスリーガだと言われている。ブンデスの平均入場者数は4.5万人だ。ちなみにプロ野球が2.4万人、Jリーグは1.7万人だ。

2. 4大収入以外の収入

①分配金

　分配金とは、リーグから各チームに配られるお金のことだ。これは、先ほども少し述べたが、放映権などをリーグが一括して管理したものを、各チームに分配するものだ。分配金方式のメリットは以下の2点だ。

　一つは、一括して管理したほうが価値が上がる。放映権や一部のグッズなどはリーグとしてまとまって交渉したり、作成したほうが効率も良く、交渉が有利になる。こうして、リーグそのものの価値をリーグが主導して高めるのだ。

もう一つは、戦力均衡。例えば、スペインのサッカーリーグ・リーガエスパニョーラのように、2強（F.C.バルセロナとレアル・マドリード）が存在して、それぞれのチームが放映権を持っている場合、放送される有名チームは多額のお金を得ることができる。それによって、有能な選手を高額で獲得できるようになる。すると、強くなる。ところが、弱くて人気のないチームは、放送されないので、放映権料を得ることができない。お金がなくて良い選手を獲得できないので、弱くなる。すると、リーグとして、上位のチームと下位のチームの実力差が生まれ、面白くない試合が多くなり、全体的な価値が下がる。これを防ぐために、放映権をリーグで管理すれば、全チームに放映権の恩恵があるので、お金持ち球団だけが強くなるということをある程度防ぐことができる。

②ファンクラブ
　有料のファンクラブ会員から収入を得ることができる。ただし、ファンクラブの特典を作って、送ったりする費用がかかる。また、会員管理などにも労力がかかる。実は、収益的にはここで大きな利益を得ることは難しい。ただし、ロイヤリティの高いファンを獲得し、満足させていくことにより、リピーターになったり、他のファンを連れてきてくれたりするので、ここを囲い込んでおくことは重要だと考えられる。現在ではロイヤルカスタマーの個人情報を獲得しておくことは重要だし、行動履歴のパターンの分析などにも使える。

③スクール
　スクールの運営にはいろいろな狙いがある。まず、収入である。教えて月謝を得れば、収益になる。そして、ロイヤルファンの育成だ。子供のころから通っていたスクールのチームなので、その後、ファンになる可能性が非常に高いと思われる。Jリーグ、東京ヴェルディの2013年シーズンの胸スポンサーのGAGAジャパンの社長は元ヴェルディーユースでプレーしていた。このような形でも、スクールの卒業生が将来的にチームを助けてくれるかもしれない。コーチには元選手を使いやすいので、引退後

の選手の雇用先としても機能する。

④賞金

これは優勝したりすると得られるものだ。ヨーロッパのサッカーに目を転じれば、クラブチームのヨーロッパチャンピオンを決めるUEFAチャンピオンズリーグに出場するだけで何億円という収入が得られ、勝ち進むとさらに何億円という賞金がチームに入って来る。しかし、ここで注意しなければならないのは、賞金を当てにして高額選手を多数抱えても、チームが機能しない可能性もあるということだ。チャンピオンズリーグに出られないというリスクが当然ある。

表15-3 主な賞金額

大会	条件	賞金	日本円換算
UEFAチャンピオンズリーグ	優勝	1050万ユーロ	約14億円
	準優勝	650万ユーロ	約8.7億円
	準決勝進出	490万ユーロ	約6.6億円
	準々決勝進出	390万ユーロ	約5.2億円
	決勝トーナメント進出	350万ユーロ	約4.7億円
	グループリーグ引き分け	50万ユーロ	約7億円
	グループリーグ勝利	100万ユーロ	約13億円
	出場	860万ユーロ	約11億円
プレミアリーグ	優勝	1110万ユーロ	約15億円
J1	優勝	2億円	2億円
ナビスコカップ	優勝	1億円	1億円

（各大会の公式発表等をもとに作成）

⑤移籍金

これは、選手が移籍したときの保証金の役割を果たす。日本のプロ野球でいえば、ポスティングだ。良い選手を育てて、売ることもビジネスとして成立するのだ。実際にオランダのサッカーチームなどは、1年間の売り上げ予想の中に、この移籍金を組み入れている。国際化した今のスポーツの世界では、より戦略的にここの部分を考えておく必要が出てきている。

⑥駐車場
　ヨーロッパやアメリカは車社会なので、この駐車場ビジネスを堅実に行なっている。日本でも地方のチームなどではまだまだここを現金化出来る可能性がある。

3. プロスポーツの支出

①人件費
　プロスポーツチームの経営で難しいところはここだ。選手の人件費は放っておくと際限なく上がっていく。厄介なのは、チームの収入があがっているか、上がっていないかに関わらず、活躍に応じて支払われる事だ。例えば、プロ野球で、最下位チームでチケット収入も少ないチームから三冠王が飛び出したらどうだろう。給料を上げざるを得ない。あなたが選手で、三冠王を取って、給料が現状維持だったらどう思うか。何をしても給料が上がらない、となると、モチベーションも上がってこない。ファンもきっと納得しないだろう。

②移動遠征費
　チームは1年の中でいろいろな所に移動する。交通費、宿泊費、食事代がかかってくる。多くのチームスタッフも選手と一緒に移動する。

③強化費
　シーズン前のキャンプ・合宿。移動代、宿泊費、食事、用具の運搬代、施設使用料……。若手選手の寮や育成にかかる費用、さらに、スカウトの移動費や宿泊費など選手獲得にかかる費用もここに含まれる。

④用具
　用具に関しては、メーカーから支給されるものもあるが、当然、購入しなければならないものも多くある。

⑤施設使用料
　日本では自前のスタジアム、アリーナ、球場を保有しているチームはほとんどない。よって、施設使用料を払う必要がある。
　これは、日本では、球場使用料を払わなければならないから、経営は余計厳しくなる、という単純な話ではない。チームの収入の中でお話ししたスポンサーだが、球場内の看板の権利は実は「球場側」が持っていて、球場が独自にこれを販売し、収入も球場に入る。チームの大きな収入源となるはずの看板スポンサー料は、すべて球場の収入になるのだ。スタジアムや球場を借りている日本では、チームと球場が一体となって収益を上げていくのが難しい構造になっている。

4.　プロスポーツビジネスの特色

①勝利とビジネス成果の追及
　プロスポーツビジネスのひとつの特色は「勝ちたい！」と思っているチームという集団と「ビジネスを整えたい」と思っているビジネスオペレーションを行なう集団が存在していることだ。簡単な例を挙げると、監督としては、ファンサービスで握手会などを行なって、風邪がうつってその選手が試合に出られなくなれば、戦力ダウンになるので、極力やりたくない。ところが、フロント側はファンサービスをしなければならないので握手会を企画する。このビジネスとチームの勝利をどう融合していくのか、ここがプロチームスポーツの経営の難しいところだ。
　さらに日本でのチームビジネスを難しくしているのは、親会社の存在だ。親会社は親会社で意図をもってプロスポーツに参入しているはずだ。例えば、鉄道会社であれば、ホームゲームに電車に乗って来てほしい、などである。親会社はチームが勝とうが、負けようが、極端な話電車に乗ってくれればいいのだ。
　ビジネスとスポーツをどう整合性を持たせていくのかというところが、究極的にはこのビジネスの難しさであり、面白さでもあるだろう。この整

合性を持たせることのできる人材が、日本で、そして世界でも必要とされているのではないだろうか。

　プロスポーツチームの経営者は、監督、選手、現場のスタッフの気持ちがわかり、ビジネスもわかる…ここは永遠のテーマかもしれないが、どちらかというと、元選手で、かつビジネスもわかる人がやったほうが良いのではないかとも思われる。例えば、オークランド・アスレチックスのGMビリービーンのような人だ。

②プロスポーツビジネスの規模
　報道で出てくるのは選手の年俸が何億円、など景気の良い話ばかりだ。また、スポーツチームの知名度は、時として、国民の認知度90％以上というケースもある。
　しかし、レアル・マドリードやマンチェスター・ユナイテッドでも年商が500億円ほどのビジネスだ。これは企業規模でいっても決して大きな規模ではない。チームの認知度は非常に高い割に、ビジネス規模はそれほど大きくない。ちなみに、日本で一番稼ぐJリーグクラブは浦和レッズだが、レッズの年商は50億円程度だ。これは、日本では中小企業の規模だ。つまり、名前の認知度に比べて、ビジネスとしてはあまりにも小さいのだ。このような現実があまり理解されていないようである。

表15-4　主なプロスポーツチームの年商

チーム名	国	競技	年商（約）	年商（円換算、約）	シーズン
レアル・マドリード	スペイン	サッカー	5億2090万ユーロ	700億円	2012-13
F.C.バルセロナ	スペイン	サッカー	4億9000万ユーロ	660億円	2012-13
マンチェスター・ユナイテッド	イングランド	サッカー	3億6300万ポンド	580億円	2012-13
バイエルン・ミュンヘン	ドイツ	サッカー	3億9300万ユーロ	526億円	2012-13
ニューヨーク・ヤンキース	アメリカ	野球	4億7100万ドル	471億円	2012
ボストン・レッドソックス	アメリカ	野球	3億3600万ドル	336億円	2012
ダラス・カウボーイズ	アメリカ	アメリカンフットボール	5億3900万ドル	539億円	2012
ニューヨーク・ニックス	アメリカ	バスケットボール	2億4300万ドル	243億円	2012
ロサンゼルス・レイカーズ	アメリカ	バスケットボール	1億9700万ドル	197億円	2012
浦和レッズ	日本	サッカー	53億5300万円	53億5300万円	2012
日本プロ野球全体	日本	野球	1200億円	1200億円	

※1ドル＝100円、1ポンド＝160円、1ユーロ＝135円で計算

③多様なステークホルダー

　プロスポーツビジネスのステークホルダー、つまり利害関係者は誰だろうか？ここも、実は非常に多くのステークホルダーが存在している。株主、親会社、スタッフ、ファン、選手、他チーム、テレビ局、新聞社、スポンサー、スタジアム、テレビ観戦者、広告代理店、スクールに通う子どもと親…。これら多くの利害関係者と良好な関係を築いていかなければならないビジネスなのだ。

④ビジネスに影響を与える外的要因

　ビジネスを左右する外的要因のうち、難しいのは、「勝敗」だ。チームが強ければ儲かるし、チームが弱ければ儲かりにくくなる。ビジネスサイドとしては、いかに戦績に左右されないビジネスを構築できるかというところが、このビジネスの肝になってくるのだが、これは相当な難題だ。

　まったくコントロールできない外的要因は天候だろう。外で行なうスポーツに関しては特にビジネスが天候の影響をもろに受けてしまう。室内スポーツでも、雨や雪であれば客足は鈍る。

　メディアからも大きな影響を受ける。メディアの圧力が強いので合理的な判断がしにくいこともチームビジネスの難しさのひとつだ。これほど「社長（プロスポーツの場合は監督）を変えろ！」とメディアや消費者から言われるビジネスは他にない。矢面に立たされているなかで、長期的視点に立って、冷静な判断を下すのは至難の業だ。

⑤人件費が先に決まる

　選手の年俸は、活躍度合いによって決まる。しかし、選手が活躍したからと言って、チームの収益が上がるというわけではない。例えば、三冠王を取った選手が出たとしても、そのチームが最下位だった場合を考えてみてみるといい。選手の活躍度合いにより年俸が決まり、それを積み上げたものがチームの総年俸になる。ビジネスサイドは、その総年俸を渡され、「はい、これお願い」といわれるわけだ。アメリカでは、サラリーキャップといわれる制度を導入し、各チームが払える年俸の総額をあらかじめ決めて

いるリーグもある。

⑥チームの商品の一部である選手に意思がある
　「チーム」は常に勝ちたいと思っている。そのためには、できるだけ良い環境でプレーしたがっている。快適なグリーン車で移動したい。宿泊も二人部屋より一人部屋の方がリラックスして休める。当日移動して直ぐに試合を行うより、前日に入って、ミーティングなどをして、ゆっくり泊まって試合に挑みたい。良い施設、良い環境で練習したい。チームが勝つために、この様な要望を全て聞き入れていては経営は成り立たない。プロスポーツビジネスとは、選手を出来る限り気持ちよくプレーさせながら、経営を行わなければならないビジネスなのである。

（河島徳基）

【参考資料】
1) 並木裕太『日本プロ野球改造論』ディスカヴァー・トゥエンティワン、2013
2) エステベ・カルサーダ著、小澤一郎訳『SHOW ME THE MONEY! ビジネスを勝利に導くFCバルセロナのマーケティング実践講座』ソル・メディア、2013
3) アルフレード・ガティウス、ホセ・マリア・ウック著、采野正光訳『なぜレアルとバルサだけが儲かるのか？』ベースボールマガジン社、2012
4) 鈴木友也『勝負は試合の前についている！』日経BP社、2011
5) 広瀬一郎「サッカービジネスの基礎知識」東邦出版、2012
6) サイモン・クーパー、ステファン・シマンスキー著、森田浩之訳『ジャパンはなぜ負けるのか』NHK出版、2010

第 16 章　プロスポーツ選手の現状

1. プロスポーツ興行の市場規模

　ブエノスアイレスで開催された IOC 総会で、2020 年に東京で第 32 回夏季オリンピック競技大会が開かれることが正式に決まった。イスタンブール、マドリードを抑えての選出で、オリンピック開催による大きな経済効果に期待が寄せられている。

　オリンピックばかりでなく、プロスポーツ興行には大きなマネーが動く。プロスポーツというと、選手の年俸ばかりに興味が向きがちだが、これらの選手の年俸以上に興行やスポーツ業界そのものに目を向ければ、スポーツビジネスというものがいかに成長産業であるかが見えてくる。

　ひとくちにスポーツ産業、あるいはスポーツビジネスといっても、このなかにはさまざまなビジネスが関わってくる。

　まず、プロスポーツ興行そのもの。プロ野球やサッカーの J リーグ、ゴルフ、あるいは大相撲なども含まれるが、この市場規模は 2010（平成 22）年の調査で表 16-1 のようにプロ野球で約 1,400 億円、J リーグで約 720 億円、相撲が約 100 億円となっている。

表 16-1　プロスポーツの市場規模

| スポーツ興行　約2220億円 |||
プロ野球	Jリーグ	相撲
約1400億円	約720億円	約100億円

（週刊東洋経済（2010）をもとに作成）

　スポーツ産業における興行収入の占める割合は 1 割にも満たない。残り 9 割は、スポーツ用品、スポーツ施設、それに公営ギャンブルといったビジネスであり、またこれらの施設をめぐる不動産業、情報通信業、サービス業などもスポーツ周辺産業として位置づけられている。

　これらのスポーツ市場の規模を正確に算出することはできないが、世界的な会計事務所であるプライスウォーターハウスパースによれば、プロスポーツ興行の入場料、放映権料、スポンサー料、グッズ販売などを総計し

たスポーツビジネス市場の規模は、世界で約 1,410 億ドルにも達し、しかも年間成長率は約 6% にもなるという。

　2008（平成 20）年のリーマンショック以後の低迷する世界経済のなかで、プロスポーツ産業だけが突出した成長を遂げているのである。

　たとえば、オリンピック。1984（昭和 59）年のロサンゼルス大会以後、放映権料やスポンサー料が上昇し、2008（平成 20）年の北京大会では国際オリンピック委員会の収入は 54.5 億ドルにまで達したといわれている。欧州サッカー界や W 杯を主催する国際サッカー連盟も同様だ。

　一方、日本のプロスポーツ界は、世界のプロスポーツ界と比較すれば、やはり小粒といえる。

　日本ではプロ野球、J リーグ、相撲の各興行の市場規模は、トータルでも 2,100 億円程度でしかない。スポーツ用品やスポーツ施設、公営ギャンブルなど、プロスポーツ関連産業全体で見れば約 10 兆円に迫る市場規模となっているから、まだまだ改善の余地があるといえるだろう。

　種目別に見ると、日本のプロスポーツがいかに小粒なのかよくわかる。たとえば、図 16-1 のように、世界のスポーツリーグの収入を比較すると、

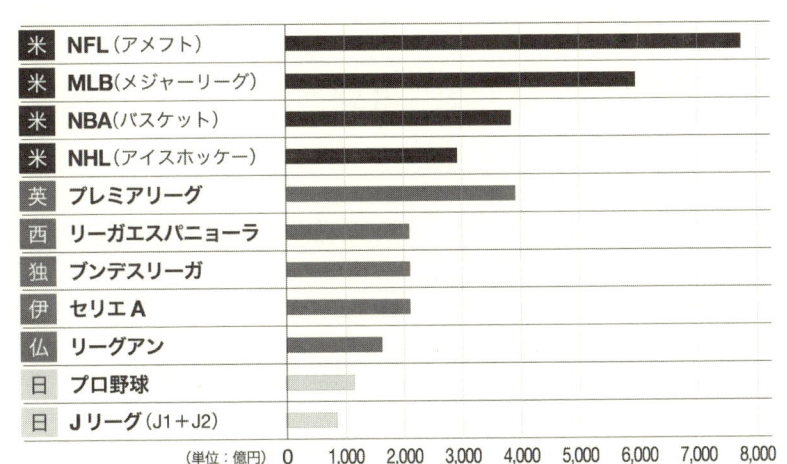

※1 ドル＝100 円、1 ポンド＝200 円換算。NFL、MLB、NBA、NHL は 09 年、その他は 08 年の実績。プロ野球は編集部推定
（出所）フォーブス、デトロイト、J リーグ

図 16-1　世界のスポーツリーグの収入
（週刊東洋経済（2010）をもとに作成）

トップはアメリカ NFL(アメリカンフットボール) の約7,500億円。2位、3位もやはりアメリカのプロリーグで、MLB(メジャーリーグ) が約6,000億円、NBA(バスケットボール)3,800億円と続く。

日本ではプロ野球が1,400億円、Jリーグが720億円程度で、イギリスのプレミアリーグ(サッカー)やイタリアのセリアA(サッカー)などと比べても、かなり低い数字でしかない。

2. プロスポーツ選手の年俸

スポーツビジネス全体からスポーツ選手個人に目を移してみよう。プロスポーツ選手の年俸を見れば、その国のスポーツビジネスの規模も推測できる。

たとえば、アメリカのプロ野球球団ニューヨーク・ヤンキースのチーム年俸総額は、2010（平成22）年で174億6600万円（31人）だったのに対し、日本では読売ジャイアンツが38億3410万円(2011年67人)だった。またサッカーでは、スペインのレアル・マドリードのチーム年俸総額

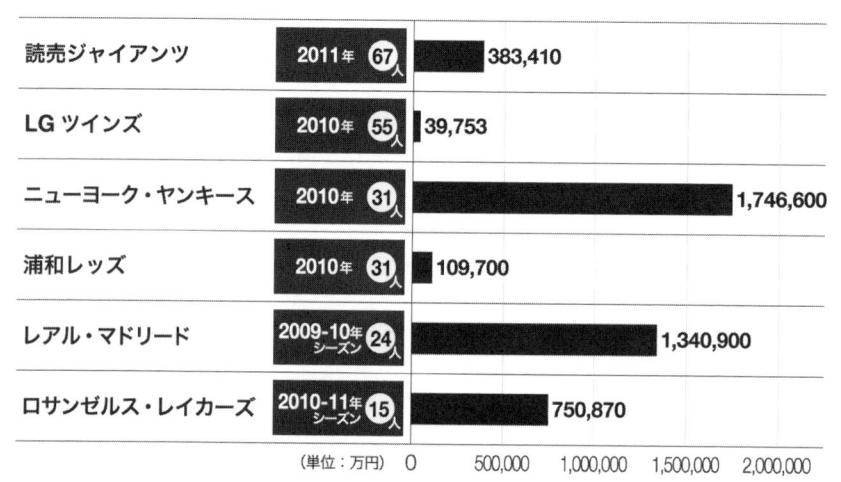

チーム	シーズン	人数	金額（万円）
読売ジャイアンツ	2011年	67人	383,410
LGツインズ	2010年	55人	39,753
ニューヨーク・ヤンキース	2010年	31人	1,746,600
浦和レッズ	2010年	31人	109,700
レアル・マドリード	2009-10年シーズン	24人	1,340,900
ロサンゼルス・レイカーズ	2010-11年シーズン	15人	750,870

図16-2　異種スポーツチーム総年俸比較
（週刊ベースボール（2011）をもとに作成）

が134億900万円(2010年24人)だったのに対し、浦和レッズが10億9700万円(2010年31人)だった。アメリカの野球やヨーロッパのサッカーが、日本のチームと比較してみるといかにビジネスとして大規模で成功しているかがわかるだろう(図16-2)。

プロ選手個人でみると、もっとも年俸が高いのがニューヨーク・ヤンキースのアレックス・ロドリゲスの約27億円だ。日本ではジャイアンツ(当時)のラミレスが5億円(2011年)だったから、5倍以上もの差がついている。

またロサンゼルス・レイカーズのコービー・ブライアント選手が、2010年〜2011年シーズンで年俸20億3300万円だったが、これはプロバスケットボールが盛んな米国ならではの実情だといっていい。

一方、日本のプロ野球のチーム年俸を比較してみると、想像した通りの結果が出ている(図16-3)。2013（平成25）年は、1位が巨人の42億3720万円、以下中日、ソフトバンクと続く。

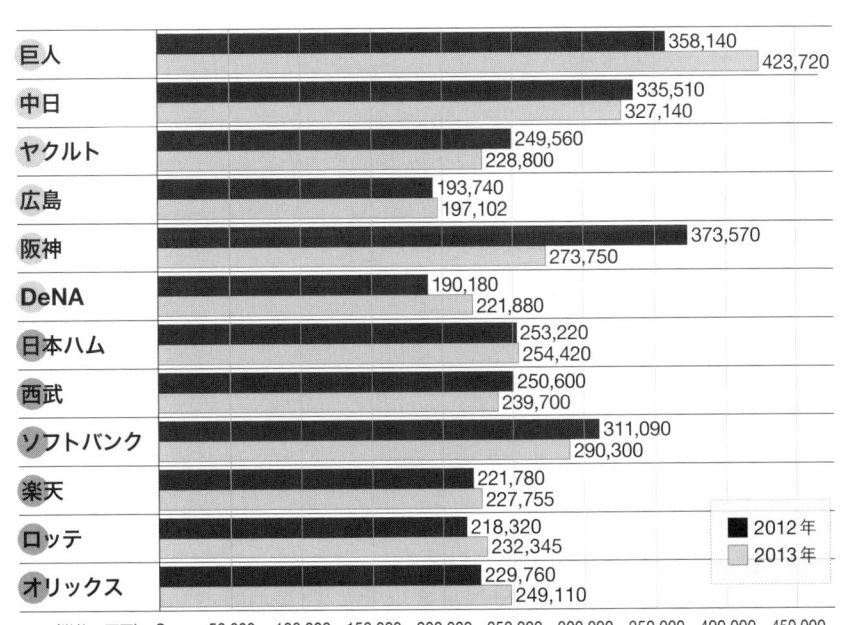

球団	2012年	2013年
巨人	358,140	423,720
中日	335,510	327,140
ヤクルト	249,560	228,800
広島	193,740	197,102
阪神	373,570	273,750
DeNA	190,180	221,880
日本ハム	253,220	254,420
西武	250,600	239,700
ソフトバンク	311,090	290,300
楽天	221,780	227,755
ロッテ	218,320	232,345
オリックス	229,760	249,110

(単位：万円)

図16-3　日本プロ野球12球団年俸比較
(週刊ベースボール（2012、2013）をもとに作成)

面白いのは、年度別にみると年俸がアップした球団と逆にダウンした球団がある点だ。これはプロスポーツ界特有の現象で、スター選手を獲得した年と放出した年とでは、やはりチーム全体の年俸に差が出てくる。
　プロスポーツビジネス運営の難しさで、スター選手を揃えれば人気も上がり、興行収入なども増えるが、その分選手に支払う年俸も増えてしまう。逆に支出(年俸)を減らそうと思えば、高額の選手を放出する必要もあるが、その結果チームが弱体化して興行収入に影響が出ることにもなる。
　このあたりの経営センスや手腕が、プロスポーツビジネス運営のキーポイントにもなるだろう。米国のメジャー球団がほとんど黒字経営であるのに対し、日本の球団は黒字経営が難しいというのが現状だが、時代の変化に対応する経営が求められている証拠だといってもいいだろう。
　プロスポーツ選手のなかには、高い年俸の選手ばかりではない。運や才能などが大きく左右する世界だけに、高い年俸をもらい、引退してからもスポーツ関係の職に就ける選手はごくひと握りだ。そのため、現役時から引退後について考える選手も増えてきている。
　たとえば、2010（平成22）年には文部科学省が「スポーツ立国戦略」を発表し、トップアスリートの引退後のセカンドキャリアをサポートすることにも言及している。また、日本プロサッカーリーグ、日本野球機構、日本オリンピック委員会でも独自にセカンドキャリアサポートを実施しており、引退後の社会生活を計画的に考えるようになってきている。

3. プロスポーツ選手の人数

　プロスポーツ界でも高い年俸を稼ぐ選手は、ほんのひと握りだといっていいが、全体を見ればスポーツで生計を立てている選手は意外に多い。
　日本プロスポーツ協会の「2012年プロスポーツ年鑑」(2012)によれば、最も選手数の多いプロスポーツは男子ゴルフで、5,085人だった。次いで競輪選手の3,077人だ。最も少なかったのは、フォーミュラーカーレーサーの16人、次いでキックボクシングで132人。中央競馬も137人と少ない。

選手数が多いと思われているプロ野球選手でも796人、サッカー選手が1,118人で、意外と少ないことがわかる。相撲の力士が、十両以下も合わせれば625人いたから、野球選手とそれほど変わらないことになる（図16-4）。

　もちろん、他の職業と比較すれば圧倒的に少なく、プロスポーツの世界がいかに厳しいものであるかがわかる。プロと名のつくスポーツ選手は、相撲、野球、サッカー、ゴルフ、それに競馬や競輪などを合わせても、全部で2万人に届かないのである。

　ただし、だからといってスポーツに関わる職業に就くことが困難かというと、そんなことはない。一握りのプロアスリートと、そのアスリートをサポートし、あるいはスポーツを通じて心身を鍛えようとする子どもたちを指導し、さらにそれらの施設を運営したり、施設を建設したりすることもまた、広い意味でスポーツに関わる職業である。

　そしてそれらのスポーツを取り巻くスポーツ産業そのものが、前述したように世界的な経済不況のなかにあってなお、右肩上がりの成長を遂げているのである。

　スポーツ産業は、スポーツ選手の数だけでは決して推測できない。国内で2万人に満たないプロスポーツ選手は、その意味でいえばまさにスポーツ産業の頂点に立つ存在なのである。

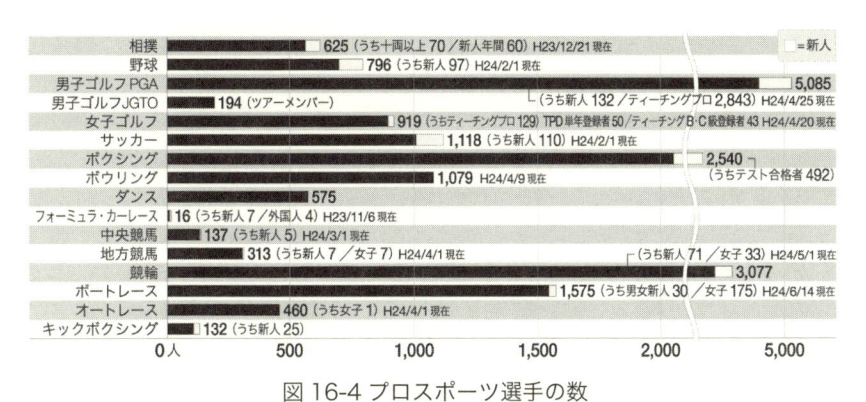

図16-4 プロスポーツ選手の数
（日本プロスポーツ協会（2012）をもとに作成）

4. プロスポーツの選手寿命

　国内に約2万人いるプロスポーツ選手だが、しかしアスリートの選手寿命は短い、と考えられている。

　実際、「J1とJ2の引退平均年齢は26歳という若さ。1年で引退するケースもあるとなれば、もはやサッカーはギャンブルでしかない」（広瀬、2012）とまでいわれている。

　ただし、もちろん種目によって選手の寿命は異なってくる。よく知られているように、相撲やボクシングのような過激なスポーツは選手寿命が短く、ゴルフやボウリングなどは選手寿命が長い傾向がある。表17-5は、プロスポーツ選手の最年少年齢と最高年齢を比較したものだが、ゴルフやボウリング、ダンス、それにボートレースなどが比較的年齢が高くてもプロとして活躍できていることがわかるだろう。

　選手寿命は、プロスポーツの運営にも影響を与える。継続したプロスポーツの興行には、常に選手の補給が必要になるが、この割合は一般的に競技年齢が長い種目ほど低くなる。それだけ高齢まで競技ができるためだが、プロスポーツ全般では毎年1～3割前後の新人補給率となる。

　逆に、新人補給率が高い種目には、サッカーやボクシングなどがある。「サッカーでは30％、ボクシングで29％、フォーミュラカーレースも29％となり、相撲が16％、野球は14％（内海、2004）となっている。

　新人補給率の高いサッカーでは、選手寿命が短いことが大きな問題にもなりつつある。たとえば、2011年のJリーガーの出身母体は、大卒選手が約4割を占めるようになってきている。「高卒で選手として入っても、使えないとなると20歳前後で大量解雇される」（加部、2012）、などといった現象も出たからだ。

　これに対しプロ野球では、第1回のドラフト会議（1965（昭和40）年）以後2003（平成15）年までの39年間で、高卒が全体の50.6％、大卒が17.2％、高卒社会人が22.5％、大卒社会人が9.7％という割合になっている。

　図16-5を見るかぎり、野球とサッカーでは、選手寿命に大きな差はないが、新人補給をどの段階で行い、どう選手を育成していくかの経験の違

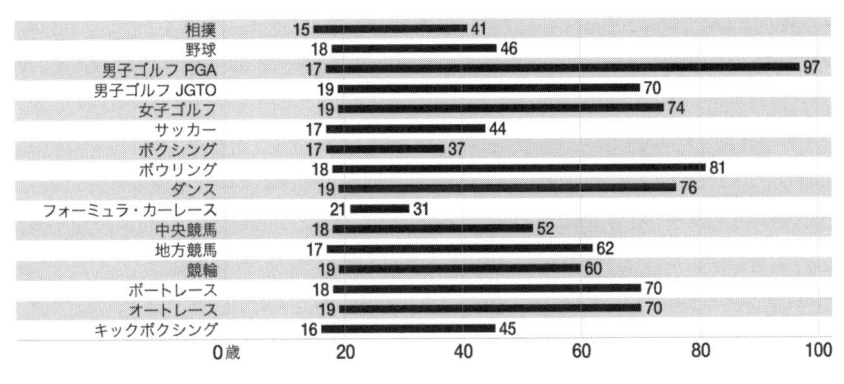

種目	最少年齢	最高年齢
相撲	15	41
野球	18	46
男子ゴルフ PGA	17	97
男子ゴルフ JGTO	19	70
女子ゴルフ	19	74
サッカー	17	44
ボクシング	17	37
ボウリング	18	81
ダンス	19	76
フォーミュラ・カーレース	21	31
中央競馬	18	52
地方競馬	17	62
競輪	19	60
ボートレース	18	70
オートレース	19	70
キックボクシング	16	45

図16-5　選手の最少年齢・最高年齢
（日本プロスポーツ協会（2012）をもとに作成）

いが出ているのだろう。

　サッカーのJリーグでは、創設とともにすべてのクラブにアカデミー(育成組織)の創設を義務づけたが、選手寿命を延ばすこともまた、今後のプロスポーツ産業発展のひとつの要因になるはずだ。

（黒田次郎）

【参考資料】

1)「スポーツビジネス徹底解明」週刊東洋経済、2010
2) 川島徳基『スポーツ産業の歩き方』ぱる出版、2013
3) 日本プロスポーツ協会『2012年プロスポーツ年鑑』日本プロスポーツ協会、2012
4) 広瀬一郎『サッカービジネスと時代の潮流』日本スポーツ企画出版社、「週刊サッカーダイジェスト」2012
5) 内海和雄『プロ・スポーツ論』創文企画、2004年3月
6) 加部研「揺らぐJリーグ育成の存在意義」『サッカー批評』双葉社、2012
7) 黒田次郎、内田勇人、岡本悌二、奥村浩正、筒井大助「日本プロ野球のドラフト制度に関する研究(1)」運動とスポーツの科学、2004
8) 小野清子「スポーツ白書」笹川スポーツ財団、2011
9)『週刊ベースボール』ベースボールマガジン社、2011、2012、2013

第 17 章　スポーツ産業としての公営競技

1．戦後の公営競技

　国内では賭博行為、つまり賭け事の実施については刑法で原則的に禁じられている。しかし、競馬（中央・地方）・競艇・競輪・オートレースについては、競走結果を予想した投票券の販売・購入や、的中投票券と配当金との交換が可能となっている。これら公営競技は、「公営ギャンブル」とも呼ばれるように、まぎれもない賭博行為であるが、全売上金のうち払戻金から差し引いた金額の一部を公的な利益追求に貢献させることが条件となり、国内で例外的に開催・実施されている。

　公営競技のうち、戦前から実施されていたものもいくつか存在する。ただ、表17-1からもわかるように、現行の各公営競技の実施を保障する法律は、すべて第二次世界大戦後の間もない時期に公布されていることがわかる。この時期は、競艇・競輪・オートレース実施の目的として「地方財源の改善・健全化」が、また競馬では「都道府県施策の経費」が謳（うた）われているように、特に地方公共団体における慢性的な財源不足という問題があった。こうした中、投票券の販売で人々の射幸心（しゃこうしん）を刺激しつつ、売り上げの一部を地方財源に組み込む手段として、公営競技は誕生したといえる。加えて、余暇を埋める材料が少ない中で、大衆に日常的な娯楽を供与

表17-1　各公営競技の概要の比較

	競馬	競艇	競輪	オートレース
法律	競馬法	モーターボート競走法	自転車競技法	小型自動車競走法
公布年月	昭和23年7月	昭和26年6月	昭和23年8月	昭和25年5月
実施目的	○畜産の振興 ○都道府県施策の経費	○船舶・海事事業の振興 ○公益の増進 ○地方財政の改善	○自転車等機械事業の振興 ○公益の増進 ○地方財政の健全化	○小型自動車等機械事業の振興 ○公益の増進 ○地方財政の健全化
監督省	農林水産省	国土交通省	経済産業省	経済産業省

し、産業振興のための資金として売上金の一部を活用させ、戦没者家族（主に母子家庭）に対しては子どもの就学時間内に勤務が収まる仕事を提供してきた経緯もある。

　日本の戦後復興の過程で、公営競技は国民生活の充実のため大きな役割を果たしてきたといえる。

２．公営競技の売り上げの推移

　各公営競技の売り上げは、多くが1990年代前半をピークとし、その後は軒並み減少傾向にある。最も多くの売り上げを記録する中央競馬でさえも、1997（平成9）年の約4兆円から2011（平成23）年には6割程度にまで減らしている。（図17-1）

　公営競技全体で見ても、1991（平成3）年と1992（平成4）年は全体の売り上げで9兆円にも迫ろうかという勢いであったものが、2011（平成23）年は4兆1,560億円となり、全盛期の半分以下にまで落ち込んでしまっている。1997年以降は対前年比で一度も増加に転じておらず、特に2009（平成21）年からは毎年で前年度比－5％以上とその低下率も著しい。

　各競技は最近、認知度を高めるために有名人などを出演させたテレビCMを展開しているが、その効果は定かではない。認知向上は新規顧客の獲得が大きな目的であるが、その一つの指標となる入場者数は売り上げと歩調を合わせるように減少傾向にある。一方で、ネット社会の進行によるインターネット投票の利用者数の割合は増加している。

　施行者の中には、こうした顧客のニーズに合わせる形で、従来の昼間開催からナイター（夜間）開催に切り替えるところもあるが、開催場単位での売り上げ増加は達成するものの、業界全体の押し上げには至っていない。こうした現状からは、新規顧客の開拓が不十分であるが故に、従来からの限られたファンを、異なる公営競技との間で、あるいは同業の施行者との間で奪い合っている状況が推察できる。

そうした中で近年、厳しい財政運営状況と相まって、各自治体首長の施策として、開催場の存続を問う論議が頻繁に行われるようになってきている。中には、そのまま廃止の事態に追い込まれる開催場も少なくない。しかし、自治体の財源としての従来のような貢献が難しくなる一方で、地域雇用の重要な受け皿として機能し、経済の活性化に寄与し続けている開催場も多い。また、年金の受給により生計が成り立っている高齢者にとって、100円から投票券を購入できる公営競技は、小額投資で終日遊ぶことができる貴重な娯楽の場でもある。

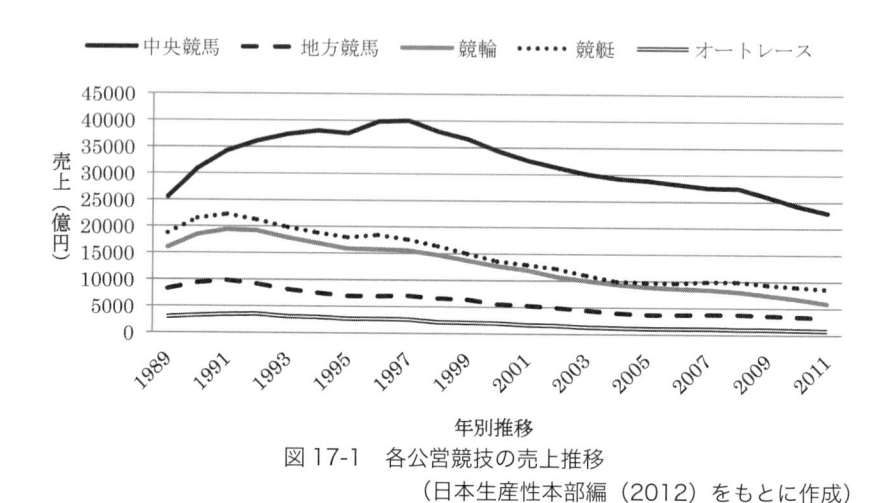

図17-1　各公営競技の売上推移
（日本生産性本部編（2012）をもとに作成）

3．公営競技としての競輪

　日本では、19世紀の終わりから20世紀の前半にかけて、新聞社などが主催する自転車競技会が開催された。1934（昭和9年）年には全国的統括組織として「日本サイクル競技連盟」も設立され、全国各地で数多くの熱戦が展開された。
　終戦後の1948（昭和23）年には車券の販売を伴う競輪の実施を許可した「自転車競技法」が成立、公布となった。その目的は、既述の通り地方

財政の健全化と公益の増進を目的とする事業の振興にあると明記された。

　日本で最初の競輪開催を主催したのは、福岡県の小倉市であった。小倉は当時、日本有数の炭鉱町であり、佐々木（1999）はこの小倉開催について、炭鉱で働く人々の生活水準は都会に比べて恵まれていたとした上で「競輪開催に最も相応しい場所であった」としている。その後、大阪の住之江競輪が追随し、翌年には19か所、翌々年には35か所など、小倉での初開催からわずか5年ほどで全国の競輪場設置は63か所に膨れ上がった。こうした短期間に競輪開催が一気に波及した要因として、前出の佐々木（1999）は

①競馬に比べて狭い敷地で済む
②市街地に建設が可能で入場者を集めやすい
③戦災都市、水害被災都市をはじめ、財政の窮乏していた地方公共団体が多かった

以上を主な要因に挙げている。つまり、当時の自治体にとって自主財源の確保が困難であったこと、そして競輪の実施が多額の収益をもたらしていたことを物語っているといえよう。

　このように、順調な滑り出しをしたかのように見えた競輪だが、様々な問題も生じた。競輪をはじめとする公営競技は、もともと浮動購買力、つまり生活資金から分離したレジャー資金を大衆から回収することに狙いがあった。しかし、開催に群がる大衆の中には給与の大半を使用し、あるいは借入金での購入を決断するような者もいたであろう、しばしば競走結果に激高した観客が暴徒と化す事件が起きた。その最たるものが1950（昭和25）年に死者1名を出した鳴尾競輪場事件である。こうした出来事をきっかけに、もともと全文17条と簡素なものであった「自転車競技法」のより細部にわたる改正と、審判員の精練化、選手の敢闘精神を鼓吹するようルール変更が繰り返し行われ、安定的な運営が実現することになった。

　現在は経済産業省の指導・監督の下で、自転車競技法に基づく競輪の開催と車券の発売、売上金の分配・活用が行われている。（図17-2）

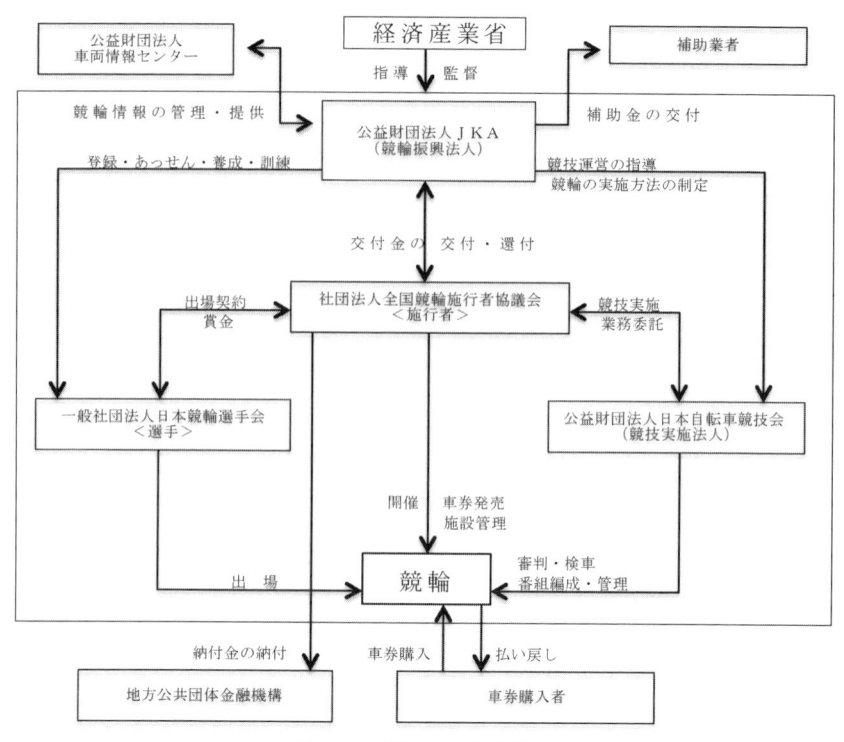

図17-2 競輪の運営機構図
（JKA編（2009年）と競輪事務所への聞き取りをもとに加筆修正）

4. 競輪の経営状況と業界の取り組み

　全国各地に展開している競輪事業の経営状況は総じて厳しい。最も多いときで全国に63か所が存在した競輪場も、2013（平成25）年3月までに44か所まで数を減らした。売り上げと本場入場者も1991（平成3）年頃をピークに、その後は軒並み減少傾向にある（図17-3）。売り上げの規模は競艇に次いで公営競技中3番目（図17-1）であるが、競艇場が全国に24か所であることからすれば、相対的に競輪は少ない売り上げを多くの施行者が分け合う形になっている。経済産業省の「競輪事業のあり方検討小委員会報告書」によれば、2009年度の各競輪施行者の収支状況は、

赤字計上が全48施行者中12施行者であり、本場開催の収入だけで計算するとそれに26施行者が加わるという。本場開催は選手賞金や人件費を含む開催経費がかさんでしまうため、他の施行者が主催する競輪の場間場外発売の受託料収入をもって、本場開催分の赤字を補てんするという構図が、多くの施行者に当てはまっている。本場開催で赤字を免れたのは10施行者のみということであった。

こうした中で近年、運営状況の健全化を目指して具体的に次のような取り組みが行われるようになってきている。

① 競輪選手数の削減：2011年末から5年間で3割の削減
② JKA交付率の引下げ：売上の2.1% → 2012年度から1.9%
③ 競輪最高会議の設置：意思決定機能の強化
④ 高額当選車券の発売：重勝式統一発売「Dokanto!」の開始
⑤ 開催方式の多様化：ガールズケイリン、ミッドナイト競輪

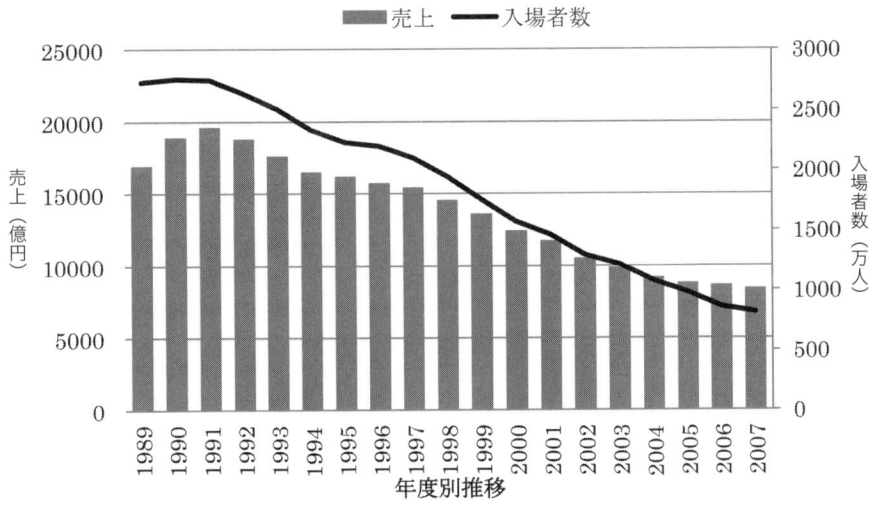

図17-3　競輪の年度別売り上げと入場者数の推移
（JKA編（2009年）をもとに作成）

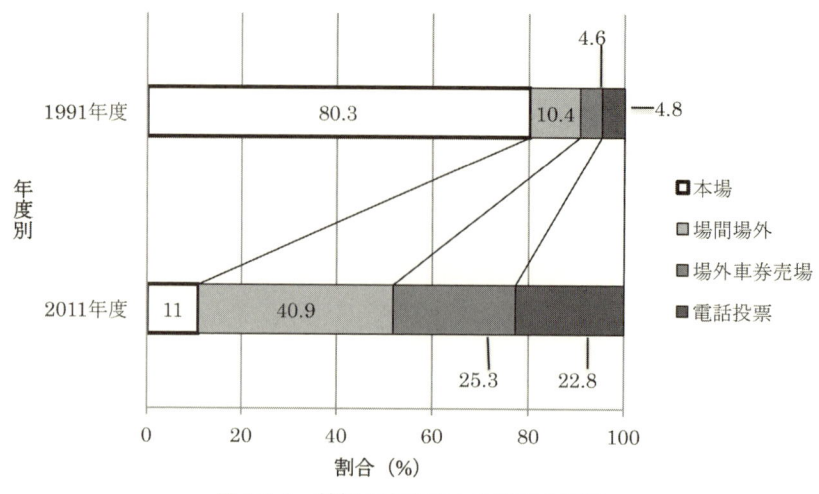

図17-4 競輪の車券売上の構成の比較
（経済産業省製造産業局車両室（2013）をもとに作成）

1991年度：本場 80.3、場間場外 10.4、場外車券売場 4.6、電話投票 4.8
2011年度：本場 11、場間場外 40.9、場外車券売場 25.3、電話投票 22.8

　施行者の開催経費の負担を減らすことを目的として①と②の取り組みが開始され、③については競輪開催に関係する「JKA」「日本自転車競技会」「全国競輪施行者協議会」「日本競輪選手会」などから代表者を集め、競輪事業の方向性を効率よく検討し、決定する組織を確立した。また、200円の車券で最高12億円の払い戻しが可能な④は、他の公営競技や宝くじが次々と最高当選金額の上限を引き上げたことへの対抗策とも受け取れよう。⑤は「ガールズケイリン」の開催で競輪のイメージアップを図り、新規顧客の獲得を目指す一方で、「ミッドナイト競輪」は車券をインターネット限定販売とすることで顧客の投票形態の変化に対応し（図17-4）、かつ本場の人件費の削減を可能とした。
　今後数年間は、赤字施行者の淘汰が進む可能性もあるが、売り上げの劇的な増加が考えにくい現状にあって、開催経費の削減に業界として着手したことは、長期的視点に立った現実的対策として一定の評価が与えられるであろう。

5．競輪に関わる仕事の実際と今後―松山競輪を事例として―

　愛媛県松山市にある松山競輪は、四国で最も早く1950（昭和25）年1月に開催を実施した競輪場である。開設当初は松山城のある現堀之内公園内に位置していたが、2005（平成17）年に同市の中央公園内に移転し、現在に至っている。これまで事業収益として公共施設整備や積立金（運用益含む）に約333億円を拠出した実績を持つが、移転整備の財源確保と起債の償還を優先しているため、近年は市の一般会計への繰り出しができていない。

　松山競輪の開催に係る職種は表17-2に示した。車券発売従事員（約150名）と競輪事務所職員（常勤・非常勤含め約15名）を除くほとんどが、委託業者との提携の下で成り立っている。昨今の競輪反対論には、経営悪化に伴う市税投入の疑義が根底にあるが、松山競輪の場合、業務委託料と従事員の人件費に加え、松山市職員である競輪事務所の職員の人件費までも、売上金のうちの払戻金を除いた25%の中から捻出している。つまり、一般会計から開催経費などの援助は一切受けない、特別会計として自立した経営体系が維持されているのである。

　一方、車券発売は1991（平成3）年度に約242億円を売り上げて以降、減少傾向にあり、2008（平成20）年度には約124億円にまで落ち込んだが、

表17-2　松山競輪開催に係る主な職種

職　種	内　容
選手	競走の実施
審判	自転車の車検、選手管理、結果の判定
撮影業者	中継、ゴール線上の写真撮影
宿舎業者	選手宿舎の維持・管理、食事提供
予想屋	競走結果の予想
従事員	車券の販売
警備員	場内・場外における保安・誘導
清掃業者	施設の維持、清掃
競輪事務所職員	競輪の開催・運営の管理・統括

（松山市競輪事務所（2012）と競輪事務所への筆者聞き取りをもとに作成）

2012（平成24）年度には約220億円にまで回復した。全国的に注目度の高いG1レースの誘致が、競輪場移転で可能となり、開催にこぎつけたことも大きな要因ではあるが、2009（平成21）年に全国的にも数少ないナイター競輪の開催を開始し、他の開催場との差別化を実現させた巧みな経営戦略も実を結んでいる。

　選手や審判、予想屋を除いても少なくとも200名以上の地域雇用を創出し、約220億円の売り上げのうち、およそ55億円を人件費や公営企業・法人に交付金として納入していることを考慮すれば、松山競輪は極めて高い公共性を維持・発揮しているといえる。

　社会の成熟化に伴い、個人の趣味や嗜好が多様化する中にあって、確かに競輪をはじめとする公営競技は従来型の経営では立ち行かない現実に直面している。しかし、野球の独立リーグチームやサッカーのJリーグチームの支援のため、自治体は惜しげもなく市税を投入する反面、同じレジャー産業である公営競技の援助には、相対的に批判めいた眼差しを向けるのはなぜか。所詮ギャンブルという偏見が盲目となり、公営競技の有用性が直視できていないように感じる。自助努力の下で規模を縮小しつつ、公共の利益に即する運営がなされている施行者に対しては、先入観によらない正当な評価が与えられるべきであろう。

　ひるがえって施行者としては、当然ながら今後もたゆまぬ経営努力が求められる。投票券購入者の高齢化は、新規顧客の獲得の遅れを示している。業界の将来性を鑑み、単に売り上げを伸ばすという視点ではなく、ファミリーレジャーとしての確立が急務である。清潔で快適な空間の整備と、家族連れでも楽しめるようなファンサービスを企画するなど、業界が一体となった多世代にわたる顧客の獲得戦略が必要である。「暗い」「汚い」「こわい」といった負のイメージの払拭が、公営競技再興に向けた大きな課題となるであろう。

（近藤　剛）

【参考資料】

1) 佐々木晃彦『公営競技の文化経済学』芙蓉書房出版、1999
2) 三好円『バクチと自治体』集英社、2009
3) 日本生産性本部編『レジャー白書2012』日本生産性本部、2012
4) 全国競輪施行者協議会編『社団法人 全国競輪施行者協議会 五十年史』全国競輪施行者協議会、2001年
5) JKA編『競輪六十年史』JKA、2009
6) 松山市競輪事務所『松山競輪事業概要平成24年度版』、2012
7) 松山市企画財政部広報広聴課『広報まつやま No.951』松山市、2001
8) 経済産業省産業構造審議会車両競技分科会「『競輪事業のあり方検討小委員会』報告書」2011
9) 経済産業省製造産業局車両室「競輪を巡る最近の状況について」2013
10) 総務省「刑法」http://law.e-gov.go.jp/htmldata/M40/M40HO045.html（参照日2013年10月15日）
11) 総務省「競馬法」http://law.e-gov.go.jp/htmldata/S23/S23HO158.html（参照日2013年10月15日）
12) 総務省「モーターボート競走法」http://law.e-gov.go.jp/htmldata/S26/S26HO242.html（参照日2013年10月15日）
13) 総務省「自転車競技法」http://law.e-gov.go.jp/htmldata/S23/S23HO209.html（参照日2013年10月15日）
14) 総務省「小型自動車競走法」http://law.e-gov.go.jp/htmldata/S25/S25HO208.html（参照日2013年10月15日）

第 18 章　スポーツ産業で活躍する資格

1. スポーツの資格

スポーツの資格というと、皆さんは何を思い浮かべるだろうか？一般的には指導者資格を思い浮かべることが多いだろう。現在スポーツ指導者向けの資格研修会は充実しており、例えば日本サッカー協会ではいくつかの級を設定し、各カテゴリーにおいては定められている級を取得していなければ、監督になることが出来ないなどしっかりと制度化されている。また日本体育協会でも指導者資格の制度が定められており（表18-1）、その資格を取得するための研修会や、更新のための研修会など様々な研修会が用意されている。指導者の多くは日々これらの研修会に参加し自らのスキルを上げようと努力している。

このような取り組みは日本スポーツ界にとって大変喜ばしいことであり、質の高い指導者がたくさん育てば、質の高い指導が全国各地で行われ

表18-1　日本体育協会公認スポーツ指導者登録者数

種類	資格名	登録者数(人)
スポーツ指導基礎資格	スポーツリーダー	247,824
競技別指導者資格	指導員	104,309
	上級指導員	14,784
	コーチ	14,988
	上級コーチ	5,092
	教師	3,830
	上級教師	1,549
フィットネス資格	スポーツプログラマー	4,759
	フィットネストレーナー	684
	ジュニアスポーツ指導員	5,436
メディカル・コンディショニング資格	アスレティックトレーナー	2,078
	スポーツドクター	5,512
	スポーツ栄養士	127
マネジメント資格	アシスタントマネジャー	5,096
	クラブマネジャー	326
旧資格	スポーツトレーナー1級	55
	スポーツトレーナー2級	128
合計(スポーツリーダーを含まない)		168,753
合計(スポーツリーダーを含む)		416,577

（平成25年10月1日現在、日本体育協会HPをもとに作成）

ることになる。ひいては日本スポーツ界のレベルが上がることにつながるのである。

このように従来の日本スポーツ界では、指導者資格においては、各団体でも様々な取組がなされ、大変充実したものになっているが、これからはスポーツ団体自体をマネジメントすることが出来る人材の育成も急務と考えられている。

昨今のスポーツ界では不透明な会計処理や体罰、セクハラ、パワハラといったような不祥事が後を絶たず、このようなことが続くようではスポーツの価値自体が損なわれかねない。そうならないためにもスポーツ団体自身に自己浄化機能が備わらなければならない。そのためにも組織のマネジメントが出来る人材の育成が急務と考えられているのである。

マネジメントの資格においては日本体育協会が行うクラブマネジャー、アシスタントマネジャー資格や日本サッカー協会が行うスポーツマネジャーズカレッジ（SMC）、SMCサテライト講座などがあり、スポーツの技術や技能といった指導の内容ではなく、組織の経営やリスクその他組織の運営に必要な知識を勉強することができる。

2. スポーツ組織のマネジメント

先ほども述べたように、今日の日本スポーツ界は危機的な状況を迎えている。特に長年の悪しき習慣が問題視されるようになってきた。不透明なお金の使い方や勝利至上主義からくる体罰、さらにはセクハラ、パワハラ等々。本来このようなことは絶対にやってはいけないことであるはずが、今までの日本スポーツ界では実際に行われていたのも事実である。しかしこういったことが今まで通り許されることは今後一切あり得ない。一刻も早くこれら悪しき習慣を改め、健全な組織経営を行なっていかなければならない。

このように厳しい目でスポーツが見られているのは、スポーツの価値が問われている時代だからである。今まで日本のスポーツは学校体育や企業

表 18-2　スポーツ基本法（抜粋）

（スポーツ団体の努力）

第五条　スポーツ団体は、スポーツの普及及び競技水準の向上に果たすべき重要な役割に鑑み、基本理念にのっとり、スポーツを行う者の権利利益の保護、心身の健康の保持増進及び安全の確保に配慮しつつ、スポーツの推進に主体的に取り組むよう努めるものとする。

2　スポーツ団体は、スポーツの振興のための事業を適正に行うため、その運営の透明性の確保を図るとともに、その事業活動に関し自らが遵守すべき基準を作成するよう努めるものとする。

3　スポーツ団体は、スポーツに関する紛争について、迅速かつ適正な解決に努めるものとする。

（スポーツ事故の防止等）

第十四条　国及び地方公共団体は、スポーツ事故その他スポーツによって生じる外傷、障害等の防止及びこれらの軽減に資するため、指導者等の研修、スポーツ施設の整備、スポーツにおける心身の健康の保持増進及び安全の確保に関する知識（スポーツ用具の適切な使用に係る知識を含む。）の普及その他の必要な措置を講ずるよう努めなければならない。

（スポーツに関する紛争の迅速かつ適正な解決）

第十五条　国は、スポーツに関する紛争の仲裁又は調停の中立性及び公正性が確保され、スポーツを行う者の権利利益の保護が図られるよう、スポーツに関する紛争の仲裁又は調停を行う機関への支援、仲裁人等の資質の向上、紛争解決手続についてのスポーツ団体の理解の増進その他のスポーツに関する紛争の迅速かつ適正な解決に資するために必要な施策を講ずるものとする。

（ドーピング防止活動の推進）

第二十九条　国は、スポーツにおけるドーピングの防止に関する国際規約に従ってドーピングの防止活動を実施するため、公益財団法人日本アンチ・ドーピング機構（平成十三年九月十六日に財団法人日本アンチ・ドーピング機構という名称で設立された法人をいう。）と連携を図りつつ、ドーピングの検査、ドーピングの防止に関する教育及び啓発その他のドーピングの防止活動の実施に係る体制の整備、国際的なドーピングの防止に関する機関等への支援その他の必要な施策を講ずるものとする。

スポーツといったように、スポーツ自体が主体ではなく、その他の仕組みの中でスポーツが行われてきた経緯がある。しかし今日においては学校や企業もスポーツを支えることが難しい状況に変化してきている。このままではスポーツ自体の存在価値が問われかねないこととなり、だからこそスポーツ自体が襟を正さなければならないのである。

　このような経緯もあり、2011年に施行されたスポーツ基本法では、第5条にスポーツ団体の努力について定めている。また同法第14条、第15

条にはスポーツ事故の防止、紛争の解決に関して、さらに同法第29条には、国に対してドーピング防止に関する取り組みを定めている（表18-2）。

　スポーツ基本法の内容を見ればわかるように、今、日本スポーツ界には技術論や戦術論的なことだけではなく、ガバナンス（組織統治）やコンプライアンス（法令遵守）といった組織のマネジメントが求められていることは明白である。我々の社会は全て法律というルールのもとで活動が行われることが原則である（法治国家）。スポーツ固有の競技規則を除けば、この原則はスポーツ界も全く同様なのである。

　昨今、こういった意識が強くなってきているのはむしろスポーツ界だけではなく、一般の社会、企業においても同じように求められていることである。なぜなら一番の理由には私たちの社会を持続可能な社会にしていくためであり、そのためには必ずガバナンスやコンプライアンスという意識はどんな組織にも必要なことなのである。

　組織のマネジメント、特にガバナンスやコンプライアンスなどが求められている今日においては、国家資格者がスポーツ界の役に立てることも少なくない。例えばスポーツ団体の経営や会計、リスクマネジメント、組織又は選手個人の権利関係等々。これらの専門家である国家資格者がスポーツ界の発展に寄与できることはたくさんある。

3．スポーツと国家資格

　前述の指導者やマネジメント資格とは少し趣が異なるが、従来、私たちが資格と言えばすぐに思い浮かぶのが国家資格である。国家資格とは簡単にいえば国が認めた資格であり、例えば医師、弁護士、行政書士、司法書士、公認会計士、税理士、弁理士、薬剤師等々の資格がある。一方で英語のTOEFLなどは、誰でもその名前を知っており、大変役に立つ資格であるが、実際には民間資格であり、国家資格ではない。医師や弁護士などを思い浮かべれば誰にでも想像がつくように、国家資格を取得するにはかなりの時間や労力が必要とされている。

一見、医療や法律、会計などの専門知識である国家資格がスポーツとどんな関係があるのだろうか？と疑問に思うこともあるだろうが、実は非常に密接に関連している。特に昨今マネジメントという観点からすれば国家資格とスポーツ界は切っても切り離せないといっても過言では無いのである。以下では、スポーツに関わりのある国家資格を紹介する。

①弁護士
　弁護士とは争いごと、特に法律上の争いに関して法律の専門家として、当人の代理人となり、その争いを解決する仕事である。また未然に争いを防ぐための法律的なアドバイスなどを行なう。弁護士の使命と役割について、日本弁護士連合会のHPには、表18-3のような記載がある。
　スポーツ界においては、選手と団体、また団体対団体などの間に起こった法律的な争い事などに関し代理人として個人や団体の権利利益を守る。また最近では体罰、セクハラ問題、さらには選手契約の代理人などの分野

表18-3　弁護士の使命と役割

【弁護士の使命】
・弁護士は、基本的人権を擁護し、社会正義を実現することを使命とします（弁護士法1条1項）。
・弁護士は、この使命にもとづいて誠実に職務を行います。
【弁護士の役割】～法律の専門家として、そして「社会生活上の医師」として～
弁護士は、法廷活動、紛争予防活動、人権擁護活動、立法や制度の運用改善に関与する活動、企業や地方公共団体などの組織内での活動など、社会生活のあらゆる分野で活動しています。
弁護士は、社会で生活するみなさんの「事件」や「紛争」について、法律の専門家として適切な予防方法や対処方法、解決策をアドバイスする「社会生活上の医師」なのです。
病気の予防が大事なのと同じように、社会生活での争いごとを未然に防ぐ活動は、弁護士の重要な役割の一つです。
弁護士が扱う事件には、大きく分けて民事事件と刑事事件があります。それぞれにおける弁護士の役割を以下で説明します。
【登録人数】(2013年11月1日現在)
弁護士：33,546名
弁護士法人：710法人

（日本弁護士連合会HPをもとに作成）

でも活躍している。

②行政書士

　行政書士とは役所に提出する書類の作成、その他権利義務、事実証明及び契約書の作成等を行なう仕事である（表18-4）。法人格の取得のための定款の作成や許認可の取得、契約書の作成など、法律的な側面からのアドバイスを行なう。

　スポーツ界においては、株式会社や財団・社団法人、NPO法人等の設立（法人定款の作成等）や外国人選手の就労ビザ、指導者派遣の許可、契約書の作成などを行なう。

　昨今では総合型地域スポーツクラブに対してＮＰＯ法人格等の取得が推奨されていることから法人格の取得などのニーズがある。

表18-4　行政書士の仕事

【行政書士とは】

行政書士は、行政書士法に基づく国家資格者で、他人の依頼を受け報酬を得て、役所に提出する許認可等の申請書類の作成並びに提出手続代理、遺言書等の権利義務、事実証明及び契約書の作成等を行います。行政において福祉行政が重視され、国民生活と行政は多くの面に関連を生じることとなり、その結果、住民等が官公署に書類を提出する機会が多くなっています。又、社会生活の複雑高度化等に伴い、その作成に高度の知識を要する書類も増加してきています。

行政書士が、官公署に提出する書類等を正確・迅速に作ることにより、国民においてその生活上の諸権利・諸利益が守られ、又行政においても、提出された書類が正確・明瞭に記載されていることにより、効率的な処理が確保されるという公共的利益があることから、行政書士制度の必要性は極めて高いと言われています。

業務は、依頼された通りの書類作成を行ういわゆる代書的業務から、複雑多様なコンサルティングを含む許認可手続きの業務へと移行してきており、高度情報通信社会における行政手続きの専門家として国民から大きく期待されています。

【登録人数】（2013年10月1日現在）
個人会員：44,159人
法人会員：317法人

（日本行政書士会連合会HPをもとに作成）

③税理士

　税理士とは個人や中小企業などの税務に関して相談や書類の作成を行なう仕事である（表18-5）。税務に関してはスポーツに関わらず、一般的な社会生活の中では必ずだれもが関係する事であり、またお金の動きであるために、一番注目される部分である。

　スポーツ界においては、スポーツ選手個人、スポーツ団体、スポーツビジネス等における税務に関する業務全般を行なう。特に高額なプロスポーツ選手の税務や、公益法人の多いスポーツ協会等の複雑な税務関係を適切に処理する。

表18-5　税理士の仕事

【税理士とは】

税理士はあなたの信頼に応えます。

・暮らしのパートナーとして

身近にいつでも相談できる親しい税理士を見つけておくことも生活の知恵です。

健康のことでホームドクターに相談するように、税金のことは税理士に「事前」に相談することがもっとも賢明な方法です。

税理士は職務上知り得た秘密を守り（守秘義務）、相談者との信頼関係を揺るがすことはありません。

・社会公共的使命をもって

公平な税負担により、住みやすい豊かな暮らしを守る。これが、税理士の社会的使命です。

時代に適合した透明な税務行政がなされるよう、公正な立場で、税理士は国への働きかけをしています。それらの使命を全うするため"税理士会"という大きな組織の力で日々活動しています。

・申告納税制度の担い手として

税理士は、税の専門家として納税者が自らの所得を計算し、納税額を算出する申告納税制度の推進の役割を担います。

正しい税金の知識を持ち、正しい納税の意識を身につけ、賢い納税者となっていただくため、税理士はその手助けを惜しみません。

【登録人数】（2013年10月末日現在）

個人会員：74,297人

法人会員：2,668法人（主たる事務所）

（日本税理士会連合会HPをもとに作成）

④弁理士

　弁理士とは知的財産権の専門家である。特許などの権利を取得する際にアドバイス及び書類の作成、代行を行なう。

　スポーツ界においては、特にプロスポーツチームのネーミングやロゴマーク、マスコット等、またスポーツメーカーなどのロゴマーク等は、ブランドとしての価値があるため、ビジネスを行なう上では権利関係を明確にしておく必要がある（商標権等）。そのための権利取得に関してアドバイスや権利取得の代行を行なう。大変大きなお金が動く分野の仕事である。

表18-6　弁理士の仕事

【弁理士の業務】
弁理士は、他人の求めに応じ、特許、実用新案、意匠若しくは商標又は国際出願若しくは国際登録出願に関する特許庁における手続及び特許、実用新案、意匠又は商標に関する異議申立て又は裁定に関する経済産業大臣に対する手続についての代理並びにこれらの手続に係る事項に関する鑑定その他の事務を行うことを業とする。

【登録人数】（2013年9月30日現在）
個人会員：10,170人
法人会員：188法人

（日本弁理士会HPをもとに作成）

⑤薬剤師

　薬剤師は町の薬局で薬を出す人と言うイメージが強いが、その社会的責任ははるかに広く、地域の生活者一人ひとりの健康づくりに寄与することまでが含まれている。薬剤師法第1条には表18-7のような記載がある。

表18-7　薬剤師の仕事

【薬剤師法第1条】
薬剤師は、調剤、医薬品の供給その他薬事衛生をつかさどることによって、公衆衛生の向上及び増進に寄与し、もつて国民の健康な生活を確保するものとする。

（日本薬剤士会HPをもとに作成）

そして今日において薬剤師の中でも一定の認定を受ける「公認スポーツファーマシスト」という制度があり、スポーツファーマシストのHPには表18-8のような記載がある。

表18-8　公認スポーツファーマシストの仕事

> 公認スポーツファーマシストは、最新のドーピング防止規則に関する正確な情報・知識を持ち、競技者を含めたスポーツ愛好家などに対し、薬の正しい使い方の指導、薬に関する健康教育などの普及・啓発を行い、スポーツにおけるドーピングを防止することを主な活動とします。
>
> 薬剤師の資格を有し、所定の課程を修めた方が、(公財)日本アンチ・ドーピング機構より認定される資格制度です。

（公認スポーツファーマシストHPをもとに作成）

　スポーツファーマシストとは昨今スポーツ界で問題とされているドーピングに関する専門家ということで注目を集めている。
　意図的にドーピングをすることは言語道断であるが、日常服用するような薬、もしくは薬局で処方される薬にはもしかしたらドーピング違反に該当される成分が含まれているかもしれない。いつも服用しているから大丈夫ではなく、しっかりとした知識を持ってスポーツをすることがこれから私たち一人ひとり、さらにはクラブ、協会等にも求められている。
　このように一見、あまり関係のなさそうなスポーツと国家資格であるが、今後日本スポーツ界が発展して行く為にはスポーツ団体も一般の会社などと同じように、組織として正しい経営をしていかなければならず、またスポーツビジネスとして規模が大きくなればなるほど様々な権利義務関係等が増え、それらを明確にしていく必要があるだろう。その様な時に専門家である国家資格者がしっかりとスポーツをサポートできるような仕組みづくりが、これからの日本のスポーツ界の発展には不可欠となる。
　本来、スポーツ界は一般の社会と何ら変わりはない。しかし今までスポーツ界独自のルール、慣習の中で、社会の常識と違った形で物事が考えられてきた部分があったことも否めない。しかし現代ではそれが全く通用しなくなってきているのである。

スポーツ基本法においては「スポーツを通じて幸福で豊かな生活を営むことは、全ての人々の権利であり、全ての国民がその自発性の下に、各々の関心、適性等に応じて、安全かつ公正な環境の下で日常的にスポーツに親しみ、スポーツを楽しみ、又はスポーツを支える活動に参画することのできる機会が確保されなければならない。」と明記されたことにより、より一層スポーツ界自体が襟を正し、権利や義務に関する意識を明確に持たなければならない。
　そんな時に専門家である国家資格者はスポーツ界にとって心強い味方となるだろう。

4. スポーツ選手の代理人

　アメリカ大リーグや海外サッカーなどの影響もあり、今日、スポーツ選手の代理人という仕事にも興味が寄せられている。代理人とは選手に代わりクラブやチームと年俸の交渉をしたり、その他選手の活動に関してベストな活動をすることができるよう、様々なお手伝いをする仕事である。

表 18-9　プロ野球代理人の条件と人数

【代理人の条件】
1.代理人は日本弁護士連合会所属の日本人弁護士に限る。
2.一人の代理人が複数の選手と契約することは認められない。
3.選手契約交渉における選手の同席に関して、初回の交渉には選手が同席する。二回目以降の交渉について、球団と選手が双方合意すれば、代理人だけとの交渉も認める。二回目以降は、選手が同席していた場合でも、双方合意すれば、選手が一時的に席を外し、代理人だけとの交渉となることも認める。
【代理人の人数】（2010年1月時点）
選手会登録代理人：236名
（うち弁護士233名、メジャーリーグ選手会公認代理人3名）
弁護士代理人経験者：61名

（日本プロ野球選手会HPをもとに作成）

昨今ではプロ野球とＪリーグの選手に関する代理人に注目が集まっている。プロ野球代理人とＪリーグ選手代理人の要件は、それぞれ表 18-9、表 18-10 のような要件である。

表 18-10　日本サッカー協会（JFA）公認代理人の条件と人数

【代理人の条件】
1.JFAがライセンスを発行したJFA認定選手エージェント
2.外国サッカー協会がライセンスを発行した外国サッカー協会認定選手エージェント
3.日本の弁護士法に基づく弁護士
4.親、兄弟、配偶者
【代理人の人数】（2011年11月時点） 日本サッカー協会認定選手エージェント：45名

（日本プロサッカー選手会HPをもとに作成）

　日本では従来、マネージャーという職業が選手の活動をサポートしており、特に芸能事務所などがその役割を担ってきた。現在でも芸能事務所をはじめ、様々な形態のマネジメント事務所が存在し、その中でも特に選手の移籍や報酬に関する話を選手に代わって行なう者を代理人と呼んでいる。誰でもなれるわけではなく、上記のような資格が必要となっている。
　このような交渉は本来選手自身が行うものであるが、どうしても選手自身では契約先のクラブや会社に対して対等に話をすることが出来ない、お金の話をすることが苦手、法律的な話が多くよくわからない、というような実情もあり、選手にとってベストな契約内容となるよう、本人に代わって代理人がその交渉を行なうケースが増えてきたのである。
　しかし日本人はそもそも選手の移籍ということに関して否定的な部分が強く、また日本のスポーツ界では選手の立場が協会やクラブなどより弱い傾向があるため、まだまだ代理人という制度自体が活用されていないという問題もあり、今後、選手側の権利意識の向上と、それを受け入れるスポーツ界の認識が急務とされている。

5. 資格という武器を使ってスポーツ界へチャレンジ

　いまだスポーツ界と言うと特殊な世界を想像しやすいが、一般の社会と大きな違いは無い。通常の会社であれば組織のマネジメント向上のために資格の活用は当たり前のように行われている。

　今後日本のスポーツ界においても組織のマネジメント、特にガバナンスやコンプライアンス等が求められている。またたくさんの人々から支援を頂くには自分たち自身が襟を正さなければならない。そのためにも資格という専門的な武器をもってスポーツ業界で活躍できる人材は大変貴重な存在になり得るのである。他人とは違う武器を持つことが成功への近道なのである。

　「ONE OF THEM（その他大勢）」となるのか「ONLY ONE（自分にしかできない）」となるのかは自分自身の努力次第。これはスポーツ界だけの話ではなく、社会全般に言えることなのである。

（谷塚　哲）

【参考資料】

1) 日本体育協会「スポーツ指導者登録者数」http://www.japan-sports.or.jp/coach/tabid/248/Default.aspx
2) 日本弁護士連合会「弁護士の使命と役割」http://www.nichibenren.or.jp/jfba_info/lawyer/mission.html
3) 日本行政書士会連合会「行政書士とは？」http://www.gyosei.or.jp/information/introduction/
4) 日本税理士会連合会「税理士とは」http://www.nichizeiren.or.jp/taxpayer/about.html
5) 日本弁理士会「弁理士の業務」http://www.jpaa.or.jp/?cat=788
6) 日本薬剤師会「薬剤師とは」http://www.nichiyaku.or.jp/kokumin.php?global_menu=薬剤師と薬局のこと&side_menu=薬剤師とは&id=628
7) スポーツファーマシスト「スポーツファーマシストの定義」http://www.playtruejapan.org/sportspharmacist/about/index.html
8) 日本プロ野球選手会「公認代理人制度」http://jpbpa.net/system/problem.html
9) 日本プロサッカー選手会「エージェント」http://www.j-pfa.or.jp/activity/agent

国際競技力向上のための情報戦略

　日本が夏季オリンピックの直近3大会で獲得した金メダルの数は16個（アテネ2004）、9個（北京2008）、7個（ロンドン2012）と右肩下がりであり、我が国の国際競技力は著しく低下傾向にある。

　さて、この情勢分析は果たして正しいと言えるだろうか。確かに「金メダル」に限って言えば、それを生み出す TEAM JAPAN の総合力の低下を指摘することもできるだろう。だが別の視点から現状を観察してみると、日本の国際競争ポジショニングの異なる側面が浮かび上がる。

　右の図表は、2012年ロンドンオリンピック競技大会における総メダル獲得数上位5カ国・地域＋日本の「メダル獲得数」及び「メダル獲得競技数」を、2008年北京大会と比較したものである。一般的に、国際競技力は金メダル獲得数や総メダル獲得数で比較・評価されることが多いが、ここでは特にメダル獲得数とメダル獲得競技数の関係性について注目してみる。

　メダル獲得数を増やした国のほとんどはメダル獲得競技数も増やしており、逆にメダル獲得数を減らした国はメダル獲得競技数も減らしている。一見、当たり前のように思えるかも知れないが、もう一歩踏み込んで、この二つの指標の関係性の中で、どのような「変化」が生まれているのかを見てほしい。

　例えば英国はロンドン大会において、メダル獲得競技数を5つ増やして大幅な躍進を遂げている。従来のメダル獲得競技を失わずにメダル獲得数を増加させつつ、新たに5競技が表彰台に上がった。自国開催でのオリンピックに向けた強化戦略の方向性をうかがい知ることができる。

　一方、ドイツはトップ5カ国・地域の中で唯一、メダル獲得数を伸ばしながら、大幅にメダル獲得競技数を減少させた国である。これは、限られた競技でより多くのメダルを獲得したことを意味する。「選択と集中」による戦略的強化の可能性を示唆している。

　このように、定量的な傾向から現状を把握していくことは情報戦略の基本的なアプローチだが、特にその実務において重要なことは、確認された傾向を眺めながら「So what?」「Why so?」と繰り返し問うことである。一つの新たなメダルが生まれる背景には、アスリートのパフォーマンス発揮・向上に繋がる、直接的・間接的な、あるいは短期的・中長期的な、幾重もの人・チーム・組織の営みの進歩や新たな枠組み・仕組みの創出がある。データや情報の表層に留まることなく、「これは何に対してど

のような意味を持っている事象なのだろうか」「なぜそのような分析結果が見られるのだろうか」と問い、さらに掘り下げて情報を収集・分析し、それぞれの現場の判断や決断に資する情報（Intelligence）を組み立てていくのである。

つまり、スポーツ情報戦略における「数字」とは、現実に即した問題解決を図るための思考の扉を開ける「鍵」である。鍵を手に入れることは重要だが、扉を開けてはじめて時間は動き出す。

図・表：2012年ロンドン大会総メダル獲得数トップ5カ国・地域＋日本におけるメダル獲得数及びメダル獲得競技数に関する2008年北京大会との比較

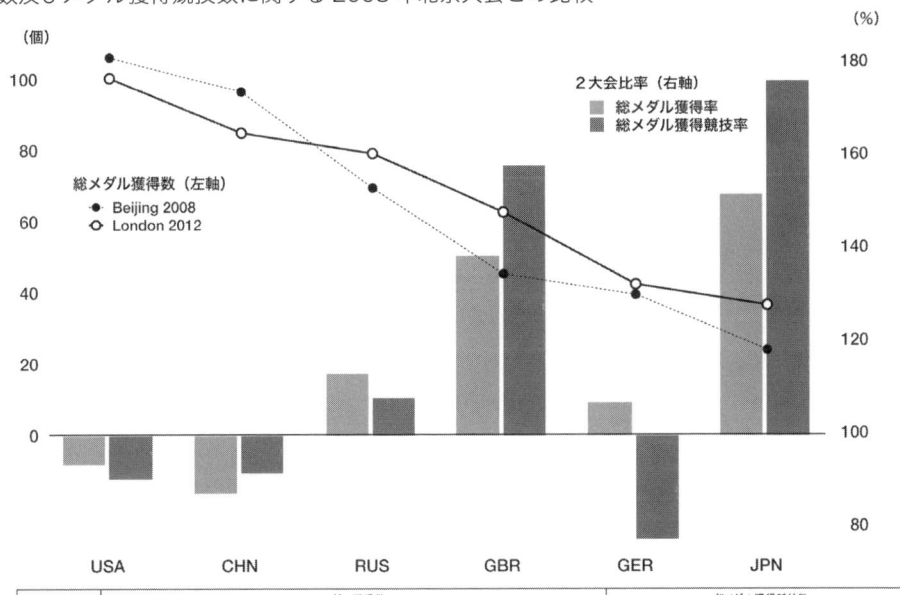

			メダル獲得数										総メダル獲得競技数					
			2012					2008					2012		2008			
	総メダルランク	金(個)	銀(個)	銅(個)	合計(個)	総メダル獲得率(%)	総メダルランク	金(個)	銀(個)	銅(個)	合計(個)	総メダル獲得率(%)	2大会比率(%)	競技数(競技)	全体における割合(%)	競技数(競技)	全体における割合(%)	増減(競技)	追加(競技)	削減(競技)	2大会比率(%)
		a	b	c	d(a+b+c)	f(d/e)		a'	b'	c'	d'(a'+b'+c')	f'(d'/e')	g(f/f')	h	j(h/i)	h'	j'(h'/i')	k(h-h')	l	m	n(g/j)
アメリカ(USA)	1	46	29	29	104	10.8%	1	36	38	36	110	11.5%	94%	16	61.5%	19	67.9%	-3	1	4	91%
中国(CHN)	2	38	27	23	88	9.1%	2	51	21	28	100	10.4%	88%	17	65.4%	20	71.4%	-3	1	4	92%
ロシア(RUS)	3	24	26	32	82	8.5%	3	23	21	28	72	7.5%	113%	16	61.5%	16	57.1%	0	3	3	108%
イギリス(GBR)	4	29	17	19	65	6.8%	4	19	13	15	47	4.9%	138%	16	61.5%	11	39.3%	5	5	0	157%
ドイツ(GER)	5	11	19	14	44	4.6%	6	16	10	15	41	4.3%	107%	13	50.0%	18	64.3%	-5	2	7	78%
日本(JPN)	6	7	14	17	38	4.0%	11	9	6	10	25	2.6%	151%	13	50.0%	8	28.6%	5	7	2	175%
総数		302	304	356	962			302	303	353	958			26		28					

（阿部篤志）

プロスポーツを支えるトレーナー

　プロスポーツの世界では、人々の脚光を浴びるのはほとんどの場合、選手と監督だけに限られる。ときどきオーナーやコーチ、あるいは二軍選手なども取り上げられることはあるが、やはり主役は一軍の前線で活躍する選手たちである。

　しかし、プロスポーツの世界が限られた選手だけで成り立っているなどとは、誰も考えていないだろう。選手たちの後ろでは、コーチやトレーナー、トレーニングコーチ、セラピスト、広報や事務など、数多くの裏方が選手たちを支えている。

　私は現在、米ピッツバーグ・パイレーツでストレングス＆コンディショニングコーチを務めているが、これは日本で言うところのトレーニングコーチが最も近い役割であると思う。

　日本では「トレーナー」といっても、その定義があまりはっきりとしていないように思われる。なぜなら、日本ではトレーナーの仕事あるいは役割というものが、とても広範囲にわたるからだろう。選手の怪我の治療や予防、あるいはマッサージや鍼灸、そしてトレーニングの指導に健康・運動の指導、さらには栄養指導からメンタル面の指導まで行っていると認識している。

　日本体育協会のHPには、アスレティックトレーナーについて次のように規定した説明が掲載されている。

「機能解剖や運動学に関する専門的な知識を有し、スポーツ活動現場において、スポーツドクター及びコーチとの緊密な連携・協力のもとに、競技者の健康管理、スポーツ障害・外傷の予防、応急処置、アスレティックリハビリテーション及び体力トレーニング、コンディショニングなどにあたる方のための資格です」

　実はスポーツメディシンが発展した国では、アスレチックトレーニング、ストレングス＆コンディショニングのそれぞれの分野にそれぞれの資格を持ったプロがいて、高度で専門性の高い指導が行われている。

　このようなシステムが、高校からプロまでのレベルにおいてほぼ全国で確立されており、仕事内容が明確に分業されているので、一流の

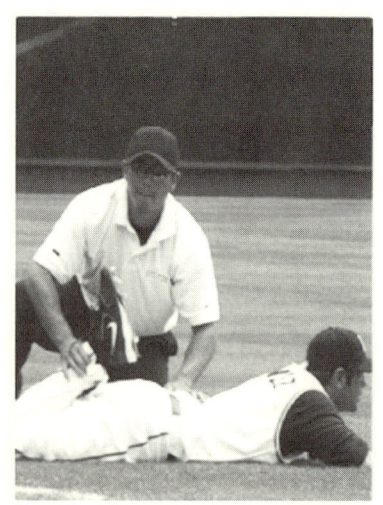

ピッバーグ・パイレーツで選手のケアをする筆者

コラム7

プロアスリートが段階を踏んで彼らの持つべきポテンシャルに最大限近づけるようにシステム化されているのである。

WBCでの優勝を経験

ピッツバーグ・パイレーツでの私の仕事は、選手の適切なトレーニングや食事、体調の調整方法などをサポートするというものだ。

もともと青年海外協力隊の野球部員として、私はコスタリカ共和国で2年間、少年野球の指導にあたった。その後、さらにトレーニングについて勉強したいと思い、米国セントラルフロリダ大学で学び、インターンシップなどを通してピッツバーグ・パイレーツにお世話になることになった。15年ほど前の話である。

その縁もあって2013年のWBCでは、メジャーリーグ機構から第一ラウンドの行われるプエルトリコにて、ドミニカ、ベネズエラ、スペイン、プエルトリコの4チームのサポートをするよう要請を受けた。

実際には、ドミニカ以外の3カ国のチームには、それぞれ専門のストレングス＆コンディショニングコーチが付いていたため、私はドミニカの選手をほぼ付きっきりで面倒みることになった。

第一次予選を通過し、本来ならば、フロリダのキャンプ地に戻るはずだったが、ドミニカチームの監督や選手から引き続き帯同してくれと要請され、さらに第二ラウンド、そして最終ラウンドまでサポートさせてもらうことができた。今回の大会でそのドミニカが優勝したのは、もちろん超一流の選手たちの実力であることは言うまでもないが、彼らの試合に対する取り組み、（これは試合に対するフィジカルな面での準備も含め）個人個人の意識の高さの賜物といえる。

2013年WBCでは、トップレベルの選手たちとともに仕事ができ、彼らの意識の高さに感動し、その上、全勝優勝するという、最高にエキサイティングな経験をさせていただいた。そして、スポーツの裏舞台ではコーチ、アスレティックトレーナー、そしてストレングス＆コンディショニングコーチ、多くのアスリート以外のプロが、選手たちを支えていることを改めて実感した。それが現在の、一流のアスリートを取り巻く世界なのである。

（百瀬喜与志）

第六部　スポーツイベント・旅行の産業

第 19 章　スポーツイベント産業

1. スポーツイベントの分類

　スポーツイベントの種類には、世界規模で開催されるオリンピックやFIFA ワールドカップに代表されるメガスポーツイベントから、地域で行われる野球大会や運動会などのコミュニティースポーツイベントまで幅広い（表 19-1）。その内容も、純粋な競技として行うものから、健康増進やコミュニケーションを目的とするものまで様々である。日本では、こうした多種多様なスポーツイベントは、規模や競技レベル、そして目的に応じて、別のものとして実施されることが多かった。

　しかし、2007（平成 19）年に開催された東京マラソンの成功をきっかけに、エリートランナーと市民ランナーが同時に走る大規模市民マラソンが全国各地に広まるなど、スポーツの機能・役割を様々な形で掛け合わせることで、新たな需要が生まれている。

　プロ野球やJリーグなどのようにプロスポーツを見ることで自己実現をすることができるのもスポーツイベントの特長である。ここには独特の

表 19-1　スポーツイベントの分類と主な大会例

	プロ・エリートスポーツイベント		生涯スポーツイベント	
	総合種目開催型	単一種目開催型	総合種目開催型	単一種目開催型
国際レベル	・オリンピック ・パラリンピック ・ユースオリンピック ・ユニバーシアード ・ワールドゲームズ	・FIFAワールドカップ ・ラグビーワールドカップ ・世界陸上競技選手権 ・ワールドベースボールクラシック	・スペシャルオリンピックス ・デフリンピック ・世界移植者スポーツ大会 ・ワールドマスターズゲームズ ・コーポレートゲームズ	・ホノルルマラソン ・キンボールワールドカップ ・世界マスターズ柔道選手権 ・世界マスターズ水泳選手権
複数国レベル	・アジア競技大会 ・東アジア競技大会 ・アジアユース大会 ・アジアパラ競技大会 ・アフリカ競技大会	・東アジア女子サッカー選手権 ・アジアシリーズ（野球） ・四大陸フィギュアスケート選手権	・国際チャレンジデー ・パンパシフィック・マスターズゲーム ・アジア太平洋ろうあ者スポーツ大会	・アジアベテランズロード選手権 ・日韓親善トライアスロン ・日豪親善ジュニア・ゴルフ大会 ・日米スーパーシニア親善野球大会
全国レベル	・国民体育大会 ・全国高等学校総合体育大会 ・全国中学校体育大会	・ライスボウル ・都市対抗野球大会 ・大相撲 ・全国大学駅伝対抗選手権 ・全国高等学校野球選手権	・ねんりんピック ・全国障害者スポーツ大会 ・全国スポーツ・レクリエーション祭 ・日本スポーツマスターズ ・全日本高齢者武道大会	・東京マラソン ・日本スリーデーマーチ ・湘南オープンウォータースイミング ・全国グラウンドゴルフ交歓大会 ・全日本世代交流ゲートボール大会 ・全国ママさんバレーボール大会
地域レベル	・国民体育大会予選 ・全国高等学校総合体育大会予選 ・全国中学校体育大会予選	・西日本社会人サッカー大会 ・関西学生アメリカンフットボールリーグ ・ボクシング東日本新人王トーナメント	・都市間交流スポーツ大会 ・県スポーツレクリエーション祭 ・都民体育大会	・九州少年ラグビー交歓会 ・シルバー太極拳近畿交流大会 ・市民スポーツ大会（各種）

（笹川スポーツ財団（2011）をもとに作成）

ファン心理を基にした構造がある。その一方で自己実現を主体的に行っていくものとして、従来、スポーツイベントは「するスポーツ」「見るスポーツ」「支えるスポーツ」と自由な形で参加することができることから参加型スポーツイベントの需要が高まっている。

2. スポーツイベントの価値

スポーツイベントの基本的な価値は、主に「コミュニケーション価値」「社会価値」「経済価値」の3要素からなる。3つの価値は、相互に関係を持ち、単体での成立は基本的にはあり得ない。まさに「3本の矢」ともいえる三位一体の存在である。

基本的にブランドを形成する価値の構造は、図19-1に示すようなコア・バリューを中核に6つの価値が取り囲むハニカム構造を成している。ち

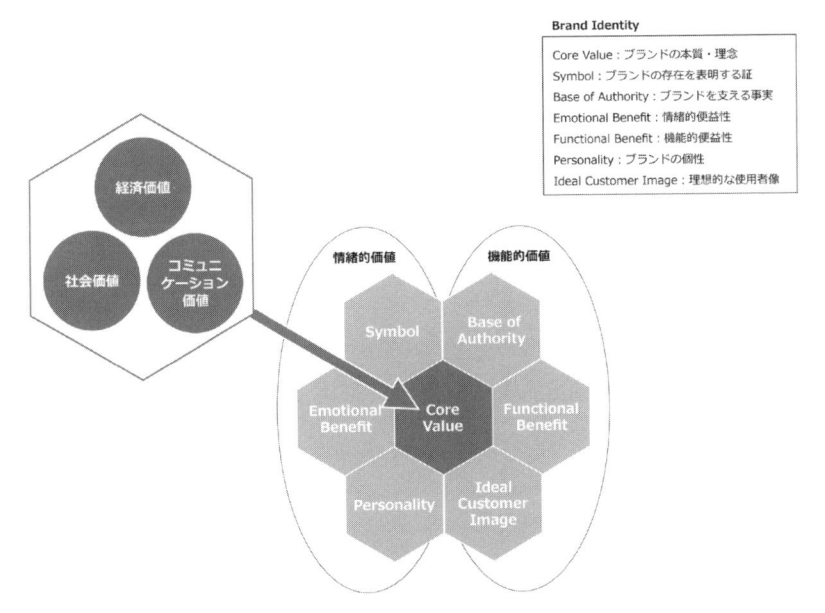

図 19-1　ブランド価値の構造とスポーツイベントにおけるコア・バリュー
（電通ハニカム・モデルをもとに作成）

表 19-2　主なスポンサーメリット

	項目	内容
1	広告露出 Signage & Advertising	・競技エリア周りに設置された広告看板、会場内大型映像装置によるＣＭ放映等
2	名義表示/ 呼称 Identification	・タイトル看板、メディア資料、公式印刷物などへの社名などの表示 ・イベントスポンサーとしての公式呼称名義の使用権
3	ホスピタリティ Hospitality	・自社エグゼクティブクラス、来賓等の招待観戦機会の提供 ・会場内特設ホスピタリティスペースの利用機会の提供 ・イベント公式行事への参加機会の提供
4	プロモーション権 Promotional Rights	・会場内での独自のプロモーションスペースの設置機会の提供 ・その場での各種プロモーション活動の実施
5	マーケティング権 Marketing Rights	・イベントおよび主催組織の公式商標、意匠等の広告利用の許諾 ・イベント出場選手、チームなどの一定条件下による肖像、名称等の広告利用の許諾（写真、映像を含む） ・チケットの事前優先購入およびチケットの販売促進利用の許諾
6	マーチャンダイジング/ ライセンシング権 Merchandising & Licensing Rights	・一定条件下による「マーケティング権」を活用したプレミアムグッズの製造の一時的許諾 ・一定条件下による「マーケティング権」を活用した商品パッケージ作成の一時的許諾

なみにスポーツイベントにおけるコア・バリューは、前述の3つの価値「コミュニケーション」「社会」「経済」から成る。さらに図の左側3つとコア・バリューで「情緒的価値」を形成し、右側3つとCore Valueで「機能的価値」を形成すると考えられる。

①コミュニケーション価値
　スポーツイベントのブランドを形成するコア・バリューの一つ、コミュニケーション価値は、主に、メディアを通して形成される情報価値である。

②社会価値

　主な社会価値として、ソーシャル・キャピタル（あえて和訳するならば社会関係性資源）の向上といえる機能・効果がある。いわば「絆」とか「結束力」といえるものだ。

　スポーツイベントの持つソーシャル・キャピタル向上の効用として、犯罪の低減効果が認められている。図19-2は、2002（平成14）年に内閣府の行った調査結果だが、「ボランティア活動への参加数が多い地域」（ソーシャル・キャピタルの強い地域）は犯罪件数も少ないことを示している。

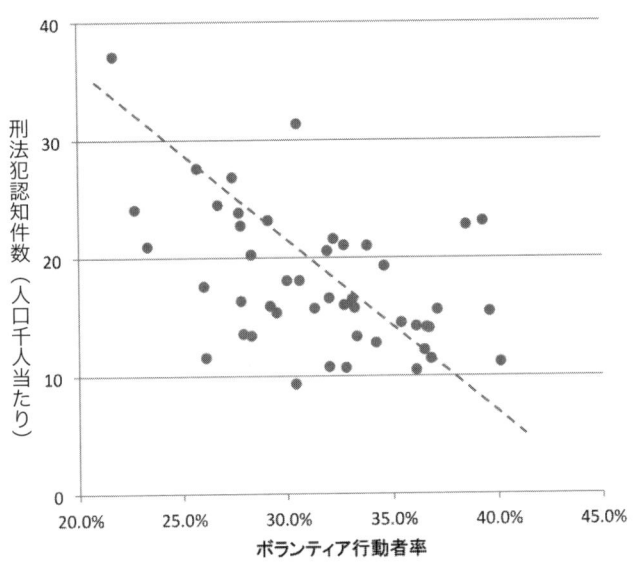

図19-2　ボランティア活動行動者率と犯罪件数
（内閣府国民生活局市民活動促進課調査（2003年）をもとに作成）

　さらに、スポーツイベントとソーシャル・キャピタルの関係として、欧州における自国の代表がサッカー大会を戦っている月には、自殺者が例年より少ないというデータがある（クーパーら、2010）。表19-3は、その国がワールドカップか欧州選手権を戦っていた6月の平均自殺者数が、戦っていなかった6月の平均よりどれだけ少なかったかを示す。

表 19-3　サッカー代表戦の開催と自殺者数

	主要大会があった6月に「救われた命」		主要大会があった年に「救われた命」	
	男性	女性	男性	女性
オーストリア	9	-3	46	15
チェコ	14	6	55	12
デンマーク	4	4	37	47
フランス	59	8	95	82
ドイツ	30	14	61	39
ギリシャ	0	5	9	13
アイルランド	2	1	19	-10
オランダ	-5	0	-10	-1
ノルウェー	19	(男女計)	92	(男女計)
スペイン	4	1	2	-3
スウェーデン	4	15	44	16
スイス	-1	-2	20	2

※ノルウェーの統計は男女別ではなかった
(クーパー、シマンスキー (2010) をもとに作成)

③経済価値

スポーツイベントから派生する経済波及効果（額）は、イベント開催に直接関係する投資や消費などの「直接効果」から、直接効果に誘発される「間接効果」が数次にわたって波及効果を生み、それら全体の発生総額である。スポーツイベントの経済波及効果については、次項に詳しく述べる。

3. スポーツイベントの経済波及効果

「経済波及効果」という言葉を新聞記事やテレビニュースなどでよく耳にする。2011（平成23）年に女子サッカー日本代表チームがFIFA女子ワールドカップ・ドイツ大会で優勝した際に、「なでしこ経済効果1兆

円」というニュースがテレビや新聞、インターネット上をにぎわせたように、経済波及効果は、2002年FIFAワールドカップ日韓大会、2005年愛・地球博などのメガイベントの開催時に試算、公表されるケースが多い。

　このように、経済波及効果が社会的に注目される理由は、経済波及効果が経済の活性化を測る重要な指標であり、自治体や官公庁が政策形成や財政政策の判断材料に活用しているからである。併せて、経済波及効果が報道されることにより、社会全体が盛り上がり、人々の気分が明るくなるという効果もこの指標が注目される理由のひとつと考えられる。

　次に経済波及効果の意味について簡単に説明をする。経済波及効果とは、ある商品(財やサービス)の需要が発生すると、それを製造するために他の商品の需要が生み出され、さらにそれらを製造する様々な産業の生産が誘発されることである。例えば、あるイベントを開催したとしよう。イベント主催者はイベント制作会社に依頼(発注)する。依頼を受けたイベント制作会社は、イベントの準備、実施のために必要な様々な業種の協力会社に業務を依頼(発注)し、さらに協力会社は業務遂行に必要な製品や原材料などを購入する。

　また、このイベントが開催されることにより、来場者は交通費や宿泊費を負担して会場に足を運ぶ。このとき支払った交通費は、その一部が車輌を運行するために必要な燃料やメンテナンスに必要な部品などを販売する企業に支払われるし、宿泊費の一部は、部屋の備品やシーツなどのクリーニング、調理に必要な食材などを販売する企業に支払われる。このように主催者が支払った事業費は、イベント制作会社のみならず、周辺の様々な企業の生産活動を活発化させるのである。経済波及効果とは、このような一連の製品や原材料・サービスなどの合計を貨幣価値で表現したものである。

　経済波及効果の種類は、直接効果と間接効果(一次波及効果、二次波及効果)である（表19-4)。

　スポーツイベントの経済波及効果は表19-5のとおりである。スポーツイベントの直接効果は8,218億5,700万円であり、その内訳は主催者事業費が504億7,800万円、来場者消費支出が7,713億7,900万円である。そして、直接効果と一次波及効果の合計は1兆3,917億4,200万円であり、

表 19-4　経済波及効果の種類

効果性		内容	例
直接効果		イベント開催に直接関係する投資や消費など。	・主催者がイベント制作会社に支払う事業費や会場費等 ・来場者が負担する交通費、宿泊費、飲食費等
間接効果	一次波及効果	直接効果が誘発する新たな生産の連鎖。	・会場内の装飾に必要な原材料費や会場内の照明 ・エアコンなどの燃料費等
	二次波及効果	直接効果及び間接効果（一次波及効果）が喚起した新たな生産は、その一部が波及先企業の雇用者の所得等となり、再び各産業に投入（消費）され、更なる経済連鎖を発生させる。	

表 19-5　スポーツイベントの経済波及効果総括表

	総支出額（百万円）	直接効果 (A)	間接効果 一次波及効果 (B)	間接効果 二次波及効果 (C)	合計 (D)=(B)+(C)	一次波及効果まで合計 (E)=(A)+(B)	二次波及効果まで合計 (F)=(A)+(B)+(C)	一次波及効果まで合計 (E)/(A)	二次波及効果まで合計 (F)/(A)
主催者事業費	55,167	50,478	54,205	23,803	78,009	104,683	128,487	2.07	2.55
来場者消費支出	803,145	771,379	515,679	363,865	879,545	1,287,058	1,650,924	1.67	2.14
合計	858,312	821,857	569,885	387,669	957,553	1,391,742	1,779,411	1.69	2.17

二次波及効果を含めた合計は 1 兆 7,794 億 1,100 万円である。

　直接効果に対する誘発効果は、一次波及効果までで 1.69 倍、二次波及効果を含めると 2.17 倍である。表 19-6 は、スポーツイベントが各産業に与える経済波及効果が大きい産業の上位 10 部門について、全産業の経済波及効果合計に対する構成比をまとめたものである。経済波及効果がもっとも大きい産業は「商業」で、5,064 億 5,100 万円 (28.5%) である。

　これは、来場者による商品購入費が直接効果に大きく影響していることに加え、スポーツイベントに関連する物品の多くが卸売・小売などの商業を経由して購入されるためである。

表19-6　スポーツイベントの産業別経済波及効果（上位10産業）

順位	産業区分	直接効果	一次波及効果	二次波及効果	生産波及効果合計	構成比（%）	累積構成比
1	商業	411,015	40,661	54,775	506,451	28.5	28.5
2	運輸	215,081	68,618	24,262	307,960	17.3	45.8
3	対個人サービス	141,870	3,126	35,802	180,798	10.2	55.9
4	対事業所サービス	11,121	102,117	26,056	139,294	7.8	63.8
5	金融・保険	0	84,626	25,238	109,864	6.2	69.9
6	不動産	0	21,986	56,211	78,207	4.4	74.3
7	情報通信	0	47,710	20,755	68,466	3.8	78.2
8	分類不明	42,771	5,690	1,587	50,047	2.8	81.0
9	飲食料品	0	15,791	28,721	44,512	2.5	83.5
10	石油・石炭製品	0	30,667	8,991	39,658	2.2	85.7

4. アテネオリンピック競技大会における国内の経済波及効果

　2004（平成16）年のアテネオリンピック競技大会（開催地：ギリシヤ・アテネ、開催期間：2004（平成16）年8月13日〜29日）に関連する日本国内での直接的な消費支出額は4,072億円、経済波及効果は全体で8,857億円と推計された。なお、経済波及効果は、短期的で直接的なものと、長期的で間接的なものに分けられるが、本試算では短期的、直接的な経済効果を対象とし、かつ、海外での開催であることから、特に消費支出に伴うものを推計の対象としている（図19-3）。

　経済波及効果推計のために実施したアンケートでは、この機会に薄型テレビに買い換えたい(買いたい)という人は全体の4.7%であり、正味率などを勘案したアテネオリンピック大会に伴う薄型テレビ購入総額は、アテネオリンピック大会に伴う消費支出総額の46%と推計されている。その他、同アンケートでは、テレビでオリンピック中継を見たいという人が88%、自宅や友人の家で観戦会を開きたいという人が15%となっている。

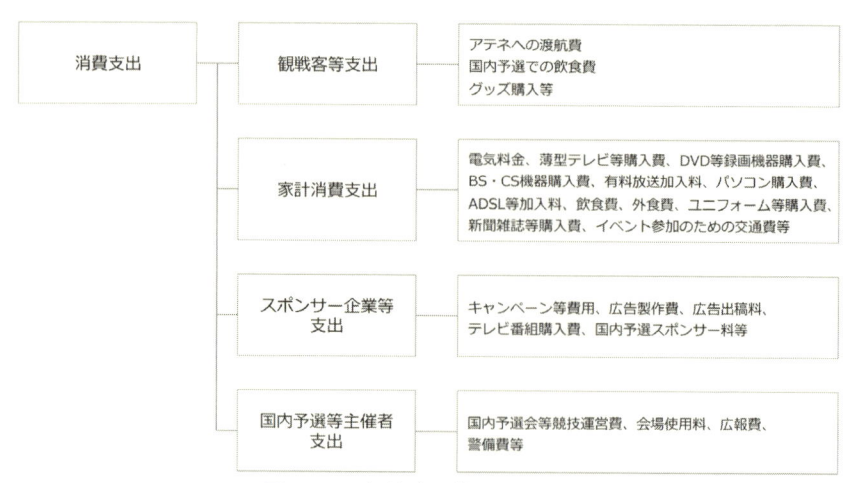

```
消費支出 ─┬─ 観戦客等支出 ───── アテネへの渡航費
         │                    国内予選での飲食費
         │                    グッズ購入等
         │
         ├─ 家計消費支出 ───── 電気料金、薄型テレビ等購入費、DVD等録画機器購入費、
         │                    BS・CS機器購入費、有料放送加入料、パソコン購入費、
         │                    ADSL等加入料、飲食費、外食費、ユニフォーム等購入費、
         │                    新聞雑誌等購入費、イベント参加のための交通費等
         │
         ├─ スポンサー企業等 ── キャンペーン等費用、広告製作費、広告出稿料、
         │    支出            テレビ番組購入費、国内予選スポンサー料等
         │
         └─ 国内予選等主催者 ── 国内予選会等競技運営費、会場使用料、広報費、
              支出            警備費等
```

図19-3　経済波及効果推計の範囲

表19-7　アテネオリンピック大会による消費押し上げ効果

	金額（百万円）	構成比（%）
予選・国内代表選考会関連消費支出	44,556	10.9
観戦ツアー代	1,100	0.3
電気料金	2,851	0.7
デジタル家電等購入費	297,989	73.2
国内イベント等関連消費支出	600	0.1
飲食費	25,532	6.3
グッズ等購入費	8,646	2.1
新聞・雑誌等購入費	9,970	2.4
企業の各種キャンペーン等費用	16,000	3.9
総計	407,244	100.0

表 19-8　アテネオリンピック大会の産業別経済波及効果

	生産誘発額		付加価値誘発額		雇用者所得誘発額	
	百万円	構成比(%)	百万円	構成比(%)	百万円	構成比(%)
第一次産業	10,199	1.2	5,731	1.3	905	0.4
第二次産業	455,415	51.4	157,363	36.2	81,363	35.4
鉱工業	448,791	50.7	154,239	35.5	79,068	34.4
建設業	6,624	0.7	3,124	0.7	2,296	1.0
第三次産業	420,045	47.4	271,439	62.5	147,797	64.2
商業	112,732	12.7	79,812	18.4	54,951	23.9
金融・保険・不動産業	59,182	6.7	45,943	10.6	10,254	4.5
運輸・通信業	73,994	8.4	39,443	9.1	21,390	9.3
サービス業	147,094	16.6	92,164	21.2	57,188	24.9
その他	27,043	3.1	14,076	3.2	4,015	1.7
総計	885,658	100.0	434,533	100.0	230,066	100.0

　これらの調査結果は、2003（平成15）年頃から急速に普及し始めたデジタルカメラ・DVDレコーダー・薄型テレビなど「デジタル三種の神器」を中心としたデジタル家電が人気となるなかで、オリンピック競技大会による購入の前倒しが起こったことを示唆している（表19-7）。アテネオリンピックに関連した消費支出額4,072億円は、その2.18倍の8,857億円の生産を誘発している。また、付加価値誘発額は4,345億円、うち雇用者所得誘発額は2,301億円である。これを産業別に見てみると（表19-8）、生産誘発額については、第二次産業で4,554億円（51.4%）、第三次産業で4,200億円（47.4%）とほぼ同程度の波及効果をもたらしている。付加価値誘発額については、第三次産業が2,714億円と全体の62.5%を占め、第二次産業の1,574億円（36.2%）を大きく上回っている。また、雇用者所得誘発額も、付加価値誘発額と同様に、第三次産業が1,478億円（64.2%）、第二次産業が814億円（35.4%）になるなど、第三次産業への効果が大きい。

5. スポーツイベントのマネジメント

1984（昭和59）年のロサンゼルスオリンピック大会に始まるスポーツイベントの商業化は、具体的には「する人」「見る人」「支える人」の"役割分担"を明確にすることで可能となった。

それぞれの立場があるのは、それぞれの価値を享受できるからである。それぞれの価値は、図19-4にあるように、互いの間を循環する関係があるため、ビジネスとして成立している。これが、スポーツイベントの基本的な経済構造である。

たとえば、サッカーチームのAとBが試合をするとする。某所のスタジアムで試合を実施。試合をする選手、監督、審判員などがグラウンドにいる。これらは、みな「する人」といえる。

スタジアムには観客がいる。家庭ではビールを飲みながらTV観戦をしている人がいる。また、スポーツバーで大型画面を見ながらワイワイやっている人たちがいる。仕事の途中、車内でラジオ観戦をしている人がいる。つぎの日にスポーツ新聞を読んでいる人がいる。これらは、みな「見る人」である。

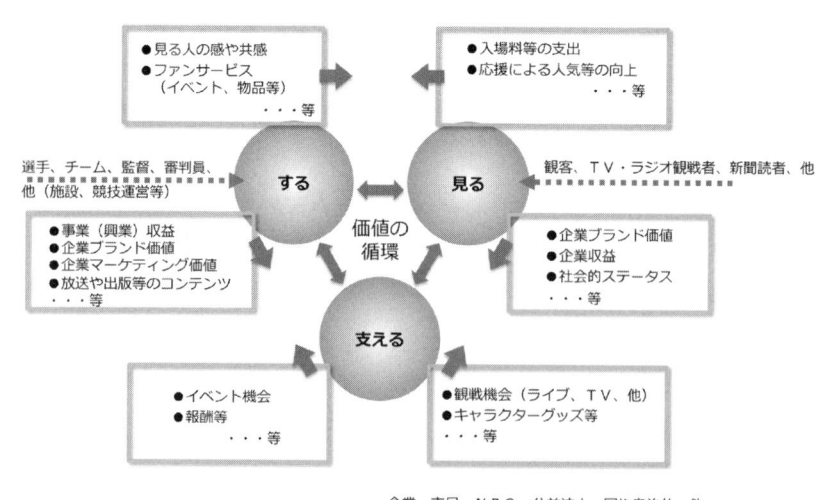

図19-4　スポーツイベントを担う「する人」「見る人」「支える人」

また、試合をするスタジアムがある。スタジアムの名前には、国や地方自治体の名前や企業の名が付いていたりする。スタジアムの中には広告看板がある。出場している選手の中には、とある企業のコマーシャルに出演している人がいる。試合のタイトルにも企業の名前が付いている。チームは市民のパートナーシップによって運営されている。これらの企業や国、地方自治体、市民などは、様々な「支える人」となる。

　「する」「見る」「支える」立場の人や組織等がそれぞれの価値を循環させることで経済的な活動となるわけだが、その循環を円滑にしているのが広告代理店である。

　広告代理店は、テレビ等でスポーツイベントを放映するために、その費用を負担する番組スポンサーへのセールスをする。これは「見る」ことの価値を「支える」企業や団体等の価値（テレビCM等）に転換していることになる。

　特に「支える」ための企業や団体等の価値を様々に展開するビジネスとして、スポンサー協賛をつける仕事がある。いわゆる「冠（かんむり）イベント」などと呼ばれる事業が、そのひとつである。また、オリンピック大会等の大規模なスポーツイベントでは、様々なタイプのスポンサーシップを揃え、1業種1社に限定することで、スポンサーの享受できる価値（メリット）を最大化するなどの工夫がなされている。

　スポーツイベントにおいて、様々な価値の交換は、主に①メディア露出（テレビ放映等）、②スポンサー協賛、③入場料等（会場内での消費も含む）、の3つのタイプに整理される。

6. イベント運営の分類

　スポーツイベント運営の統括組織として大会組織委員会があり、運営を大きく分けると「競技運営」「大会運営」「関連イベントの運営」となる（表19-9）。組織委員会はそれぞれの運営面に対する進捗管理を行い、一つの大会として連携していくために調整を図っていく。

表19-9 スポーツイベントの組織委員会

運営区分	役割／内容
競技運営	・スポーツイベントの主目的である競技を円滑に行うことが目的 ・開催地・施設、競技団体と協議を行い、競技体制を整える ・当日の競技振興・審判なども行う
大会運営	・スポーツイベント全体を円滑に進める ・競技に付随するイベントとして、表彰式・関係者レセプションなどがある ・競技運営に付随する警備・ボランティアなどの人的資源の管理も行う ・関連イベントを行う際には中心となって調整を行う
関連イベント	・スポーツイベントに付随して行われるイベント ・出場者だけであなく、来場者に対するアテンドにもなるため、ファンを獲得する上で重要視されている ・広報目的のプレイベントもある ・参加者が多く、事前受付が必要なスポーツイベントでは前日受け付けに合わせて関連イベントを開催することが増えている （例：東京マラソンの事前受付とEXPOの併催）

7. スポーツイベントのリスクマネジメント

　イベントは、不特定多数の来場者を対象に期間を限定して開催されるため、様々なリスクがある。スポーツイベントでは、「参加型イベント」の要素が強くなるほど、安全管理・健康管理等のリスクが増える。また、エキサイティングなコンテンツであるため、競技自体の危険性、観戦者同士のトラブルなどのリスク要因も多い（図19-5）。
　ここでは、「リスクマネジメント」について述べる。「リスクマネジメント」とは、効率を下げる重要項目を「リスク」として扱い、予測、予防、対応、処置までの管理を行うものである。リスクには、資料の紛失、手続き忘れなどのイージーミスから、人身事故、火災、天災など、イベントが中止に追い込まれるどころか、主催主体の社会的責任に及ぶものまで含まれる。

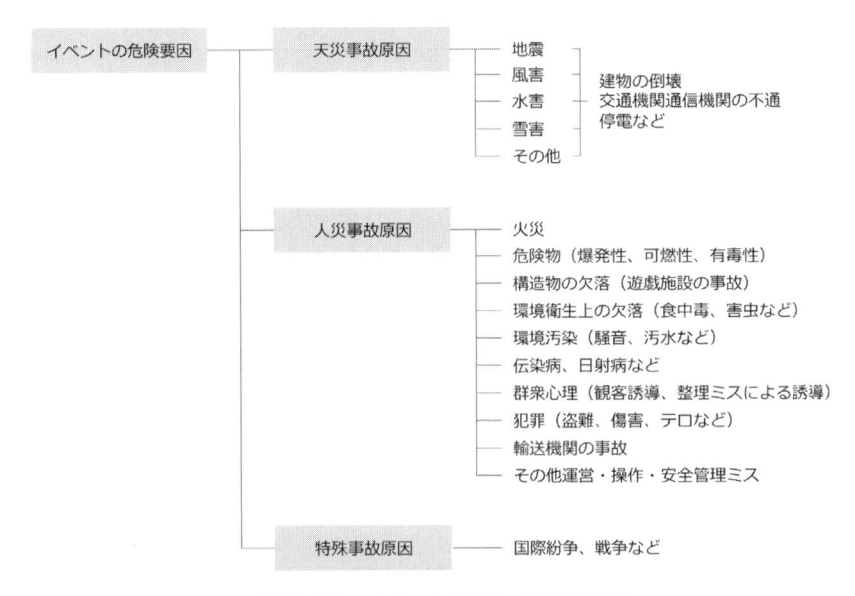

```
イベントの危険要因 ─┬─ 天災事故原因 ─┬─ 地震
                    │                ├─ 風害    ┐ 建物の倒壊
                    │                ├─ 水害    │ 交通機関通信機関の不通
                    │                ├─ 雪害    │ 停電など
                    │                └─ その他  ┘
                    │
                    ├─ 人災事故原因 ─┬─ 火災
                    │                ├─ 危険物（爆発性、可燃性、有毒性）
                    │                ├─ 構造物の欠落（遊戯施設の事故）
                    │                ├─ 環境衛生上の欠落（食中毒、害虫など）
                    │                ├─ 環境汚染（騒音、汚水など）
                    │                ├─ 伝染病、日射病など
                    │                ├─ 群衆心理（観客誘導、整理ミスによる誘導）
                    │                ├─ 犯罪（盗難、傷害、テロなど）
                    │                ├─ 輸送機関の事故
                    │                └─ その他運営・操作・安全管理ミス
                    │
                    └─ 特殊事故原因 ─── 国際紛争、戦争など
```

図19-5　イベントに関わる危険要因

リスクマネジメントの「転嫁」の手法のひとつに、保険の活用がある（表19-10）。スポーツイベントの主催者または責任者は、イベント業務の遂行に関連して発生する損害を負担しなくてはならない。できるだけ事故が

表19-10　イベントの5大保険

保険区分	内容
興業中止保険	イベントが途中で中止・延期になった場合、それまでに要した費用に対する損害を補償する
動産総合保険	物理的財産の直接的損害を補償する（この範疇の保険には、このほかにも火災保険、建設・組立工事保険などがある）
傷害保健	人の傷害、死亡等の直接的損害を補償する
賠償責任保険	直接的損害に起因する賠償責任の負担等による損害を補償する
イベント保険	傷害保険と賠償責任保険をセットにしたもの

発生しないように管理することが大切であるが、不可抗力（自然災害など）も考えられるため、保険をかけることで、リスクを保険会社に担保する。

　イベントならではの保険として、「興行中止保険」がある。天変地異や様々な不可抗力により興行が中止となった場合に、損害を担保する保険である。台風や大雪などで交通が途絶し、アスリートが出場できない、観客が来場できない場合などに適用される。興行リスクによって保険金が変動するため、主催者として懸念されるリスクの洗い出し、事業収支計画、中止決定者および中止の判断基準が保険の付与に必要である。

（越川延明・丹野　実）

【参考資料】

1)『平成21年　国内イベント市場の経済波及効果推計結果報告書』一般社団法人日本イベント産業振興協会、2011
2)『イベント来場者の意識と消費額に関する調査報告書』一般社団法人日本イベント産業振興協会、2011
3)『スポーツイベントで社会を元気に』一般社団法人日本イベント産業振興協会、2012
4) 笹川スポーツ財団『スポーツ白書』笹川スポーツ財団、2011
5)『トライアスロンマーケティングデータ』公益社団法人日本トライアスロン連合
6) サイモン・クーパー、ステファン・シマンスキー著、森田浩之訳『「ジャパン」はなぜ負けるのか』NHK出版、2010

第 20 章 スポーツメディア産業

1．高校生のスポーツとメディア

　今日の日本のスポーツにおいて、オリンピックなどの大会や、新たな世界・日本新記録の更新などを除き、高校生の行うスポーツで新聞の1面を飾ることができるのは野球とサッカーのみであろう。さらに野球は、毎年甲子園において行われている春夏の甲子園大会をNHK及びテレビ朝日とその系列局が、サッカーは、冬の全国高校選手権大会を日本テレビと系列局が、それぞれテレビ放送を行っている。ここでは、高校生のスポーツのうち野球とサッカーだけがメディアで大きく取り上げられる要因について、歴史的な視点から考察してみたい。

　野球については1915（大正4）年に大阪の豊中において、大阪朝日新聞社が主催した「全国中等学校優勝野球大会」が全国規模の大会の始まりであり、この大会は現在の「全国高等学校野球大会」、いわゆる夏の甲子園大会となっている。この大会はそれまでの野球人気の高さに加え、大々的に新聞社が報道をしたこともあり、収容できないほどの観客が訪れたようである（中村、2010）。また、現在の春のセンバツに関しても、1924（大正13）年に大阪朝日新聞社のライバル関係にあった大阪毎日新聞社の主催で「全国選抜中等学校野球大会」が開催されている。つまりは、多くの新聞各社が自社の新聞の販売部数を伸ばすために、大会を主催していたのである（中村、2010）。

　また、サッカーに関してだが、高校野球の全国中等学校優勝野球大会の成功を受け、やはり大手新聞社である大阪毎日新聞社が主催し「日本フートボール大会」という名称で、1918（大正7）年に豊中運動場において開催されている（全国高等学校体育連盟サッカー専門部編、2012）。その後、第二次世界大戦による大会の中止を挟み、戦後に大会は復活するのだが、現在のように高校サッカー選手権大会は注目度の高いものではなかった。それが昨今箱根駅伝と並び、お正月の風物詩と呼ばれるまでに至ったのは、1971～1972年の大会から日本テレビと系列の民放各社により、全国大会の予選から、テレビで放送されるようになったことが原因といわれている。

これら全国規模の大会の創設時の経緯から、現在の高校野球・高校サッカーと新聞やテレビなどのメディア産業の発展との関係の深さを窺い知ることができるだろう。　　　　　　　　　　　　　　　　　　（福井　元）

2．スポーツと新聞の発展史

　新聞は社会の出来事である政治や経済、社会問題を報じるのがその役割である。このような中で、我々にスポーツを届ける手段として、最も歴史を有しているのが新聞といえる。新聞の歴史を紐解くと、江戸時代に刊行されていた「瓦版」までさかのぼる。文明開化が達成された明治時代には、新聞は知識人を対象にした「大新聞」と、知識を持たない人々を対象にした「小新聞」に分かれて発展していった。
　現在、最も発行部数を誇っている「読売新聞」は、1874（明治7）年11月2日に「小新聞」として創刊された。大正末期には会社の規模また新聞の内容から「弱小新聞」として位置づくまでになっていた。これまで新聞の収益は、企業からの広告掲載で得られる広告料を主としていた。このような中、正力松太郎が、新聞界の構造改革を図り、「弱小新聞」まで低迷していた読売新聞の経営再建を図っていった。正力松太郎は、広告料よりも新聞を購入する読者拡大に動き、新聞内に「ラジオ版」のページを導入したのである。その後、1936（昭和11）年に開催されたベルリンオリンピック大会では、多くの人々がラジオを通して、選手の活躍を聴取した。ラジオを聴取した翌日には新聞を通して選手の活躍を文字で振り返るといったように、新聞の発行部数も増えていったのである。
　現在の朝日新聞は1915（大正4）年に全国高等学校野球選手権大会（夏の甲子園）を、毎日新聞は1924（大正13）年に選抜高等学校野球大会（春の甲子園）を主催し、新聞の購読者数拡大をはかるようになってきた。1946年3月には日刊スポーツがスポーツを専門とする新聞の発行を始めたのである。
　新聞は購読者拡大の為の手段として、また各種スポーツ競技は、新聞と

いうメディアを通して広く世間の人々に競技を知ってもらうことができ、ひいては、競技人口の拡大に繋がるとして、スポーツと新聞は密接な関係を持つようなっていた。その後新聞社がスポーツクラブ（読売巨人軍、中日ドラゴンズ等）を設立し、また、スポーツ大会のスポンサー（箱根駅伝、サッカー男子日本代表戦等）になるなど、新聞社は、わが国スポーツを支える存在となっていった。新聞の発行部数は1997（平成9）年をピークに伸び続けていった。

　しかし、2000（平成12）年に入り新聞の発行部数が年々減少傾向となり、2000（平成12）年から2013（平成25）年の14年間で12%も発行部数が下落した（図20-1）。これは、インターネットや携帯電話の普及によって、新聞を購読しなくても最新情報を手に入れることが可能となった為であるといえる。また、若者の活字離れといった社会問題も大きな要因であるといえる。今後も新聞発行部数の減少が予想される中で、新聞は大きな転換期にあるといえる。発行部数の低迷はその後、これまでスポンサーと

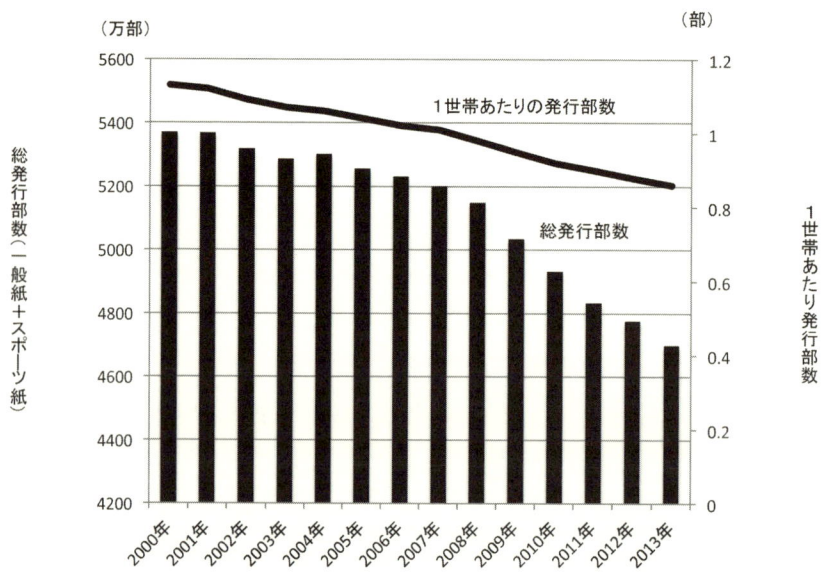

図20-1　新聞の総発行部数と1世帯あたり発行部数の推移
（一般社団法人日本新聞協会経営業務部の調査（2013）をもとに作成）

して支えられてきたスポーツクラブやスポーツ大会にも大きな影響を与えるであろう。

3．スポーツ番組とテレビの発展史

　1948（昭和23）年に開催されたロンドンオリンピック大会では、初のテレビ放送が行われたが、当時、オリンピックを放送した国は1カ国であった。2012（平成24）年に開催されたロンドンオリンピック大会では220カ国、約48億人がテレビを通して、オリンピックを観戦するまでに至ったのである。今日、オリンピックが大きく発展したのもテレビの普及が大きく貢献しているといえる。

　1953（昭和28）年2月1日、NHK東京テレビ局が一般放送を開始した。放送時間は1日4時間の放映で、当時の受信契約者数は866であった。その後、民間の放送局が次々に開局していった。

　オリンピックの放映は、1956（昭和31）年に開催されたメルボルンオリンピック大会が最初であった。当時は、NHKでは「オリンピック・ニュース」を放送し、ラジオ東京（現在のTBS）が民間放送として実況中継を行った。この当時は、テレビもあまり普及しておらず、映像を通してオリンピックを観戦したのは、近くの劇場や街頭テレビが主流であった。

　その後、1950（昭和25）年に勃発した朝鮮戦争の影響に伴い、日本経済が拡大し好景気が続いていった。それによって国民の所得が増え、冷蔵庫・洗濯機・白黒テレビ（三種の神器）を購入することが国民生活の豊かさの象徴であった。このような背景でテレビというものが家庭に普及するきっかけとなり、テレビは家庭で見るものとして定着していったのである。テレビが家庭に普及するなか開催されたのが、1964（昭和39）年の東京オリンピック大会であった。東京オリンピックの開会式は、民放6社とNHKが同時に放送を行った。ビデオリサーチ社が行った視聴率の調査(関東地区に限る）では、NHKで61.2％、民放6社の合計は21.4％であった。この数字から、国民全体がテレビを通してオリンピックの開会式を観戦し

ていたといえる。また、1964(昭和39)年10月23日に行われた女子バレーボール日本対ソ連の視聴率（関東地区）は66.8％と歴代視聴率2位を記録した。

その後の経済の拡大や技術革新に伴い、一家に1台のテレビが個人に1台となり、パソコンや携帯電話で視聴することが可能になり、テレビが身近なものとなっていった。多くの国民はテレビを通してスポーツを観戦し選手の活躍を見守る。高視聴率歴代10番組でもスポーツ中継が7番組を占めている（表20-1）。また、スポーツ中継高視聴率では、2002年日韓共同開催であったワールドカップドイツ対ブラジルの放送を除けば、すべて日本国（人）対外国の試合で高視聴率を記録している（表20-2）。歴代

表20-1　高視聴率歴代10番組

	番組名	視聴率	放送日	放送局	ジャンル	
1	第14回NHK紅白歌合戦	81.4	1963年12月31日	NHK総合	音楽	
2	東京オリンピック大会（女子バレーボール日本vsソ連）	66.8	1964年10月23日	NHK総合	スポーツ	バレーボール
3	2002FIFAワールドカップ（サッカー男子日本・ロシア）	66.1	2002年6月9日	フジテレビ	スポーツ	サッカー
4	プロレス(WWA世界選手権・デストロイヤー×力道山)	64.0	1963年5月24日	日本テレビ	スポーツ	ボクシング
5	世界バンタム級タイトルマッチ(ファイティング原田×エデル・ジョフレ)	63.7	1966年5月31日	フジテレビ	スポーツ	ボクシング
6	おしん	62.9	1983年11月12日	NHK総合	ドラマ	
7	1998FIFAワールドカップ（日本×クロアチア）	60.9	1998年6月20日	NHK総合	スポーツ	サッカー
8	世界バンタム級タイトルマッチ(ファイティング原田×アラン・ラドキン)	60.4	1965年11月30日	フジテレビ	スポーツ	ボクシング
9	ついに帰らなかった吉展ちゃん	59.0	1965年7月5日	NHK総合	ニュース	
10	第20回オリンピックミュンヘン大会(男子バレーボール日本vs東ドイツ)	58.7	1972年9月8日	NHK総合	スポーツ	バレーボール

オリンピックやワールドカップは大会ごとの最高視聴率1番組を抽出
（ビデオリサーチ（2013年）をもとに作成、2013年12月31日現在）

表20-2　スポーツ中継高視聴率歴代10番組

	番組名	視聴率	放送日	放送局	ジャンル
1	東京オリンピック大会（日本vsソ連）	66.8	1964年10月23日	NHK総合	バレーボール
2	2002FIFAワールドカップ（日本vsロシア）	66.1	2002年6月9日	フジテレビ	サッカー
3	2002FIFAワールドカップ決勝(ドイツ×ブラジル)	65.6	2002年6月30日	NHK総合	サッカー
4	プロレス(WWA世界選手権・デストロイヤー×力道山)	64.0	1963年5月24日	日本テレビ	ボクシング
5	世界バンタム級タイトルマッチ(ファイティング原田×エデル・ジョフレ)	63.7	1966年5月31日	フジテレビ	ボクシング
6	1998FIFAワールドカップ（日本×クロアチア）	60.9	1998年6月20日	NHK総合	サッカー
7	1998FIFAワールドカップ（日本×アルゼンチン）	60.5	1998年6月14日	NHK総合	サッカー
8	世界バンタム級タイトルマッチ(ファイティング原田×アラン・ラドキン)	60.4	1965年11月30日	フジテレビ	ボクシング
9	2002FIFAワールドカップ（日本×ベルギー）	58.8	2002年6月4日	NHK総合	サッカー
10	第20回オリンピックミュンヘン大会(日本vs東ドイツ)	58.7	1972年9月8日	NHK総合	バレーボール

（ビデオリサーチ（2013年）をもとに作成、2013年12月31日現在）

10番組に限っては、1998（平成10）年フランスで開催したワールドカップの日本対アルゼンチン以外すべて日本国（人）が勝利を収めている結果になっている。

テレビ放映開始から約60年が経過しているが、国民はテレビを通してスポーツを観戦し選手の活躍を見守り、テレビ観戦がチームや選手の勝利に大きく貢献しているといえる。

4．オリンピックの放映権料

世間にテレビが普及し、多くの国民がテレビを通してスポーツイベントを視聴するようになってきた。前項で述べたように、過去わが国の歴代視聴率をみても、その多くがスポーツ大会であった。言い換えれば、スポーツ大会は、高視聴率を獲得することができる「テレビ番組」であるといえる。オリンピック中継を行えば、高視聴率を獲得できることからオリンピック放映権料は、大会を開催する度に高騰していった。

一方、IOCにとっても放映権の収入は、組織の運営を行っていく際の重要な収入源となっている。IOCの放映権収入は全体収入総額の約50%を占めるまでになっている。また、1993年～1996年期の放映権料と2009年～2012年期の放映権料を比較してもその額は3倍に高騰していることがわかる（表20-3）。

放映権料の高騰は、IOCにとって重要な収入源となっている一方、多額の放映権料を支払う企業の都合にあわせた大会運営が求められるようになってきた。いわば、放映権料を支払う企業が所在地をおく国のゴールデンタイムにあわせて、大会のスケジュールが組まれるのである。1998（平成10）年に開催された長野オリンピック大会の開会式は、午前中に実施された。エンターテインメント性が注目されるオリンピックの開会式を午前中に実施したのは異例のことであり、これは多額の放映権料を支払った企業が大きく関与しているといえる。

オリンピック大会の放映権料が高騰する一方、そのことがオリンピック

表20-3　IOCの収入の推移

(百万USドル)

開催されたオリンピック	夏 冬	1993～1996 アトランタ リレハンメル	1997～2000 シドニー 長野	2001～2004 アテネ ソルトレイク	2005～2008 北京 トリノ	2009～2012 ロンドン バンクーバー
放映権料		1251	1845	2232	2570	3850
トッププログラム		279	579	663	866	950
オリンピック開催国スポンサー		534	655	796	1555	1838
チケット販売		451	625	411	274	1238
ライセンス		115	66	87	185	170
合計		2630	3770	4189	5450	8046

(「IOC MARKETING FACT FILE 2012Editon」をもとに作成)

の商業主義につながり、近代オリンピックの提唱者であるフランスの教育学者であるクーベルタン男爵が掲げた、オリンピックの理念が形骸化される恐れがある。

　2020年に東京でオリンピックの開催が決定した。もちろん日本のテレビ局も放映権獲得に動き出す。1984（昭和59）年に開催されたロサンゼルスオリンピック大会以降、NHKと日本民放放送連盟が共同して「ジャパン・コンソーシアム（JC）」を設立して放映権獲得を行ってきた。スポンサー収入（テレビコマーシャル）によって会社経営が大きく左右される民間放送局とテレビ受信料で会社経営がなされているNHKであるが、2020年の東京大会の放映権料の高騰がどこまで続くか注目される。

5. インターネットとオリンピック

　1995（平成7）年にアメリカのマイクロソフト社が販売したWindows95は、インターネット社会の幕開けであった。電話回線を通して世界中の情報を検索、電子メールのやり取りで世界中の人々とコミュニケーションを図ることが可能となったのである。その後、技術革新に伴い、多くのデータのやり取りが可能となり、自分で撮影した動画の

公開（YouTube, ニコニコ動画等）や SNS（ソーシャルネットワーク：Twitter, Facebook 等）で自分の情報を発信するなど、メディアの在り方が大きく変化してきている。総務省が発行した「情報通信白書」(2013)によると、わが国のインターネット利用者数は、9610万人で人口普及率では79.1％という状況になっている(図20-2)。また、世代別インターネット利用率は13歳〜49歳の世代で、90％以上となっている。多くの国民がインターネットを利用している状況になっている。

　誰もが情報を発信できる時代となり、アスリートも Twitter や Facebook といった SNS を利用して、テレビや雑誌の取材での発言をさけ、ファンやサポーターに自ら直接情報を発信するスタイルをとるアスリートが増加している。アスリートの情報発信方法が多様化する中、2012（平成24）年に開催されたロンドンオリンピック大会では、日本選手団に対してオリンピック開催期間中の情報収集や連絡手段に利用することを目的にスマートフォンが支給された。また NTT ドコモはロンドンオリンピック大会期間中のアプリケーションと呼ばれるスマートフォン向けのソフトで、日本国民が選手に応援メッセージを投稿し、試合観戦中の国民のコメ

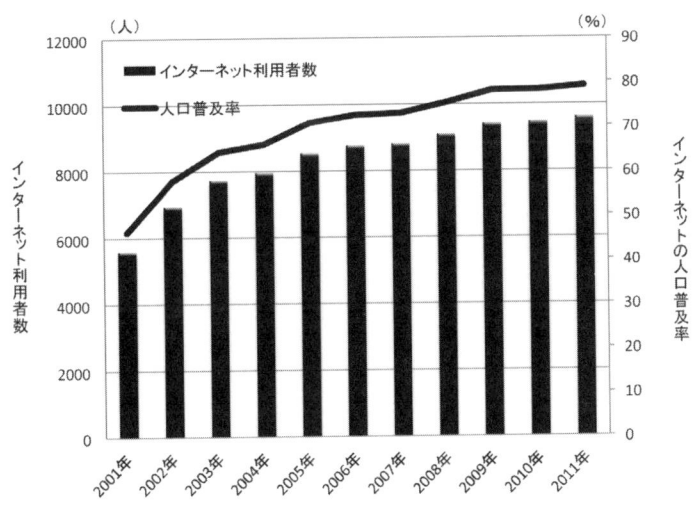

図20-2　インターネット利用者数と人口普及率の推移
（総務省（2013）をもとに作成）

ントを投稿並びに共有できるアプリケーションを提供していた。まさに、インターネットを通して、選手を直接応援することが可能となり、オリンピックの観戦スタイルが大きく変化したといえる。2012（平成24）年ロンドンオリンピック大会は、SNSオリンピック元年でもあった。

　誰もが手軽にアスリートの発言にコメントを書く事ができ、アスリートの不適切な発言に対し、「炎上」と呼ばれる現象がおき、社会問題となるケースもたびたび発生している。

　このようなことから、アスリートのインターネットリテラシーが十分問われる時代となったと言える。

　インターネット回線の技術向上は、テレビの在り方も変化させてしまうものとなった。動画投稿サイト「YouTube」や「ニコニコ動画」を利用して、誰もが気軽に動画を公開することが可能となり多くの人々と動画を共有することができる。情報公開のスピードで言えば、テレビよりもインターネットに動画を投稿する方が早く、多くの人々と共有することが出来る。前項で述べたように、オリンピックを放映するには、多額の放映権料をIOCに支払わなければならない。従って、テレビ局は視聴率を多く獲得できる競技を中心に放映し、その他競技人口の少ない種目は録画で放送する対応が取られてきた。しかし、インターネット回線の技術向上は、今後のオリンピックの放送は視聴者が見たい競技を選ぶことができ、また、いつでもどこでも何回でも繰り返し、映像を楽しむこと出来ることになるだろう。このような時代が訪れた時、放映権料の価格の高騰も収まり、オリンピックの運営も多額の放映権料を支払う企業から解放され、本来のスポーツを我々は楽しむことが出来るかもしれない。

（田畑　亨）

【参考資料】

1) 朝日新聞社編『全国高等学校野球選手権大会史(第 81 〜 90 回)』朝日新聞社、2009
2) 全国高等学校体育連盟サッカー専門部編『高校サッカー 90 年史』、2012
3) 中村哲也『学生野球憲章とはなにか』青弓社、2010
4) 杉山茂、角川インタラクティブ・メディア編著『テレビスポーツ 50 年オリンピックとテレビの発展〜力道山から松井秀喜まで〜』角川書店、2003
5) 平田竹男『スポーツビジネス最強の教科書』東洋経済、2012
6) 山口功二編著『メディア学の現在』世界思想者、2001
7) 玉木正之著『スポーツ解体新書』NHK 出版、2003
8) 日本放送協会編『20 世紀放送史　年表』NHK 出版、2001
9) 日本新聞協会　http://www.pressnet.or.jp
10) ビデオリサーチ社　http://www.videor.co.jp
11) IOC「MARKETING FACT FILE 2012 Edition」
http://www.olympic.org/Documents/IOC_Marketing/OLYMPIC-MARKETING-FACT-FILE-2012.pdf
12) 総務省「平成 24 年度版 情報通信白書」
http://www.soumu.go.jp/johotsusintokei/whitepaper/ja/h24

第 21 章　スポーツツーリズム産業

1. ツーリズムの中のスポーツツーリズム

近年、スポーツを「する」ためや「みる」ために観光（移動・滞在など）をする産業が目立ってきた。地方マラソン参加やオリンピック観戦などのための観光（ツーリズム）である。この章では、産業として育ちつつあるスポーツツーリズムについて紹介する。

そもそもツーリズムとは「観光事業。旅行業。また、観光旅行。」（『大辞泉』、2013）のことを言う。

ツーリズムの産業規模に関して、たとえば観光庁（2011）の調査によると国内における旅行消費額は22.4兆円、雇用創出効果は213万人（波及効果を含めた雇用創出効果は397万人）である（図21-1）。

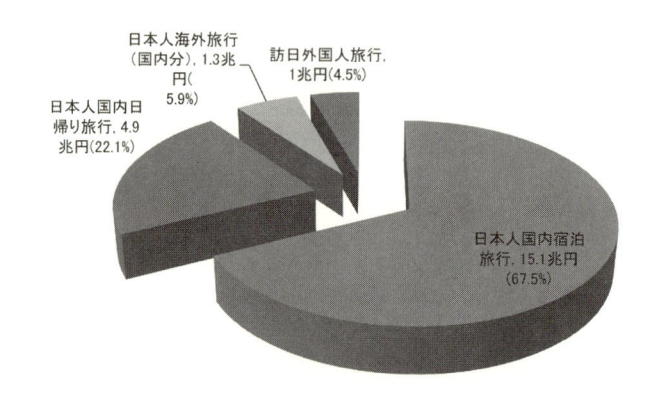

我が国経済への貢献度（経済効果）

生産波及効果　　　46.4兆円　…5.1％（対国民経済計算　産出額）
付加価値誘発効果　23.7兆円　…5.0％（対名目GDP）
雇用誘発効果　　　397万人　…6.2％（対全国就業者数）
税収効果　　　　　4.0兆円　…5.1％（対国税＋地方税）

図21-1　国内における旅行消費額（平成23年）
（観光庁HP（2012）をもとに作成）

また、旅行における消費額について観光庁（2008）によると平成20年度中に我が国に支払われた旅行消費額は23.6兆円（訪日外国人旅行消費額1.3兆円を含む）と推計され、海外に支払われた旅行消費額は3.8兆円であり、国民の旅行消費額は26.0兆円（訪日外国人消費額1.3兆円を除く）と推計される。

　先行研究に見られるスポーツツーリズムの定義は表21-1のようなものがある。

表21-1　主なスポーツツーリズムの定義

定　義	出　典
野外の特に興味を引かれるような自然環境下で行われたり，人為的なスポーツや身体活動を伴うレクリエーション施設で為される，休暇のようなレジャー期間中の人々の行動パターンとして説明される	Ruskin（1987）
非商業的な目的で生活圏を離れスポーツに関わる活動に参加または観戦することを目的とした旅行	Hall（1992）
観戦者または参加者としてスポーツに関する活動に関わって休日を過ごすこと	Weed & Bull（1997）
日常生活圏外で，旅行または滞在中に直接的あるいは間接的に競技的またはレクリエーション的なスポーツに参加する個人またはグループ（ただし旅行の主目的はスポーツ）	Gammon & Robinson（1997）
身体活動に参加するため，観戦するため，または身体活動と結びついたアトラクション詣でのために日常生活圏外に一時的に出るレジャーをベースにした旅行	Gibson（1998）
気軽にあるいは組織的に非商業的やビジネス/商業目的に関わらず，スポーツに関する活動における全ての能動的・受動的参与の形態で，必然的に自宅や仕事に関わる地域を離れ旅行すること	Standevin & De Knop（1998）
スポーツやスポーツイベントへの参加または観戦を目的として旅行し，目的地に最低でも24時間以上滞在すること（滞在する一時的訪問者）	野川（1993・1996）野川・工藤（1998）
限定された期間で生活圏を離れスポーツをベースとした旅行をすること．そのスポーツとは，ユニークなルール，優れた技量をもとにした競技，遊び戯れるという特質で特徴付けられたものである	Hinch & Higham（2001）

（工藤・野川（2002）をもとに作成）

原田（2009）は「スポーツビジネス社の報告によれば、2003年の時点で、世界のツーリズム市場の10％にあたる、510億ドル（約5兆1千億円）が、スポーツツーリズム市場である。」と述べており、「欧米では急成長を見せているツーリズムの一領域である。」とも述べている。

2．スポーツツーリズムの種類

　スポーツツーリズムの種類として原田（2009）はGrahamら（2001）の分類を参考に、「スポーツ参加型」「スポーツ観戦型」「都市アトラクション訪問型」の3領域に分類し、スポーツツーリズムの現状を説明している。さらに、海外から日本を訪れる観光の市場を「インバウンド市場」、日本から海外に出向く市場を「アウトバウンド市場」、国民が国内の移動にともなう市場を「国内市場」と説明している（表21-2）。

表21-2　スポーツツーリズムの3つのタイプと3つの市場

	参加型	観戦型	訪問型
インバウンド市場	・オーストラリアからのスキー客（北海道倶知安町） ・韓国からのゴルフツアー	・アジア野球大会への韓国・台湾からの応援団 ・2002ワールドカップへの海外からの応援ツアー	・〈コンテンツ不足の未開拓分野〉
アウトバウンド市場	・ホノルルマラソンへの参加 ・マウイ島でのゴルフ ・海外での草の根のスポーツ交流	・ヤンキースの松井選手やマリナーズのイチロー選手への応援ツアー	・ヨーロッパやアメリカへのスタジアム見学ツアー
国内市場	・各地のマラソン大会やトライアスロン大会への参加 ・スポーツ合宿	・Jリーグやプロ野球のアウェーゲームへの観戦ツアー	・スポーツ博物館やスタジアムの見学ツアー

（原田（2007）をもとに作成）

3.「みるスポーツ」ツーリズム

「みるスポーツ」ツーリズムとは、様々なスポーツを観戦するために移動や宿泊がともなうものである。スポーツを競技会場で「みる」ためにはチケット代、交通費、宿泊費（遠方の場合）、飲食費、グッズ費、記念品費などの費用がかかる（表21-3）。これらの費用が交通機関や宿泊施設、地元飲食店などへの経済効果を生む。

「みるスポーツ」ツーリズムには様々なものがある。

大きく2つに分けると「プロフェッショナルスポーツの競技会」と「全国大会・世界大会規模のスポーツの競技会」である。

上記2つはさらに、国内・国外の活動に分けられる（表21-4）。

表21-3　スタジアム観戦にかかる出費

	一回あたりの金額	年間総額
チケット代	2,693円（▲10.7%）	9,776円（▲3.9%）
交通費	2,161円（▲1.3%）	7,658円（▲11.2%）
飲食費	1,725円（▲8.7%）	6,170円（▲13.5%）
グッズ費	572円（▲5.1%）	2,187円（▲9.0%）
記念品等費	585円（▲0.2%）	1,862円（▲12.0%）
合計	7,736円（▲6.6%）	27,653円（▲9.2%）

（余暇・レジャー&観光統計年報2010-2011年版（2009）をもとに作成）

表21-4　「みるスポーツ」ツーリズムの種類

	国内	国外
プロフェッショナルスポーツ	○プロ野球 ○Jリーグ ○テニス ○ゴルフ ○モータースポーツ	○メジャーリーグベースボール ○プレミアリーグ ○セリエA ○ブンデスリーグ
全国大会・世界大会	○国民体育大会 ○全国高校野球大会 ○全国高校サッカー選手権大会	○オリンピック ○ワールドカップ ○ワールドベースボールクラシック ○ウィンブルドンテニス ○世界クラブ選手権

プロフェッショナルスポーツのうち国内で開催されるプロ野球やＪリーグにはアウェイゲームがあり、ホームゲームとは異なり地元チームを応援する場合、会場が遠方の場合は新幹線や飛行機での長距離の移動が発生し、宿泊もともなう場合がある。その際、滞在先で飲食も発生するし、お土産を買うことなども考えられる。また、テニス、ゴルフ、モータースポーツなど会場の関係で開催場所が限定される場合があり、競技会を観戦したい場合はその地までの移動、場合によっては宿泊がともなう。プロフェッショナルスポーツの国外について言えば、プロフェッショナルスポーツである、MLB（メジャーリーグベースボール）やセリエＡ・プレミアリーグといったプロサッカーでは多くの日本人選手が活躍しており、その選手が出場する試合を観戦するためのツアーなども組まれているほどである。
　全国大会について言えば、国民体育大会は都道府県持ちまわりの開催なので、応援する場合はその開催地への移動・宿泊などが発生する。また、全国高校野球大会は甲子園、全国高校サッカー選手権は首都圏と開催地が決まっているので、この場合も観戦・応援の場合はその地への移動および宿泊がともなう場合がある。
　世界大会では、オリンピック大会・パラリンピック大会はじめ、サッカーワールドカップ、WBC（ワールドベースボールクラシック）、ウィンブルドンテニスなどがあり、それらを観戦するために日本国内からも多くの国民が現地におもむく。
　このように「みるスポーツ」のツーリズム市場は種類の多様化をみせている。

4．「するスポーツ」ツーリズム

「するスポーツ」ツーリズムにはいくつかの考え方がある。
　例えば、競争的か非競争的かや活動性が高いか低いかなどである（表21-5）。
　体を動かしたり、健康のためといっても、動機について競争的志向が強

表21-5 スポーツツーリズムとヘルスツーリズムの関係

	活動性 低い		活動性 高い
非競争的	ヘルスツーリズム (例:スパツーリズム、ヘルスツーリズム)	ヘルスツーリズム (例:フィットネス、療養)	アドベンチャーツーリズム (例:ラフティング、スクーバダイビング、ハイキング)
動機	アドベンチャーツーリズム (例:ヨット)	ヘルス、スポーツ、アドベンチャーを含むツーリズム (例:サイクリング、シーカヤッキング)	アドベンチャーツーリズム (例:登山)
競争的	スポーツツーリズム (例:スポーツ観戦)	スポーツツーリズム (例:ローンボール)	スポーツツーリズム (例:海洋レース)

スポーツツーリズムとヘルスツーリズムの関係
(Hall (1992) をもとに作成)

ければスポーツツーリズムとなり、競争的志向が弱く活動性が低いものはヘルスツーリズムとなる。非競争的で活動性が高いものはラフティングやハイキングなどアドベンチャーツーリズムとされる。

　国内の「するスポーツ」ツーリズムの動向をみると、学校の部活動や企業スポーツ、プロスポーツの強化のため夏や涼しい地域、冬は暖かい地域でおこなう「スポーツ合宿」(図21-2)がある。また、最近では東京マラソン(図21-3)や北海道マラソンなど多くのトップレベルから趣味レベルまでのランナーが参加する「地方マラソン」「トライアスロン」「サイクリング」、ウィンタースポーツであるスキーやスノーボードを行なうた

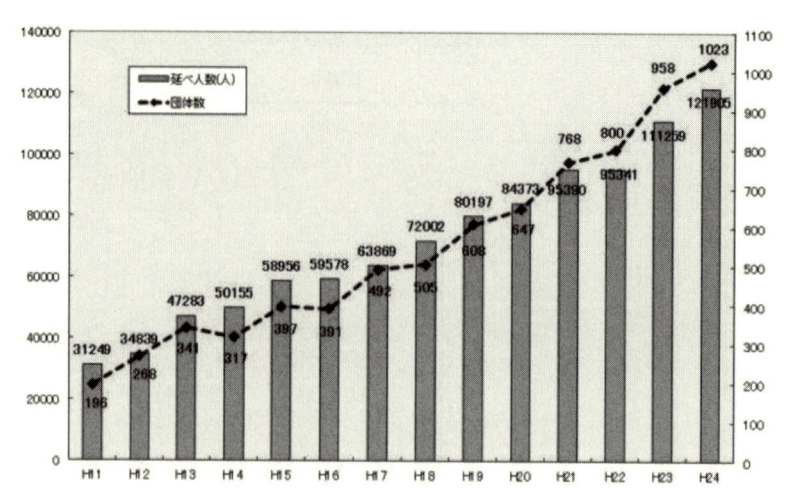

図 21-2 鹿児島県で合宿を行う団体数・延べ人数の年度別推移
（鹿児島県 HP（2013）より転載）

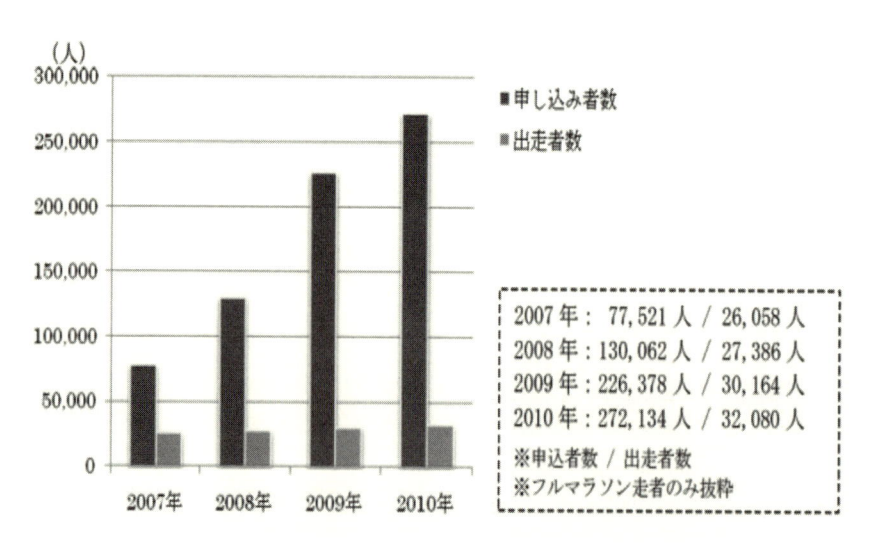

図 21-3 東京マラソン　申込者数と出走者の推移
（RBBTODAY（2010）より転載）

めの降雪地へのツーリズムなどがある。さらに海外へのスポーツのためのツーリズムでは例えばホノルルマラソンやマウイ島でのゴルフ、青少年のスポーツ交流などがある。

このように、「するスポーツ」ツーリズムの市場はその規模を年々拡大している。

5．インバウンドのスポーツツーリズム

日本政府観光局（2014（年））によると2013年の海外からの日本への

表21-6　今後の再訪日旅行でしたいこと

	n	プロスポーツ観戦	ゴルフ	マラソン・ランニングなど	スキー・スノーボード・ウィンタースポーツ	山ツア・トレッキング・登山・ラフティングなど	ダイビング・シュノーケリングなど	その他スポーツアクティビティ
オーストラリア	258	2.7	3.9	0.8	14.7	8.5	3.9	0.8
韓国	381	2.4	3.9	1.0	12.9	8.4	1.8	0.0
台湾	395	6.6	4.1	3.8	24.1	12.9	10.6	0.3
中国	364	6.6	15.9	17.3	31.9	23.1	19.8	0.5

※スポーツ以外の観光資源も含めて質問

（観光庁（2011）をもとに作成）

表21-7　日本で観戦・参加してみたいスポーツ

中国	
1 相撲観戦	54.0
2 プロ野球観戦	44.5
3 スキー	42.5
4 柔道など武道観戦	41.8
5 プロサッカー（Jリーグ）観戦	40.0
6 バレーボール国際大会観戦	36.8
7 フィギュアスケート大会の観戦	31.5
8 ゴルフ	27.5
9 雪山での雪遊び・スノーシュー・ソリなど	27.5
10 F1の観戦	24.3

台湾	
1 プロ野球観戦	60.0
2 スキー	41.8
3 雪山での雪遊び・スノーシュー・ソリなど	39.0
4 相撲観戦	36.5
5 フィギュアスケート大会の観戦	34.0
6 都市のスケートリンクでのスケート体験	24.5
7 F1の観戦	23.0
8 プロサッカー（Jリーグ）観戦	21.5
9 柔道など武道観戦	16.5
10 競馬国際レース観戦	15.3

韓国	
1 プロ野球観戦	42.0
2 雪山での雪遊び・スノーシュー・ソリなど	37.3
3 相撲観戦	23.5
4 スキー	20.8
5 スノーボード	16.3
6 フィギュアスケート大会の観戦	15.8
7 F1の観戦	15.5
8 プロサッカー（Jリーグ）観戦	14.0
9 ゴルフ	13.5
10 柔道などの武道観戦	9.5

オーストラリア	
1 相撲観戦	45.5
2 柔道など武道観戦	25.8
3 雪山での雪遊び・スノーシュー・ソリなど	23.8
4 F1の観戦	22.0
5 スキー	21.3
6 フィギュアスケート大会の観戦	18.5
7 プロ野球観戦	17.3
8 都市のスケートリンクでのスケート体験	15.5
9 スノーボード	15.3
10 ラグビーの国際大会観戦	14.8

（観光庁（2011）をもとに作成）

訪日外国人数（推計値）は前年比24.0％増の1036万3900人と過去最高を記録した。円安や政府によるＡＳＥＡＮ諸国向けのビザ緩和なども追い風となっている。

　2011（平成23）年6月に発表した観光庁の調査によると「今後の再訪日旅行でしたいこと」ではスキー・スノーボードなどのウィンタースポーツがその一つとして挙げられることを示している（表21-6）。

　また、日本で観戦・参加してみたいスポーツとして、相撲やプロ野球の観戦、ウィンタースポーツが上位にはいった（表21-7）。

　今後さらに増えると予想される訪日外国人の訪日目的にスポーツ観戦やウィンタースポーツが入っていることは、海外からの日本でのインバウンドスポーツツーリズム市場の拡大を予想させるものである。

6．アウトバウンドのスポーツツーリズム

　アウトバウンドのスポーツツーリストも、ツーリズム市場の拡大（図21-4）とともに成長を見せている。「するスポーツ」ツーリズムにおいては、

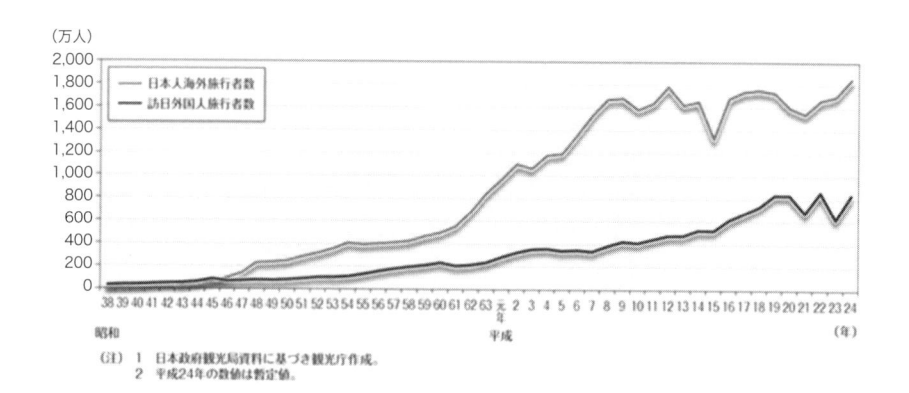

図21-4　日本人海外旅行者数の推移
※出国者数　日本は世界で第11位（アジアで第2位）
（観光庁（2012）をもとに作成）

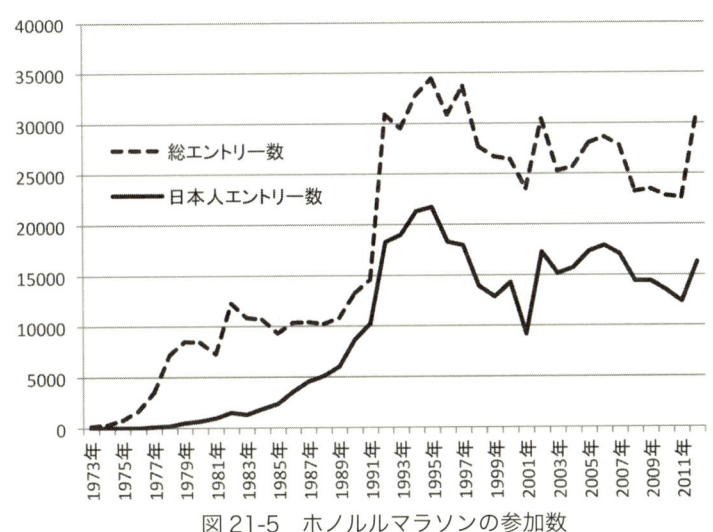

図 21-5　ホノルルマラソンの参加数
（JAL ホノルルマラソンサイト（2013）をもとに作成）

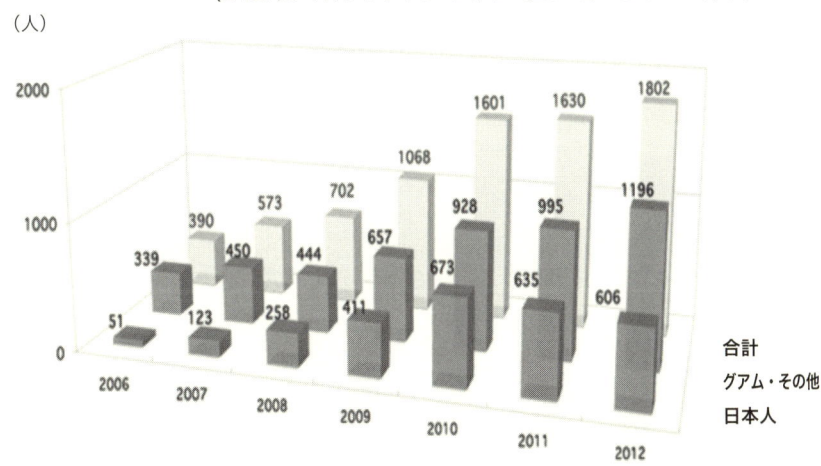

図 21-6　グアムココロードレース参加者数推移
（グアム政府観光局サイト（2013）をもとに作成）

例えば歴史のあるホノルルマラソンも日本人参加者が東日本大震災の影響で一旦減少を示したものの、再び増加の兆しを見せている（図 21-5）。グアムでのマラソンも日本人参加者が増えている（図 21-6）。

(林　恒宏)

【参考資料】

1）原田宗彦・木村和彦編著『スポーツ・ヘルスツーリズム』大修館書店、2009
2）松村明監修『大辞泉』小学館、2013
3）観光庁（2011）https://www.mlit.go.jp/common/000999160.pdf
2013年12月1日検索
4）工藤康宏・野川春夫「スポーツツーリズムにおける研究の枠組みに関する研究」順天堂大学スポーツ健康科学研究6、2002
5）Graham S, Neirotti LD and Goldblatt JJ(2001)The Ulitimate Guide to Sports Marketing.McGraw-Hill.
6）原田宗彦編著『スポーツ産業論』杏林書院、(2007)
7）余暇・レジャー＆観光 統計年報2010-2011年版（2009）
8）Hall,C.M."Adventure,Sport and health tourism"In:Weiler,B. and Hall, C.M. (Eds) Special Interest tourism. Belhaven Press:London. 1992.p.142
9）観光庁「スポーツ・ツーリズム推進連絡会議資料」、2011
10）観光庁「訪日外国人消費動向調査結果及び分析」http://www.mlit.go.jp/common/001017130.pdf　2013年12月1日検索
11）JALホノルルマラソンオフィシャルサイト、http://www.honolulumarathon.jp/index.html、2013年10月1日検索
12）グアム政府観光局サイト、https://www.visitguam.jp/koko/2012/　2013年12月1日検索

第 22 章　リゾートスポーツ産業

1. 日本のアウトドアリゾートの歴史

今日において様々なアウトドアリゾートが楽しまれているが、ここではキャンプ、スキーを主に取り上げ、他のアウトドアリゾートについても参考として取り上げていくこととしたい。

アウトドアリゾートとして親しまれているもので多くの人が思い浮かべるのがスキー、ゴルフ、マリンスポーツであろう。これらのアウトドアリゾートがイメージされやすいのは総合保養地域整備法（以下リゾート法）（1982）によることが大きいであろう。本法の目的として「国民が余暇等を利用して滞在しつつ行うスポーツ、レクリエーション、教養文化活動、休養、集会等の多様な活動に資するための総合的な機能の整備を民間事業者の能力の活用に重点を置きつつ促進する措置を講ずることにより、ゆとりある国民生活を実現し、地域の振興を図る。」とあり、「スポーツ、レクリエーション、教養文化活動等多様な活動のために必要な施設」としてスキー場、ゴルフ場、マリーナ等が特定施設として挙げられている。つまり国がこれらの施設の多くを整備していること、また、学校において林間学校や臨海学校、スキー教室を経験していることからイメージがつきやすいと考えられる。また、スポーツ基本法に「野外活動及びスポーツ・レクリエーション活動の普及奨励」について「国及び地方公共団体は、心身の健全な発達、生きがいのある豊かな生活の実現等のために行われるハイキング、サイクリング、キャンプ活動その他の野外活動及びスポーツとして行われるレクリエーション活動（以下この条において「スポーツ・レクリエーション活動」という。）を普及奨励するため、野外活動又はスポーツ・レクリエーション活動に係るスポーツ施設の整備、住民の交流の場となる行事の実施その他の必要な施策を講ずるよう努めなければならない。」とありスポーツとして野外活動やレクリエーション活動が捉えられておりアウトドアリゾートを語る上で重要な法律であるといえる。

これらのことから、これらのアウトドアリゾートのうち他のものより馴染みがあるであろう、スキー、キャンプについて着目しいつごろから行われていたか、最近のそれらの用具の需要の動向、今後について述べていく

こととする。

1876（明治9）年に同志社の外国人宣教師のJ.D.デービスが比叡山においてキャンプを家族で行い、以降1889（明治22）年まで宣教師仲間達等で行ったという記録があり、このキャンプについては我が国におけるリゾート地のはじまりとされている。また、「キャムピングの仕方と其の場所」（鐵道省、1926）に鉄道沿線のキャンプ適地が紹介されているとともに「自動車に寝具炊事用具等をのせ家族同伴で風光明媚の地に鎖夏旅行を兼ねたキャムピングをすることである」とオートキャンプについても紹介されており、大正期にキャンプはもとよりオートキャンプまで楽しまれていたことが伺える。

スキーにおいてはオーストリア人のテオドール・エードラー・フォン・レルヒにより1911（明治44）年1月に日本人に本格的に指導を行いこれが日本スキー発祥とされている。また、年を同じくして山形県五色温泉に民営のスキー場が開設されている。「スキーをはく人の為に」（鐵道省、1926）に全国の主要なスキー場が案内文と共に紹介されており、スケート場についても地図上に紹介されている。本文中に当時のスキーについて「過去における本邦ski界は娯楽的であり興味中心的でありました」とあるようにスキーが紹介されていることから刊行当時まで約20年経っている当時にスキーが娯楽として楽しまれレジャーとして受け入れられていたことが伺える（表22-1）。

表22-1　リゾートとしてのキャンプ、スキー概略と関連法律

		関連法律	スキー	キャンプ
1876	明治9年			J.D.デービス比叡山でキャンプ
1911	明治44年		レルヒによるスキー指導 五色温泉にスキー場開設	
1925	大正14年		全日本スキー連盟設立	
1961	昭和36年	スポーツ振興法		
1966	昭和41年			日本キャンプ協会設立
1969	昭和44年			日本オートキャンプ協会発足
1982	昭和62年	総合保養地域整備法		
2011	平成23年	スポーツ基本法		

2. ウィンターリゾートの人口と用品需要

『レジャー白書2013』によると2012（平成24）年の余暇活動への参加人口はスキー560万人、スノーボード230万人とあり合計すると約800万人が楽しんでいることがわかる。（表22-2、図22-1）日本の人口が2011年10月1日現在で約1億2780万人であるので約6％に相当する。2003年の参加人口はスキー760万人、スノーボード430万人で合計1190万人。当時の人口が約1億2770万人であるので約9％が楽しんでいたことがわかる。このことから約10年でスキー、スノーボードを楽

表22-2　スキー、スノーボードの参加人口推移　　　　　　　　　　（万人）

	スキー	スノーボード	合計
2003	760	430	1190
2004	760	470	1230
2005	710	520	1230
2006	610	420	1030
2007	560	400	960
2008	690	440	1130
2009	720	420	1140
2010	570	400	970
2011	630	340	970
2012	560	230	790

（日本生産性本部（2013）をもとに作成）

図22-1　スキー、スノーボードの参加人口推移
（日本生産性本部（2013）をもとに作成）

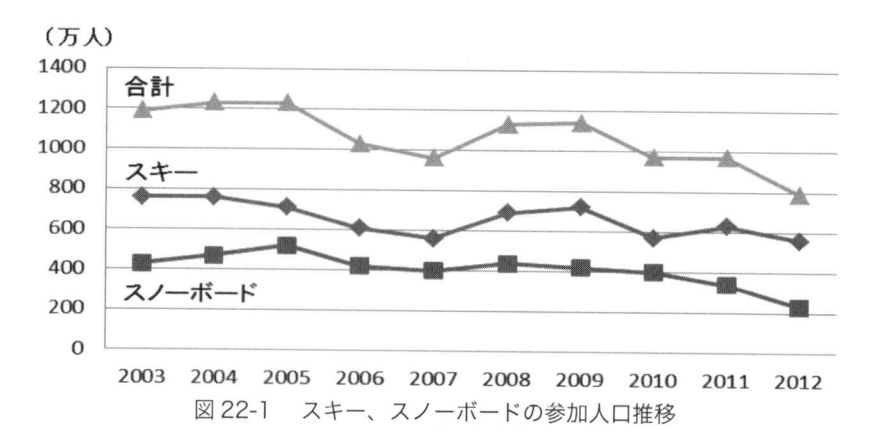

しむ人か 390 万人減少し人口比率も 3 ％減少しており、全体的に見て衰退していることが伺える。また、表 22-3、図 22-2 でも示すとおりスキー用具の輸入需要についても同様で近年右肩下がりが続いている。

表 22-3　スキー用品の年別輸入金額の推移　　　　　　　　　（億円）

	スキー板	ビンディング	スキー靴（スノーボード用含）
2000	111.9	35.0	68.0
2001	96.9	33.4	58.8
2002	94.2	28.5	59.7
2003	71.3	24.9	54.0
2004	64.0	22.9	46.3
2005	59.2	20.5	45.9
2006	67.9	25.6	56.9
2007	44.1	22.9	45.6
2008	37.7	16.6	39.0
2009	31.9	13.2	34.3
2010	32.1	14.0	31.1
2011	31.0	12.9	31.1
2012	33.6	15.1	34.1

（貿易統計をもとに作成）

①スキー板

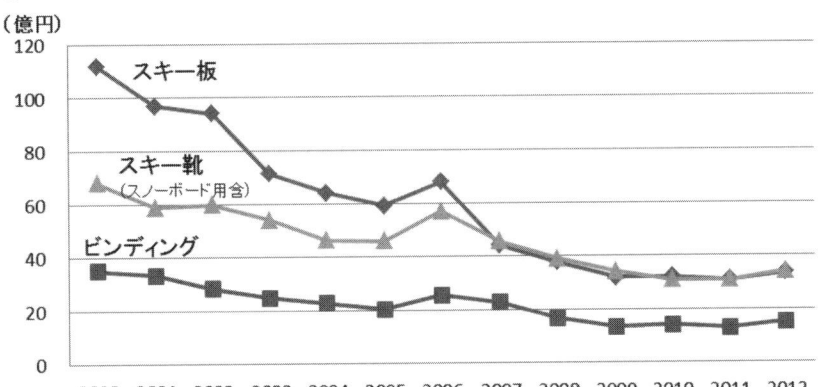

図 22-2　スキー用品の年別輸入金額の推移

（貿易統計をもとに作成）

2000年に約112億円であったが2006年、2010年に増加した。その後減少し続けていたが、2012年には増加に転じ約34億円であった。それでも2000年の4分の1にまで落ち込んでいる。
②ビンディング
　こちらも2006年に増加、2010年に微増したのみで全体的に減少傾向にあったが2012年では増加に転じた。しかし約15億円と2000年と比べると半減している。
③スキー靴（スノーボード用含む）
　こちらは2002年に微増し2006年に増加後減少し続けた。2012年に増加に転じ約34億円であるが2000年と比べるとこちらも半減している。
　輸入金額推移の特徴として増加している年において2002年のソルトレイクシティオリンピック競技大会、2006年のトリノオリンピック競技大会、2010年のバンクーバーオリンピック競技大会といずれも冬季オリンピック大会が開催されていることからオリンピックが影響しているものと考えられる。2012年において参加人数は減少傾向にある中でオリンピックが関係しない年で金額が増加に転じたのは注目に値する。参加人数についてはオリンピック大会の開催に関係なく増減していることが伺える。

3．サマーリゾートとしてのオートキャンプの人口と用品需要

　『オートキャンプ白書2013』（2013）によるとオートキャンプ人口は1996（平成8）年の約1580万人を最高に以降は減少傾向にありここ数年は約720万人で落ち着いている。ピーク時に比べると半減している事も見てとれる。(図22-3)
　屋外で行う登山やキャンプでは、生活するための道具いわゆるキャンプ用品を持って出かけることが必要である。加えて、快適に過ごすために①軽量かつコンパクトであること、②簡便に使用できること、③耐久性、機能性を備えていること、④デザイン性があることの4つの特性が重要であるといえる。これらの特性を備えているものは、キャンプや登山といった

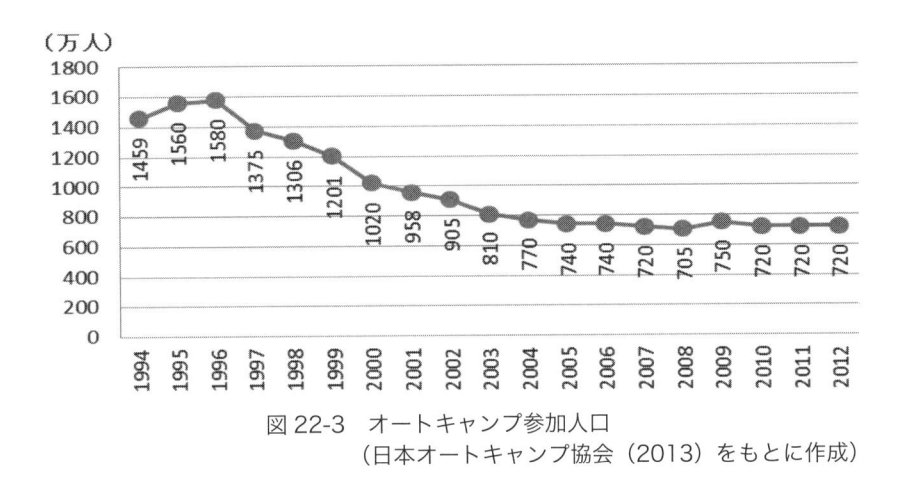

図 22-3　オートキャンプ参加人口
（日本オートキャンプ協会（2013）をもとに作成）

アクティビティに限らず、公園でのバーベキューやスポーツ観戦、野外フェスティバル等の野外コンサート、水辺リゾートなどに応用可能である。また、東日本大震災により防災の意識が高まっている昨今、キャンプ用品は防災用品としても注目されている。そのことが関係しているのか、以前ではアウトドアショップなどの専門店でしか取り扱っていなかった商品も身近なホームセンターや大型スーパー等でも安価に手に入れることが出来るようになっている。これらキャンプ用品のうち馴染みのある商品についての最近の輸入動向は表 22-4、図 22-4 の通りである。

①テント
　輸入金額は 2000 年以降減少傾向にあったが 2011 年より増加に転じ、2012 年での輸入金額は 41 億 8 千万円（前年比 36.2％増）である。

②シュラフ（寝袋）
　輸入金額はほぼ横ばいであったがこれも 2011 年を境に増加傾向にあり、2012 年の金額は 24 億 4600 万円（前年比 42.0％増）である。

③タープ（日よけ）
　輸入金額は 2009 年まで増加していたが 2010 年で減少に転じたが 2011 年より再び増加し 2012 年の金額は 40 億 1000 万円（前年比 15.0％増）である。

　輸入金額が 2000 年以降でこれら 3 商品については 2012 年が最高の金

表22-4　キャンプ用品の年別輸入金額の推移　　　　　　　　　　　　　　（億円）

	テント	シュラフ	タープ（日よけ）
2000	421	159	101
2001	341	124	153
2002	313	123	130
2003	302	121	128
2004	361	131	144
2005	332	118	169
2006	377	139	191
2007	348	129	230
2008	288	121	260
2009	288	104	310
2010	212	124	288
2011	307	172	349
2012	418	245	418

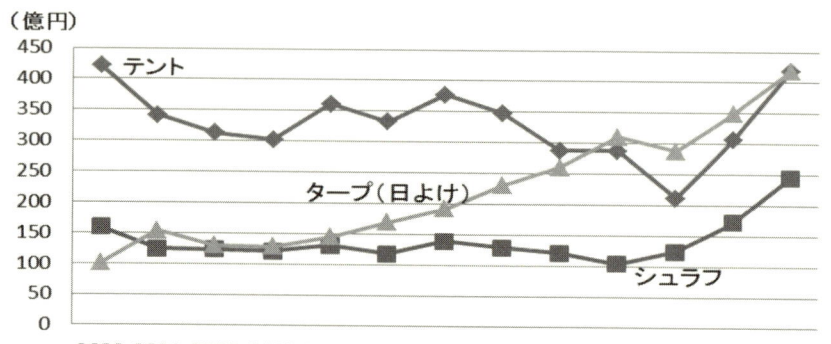

（貿易統計をもとに作成）

図22-4　キャンプ用品の年別輸入金額の推移

（貿易統計をもとに作成）

額を示しており、キャンプ用品の需要が高まっていることが伺える。昨今のアウトドアブームもレジャーとして定着しつつあり、キャンプ用品の需要が落ち着いていたところに、2011年の東日本大震災の影響からキャンプ用品を防災用品としての応用もしくは防災用品そのものとして、普段登山やキャンプを行わない人たちに受け入れられたと捉えることができる。防災用の需要が落ち着いてくる今後の推移に注目していきたい。

4．これからのアウトドアリゾートと生涯スポーツ

スキーやキャンプがそうであるように、他のアウトドアリゾートも人口は減少傾向にある。リゾートスポーツ全体が縮小しているように見てとれるが、その中でもスキーはオリンピックイヤーでは回復しており、キャンプは用品が堅調であることから今後の動向が注目される。しかし、どちらもピーク時の勢いは無いのは言うまでもなく、さらなる参加者の獲得が望まれる。

『レジャー白書2013』(2013) の5年以内にやめたスポーツ活動についての調査によるとスキーが1位となっている（表22-5）。やめてしまった理由として、年齢的な理由、一緒に楽しむ仲間がいなくなった、費用的な問題等が挙げられている。また、スキー場等の施設の閉鎖によりやめざるを得なくなったことも挙げられている。こういった人口の減少がさらなる施設の閉鎖を招き、人口がさらに減少していくことに繋がって行くことが懸念される。反対に余暇活動において最近5年間で開始したスポーツ活動の調査ではジョギング・マラソンが3位で4位にウォーキングが入っており（表22-6)、再開理由は健康的な理由が多数を占めている。また、ジョギング・マラソンについて再開した割合がやめた割合よりも多いことが注目される。これらの調査から考えられることは、健康的要素をアピールし受け入れられれば再開される可能性があると捉えられる。再開されれば、

表22-5　最近5年間でやめた活動上位4種目

回答数	1位	2位	3位	4位
3334	スキー 11.2%	ボウリング 10.9%	ジョギング・マラソン 9.5%	水泳（プールでの）8.9%

（日本生産性本部（2013）をもとに作成）

表22-6　最近5年間で再開した活動上位4種目

回答数	1位	2位	3位	4位
3334	国内観光旅行 24.8%	映画（テレビは除く）18.0%	ジョギング・マラソン 16.7%	ウォーキング 16.3%

（日本生産性本部（2013）をもとに作成）

持続することが期待され生涯にわたり楽しむことができるであろう。

　生涯にわたって楽しむスポーツとして受け入れられるためには「いつでも、どこでも、だれでも、いつまでも楽しむことが出来るスポーツ」といった生涯スポーツの要素も取り入れていくことが重要である。加えて健康的な側面をよりアピールすることでより参加者が増え、業界全体の活性化が期待される。

　スポーツ振興法が制定され今後の益々のスポーツの発展が期待されるが、そのためには業界の努力はもとより、自治体の理解・協力、参加者自身のスポーツへの意識の高まりを期待したい。

（髙荷英久）

【参考資料】

1）総合保養地域整備法、1982
2）スポーツ振興法、1961
3）スポーツ基本法、2011
4）鐵道省「キャムピングの仕方と其の場所」實業之日本社、1926
5）鐵道省運輸局「スキーをはく人の為に」鐵道省運輸局、1926
6）社団法人日本オートキャンプ協会「協会40年の歩み」社団法人日本オートキャンプ協会、2009
7）一般社団法人日本オートキャンプ協会「オートキャンプ白書2013」一般社団法人日本オートキャンプ協会、2013
8）笹川スポーツ財団「スポーツ白書〜スポーツが目指すべき未来」笹川スポーツ財団、2011
9）公益財団法人日本生産本部編「レジャー白書2013」生産性出版、2013
10）原田宗彦・小笠原悦子編著『スポーツマネジメント』大修館書書店、2008
11）財務省「貿易統計」http://www.customs.go.jp/toukei/info/（参照日2013年10月1日）
12）公益財団法人全日本スキー連盟「SAJの歴史」http://www.ski-japan.or.jp/official/saj/general/history.html（参照日2013年10月1日）
13）総務省「人口推計（平成23年10月1日現在）」http://www.stat.go.jp/data/jinsui/2011np/（参照日2013年10月1日）
14）文部科学省「21世紀に向けたスポーツの振興方策について（答申）」http://www.mext.go.jp/b_menu/shingi/old_chukyo/old_hoken_index/toushin/__icsFiles/afieldfile/2011/12/27/1314686_001.pdf（参照日2013年10月15日）

【執筆者一覧】

第1、3章	日本体育大学　体育学部　社会体育学科　助教　佐野昌行
第2章	東洋大学　法学部　法律学科　准教授　谷釜尋徳
第4章	スポーツデータバンク株式会社　代表取締役　遠藤利文
第5章	日本体育大学　スポーツ史研究室　研究員　矢野裕介
第6章	日本体育大学　スポーツ心理学研究室　研究員　金子慧
第7、8章	明治学院大学　教養教育センター　非常勤講師　金森純
第9章	近畿大学　短期大学部　商経科　准教授　松浪登久馬
第9、20章	桐蔭横浜大学　スポーツ健康政策学部　スポーツ教育学科　専任講師　福井元
第10章	流通経済大学　スポーツ健康科学部　スポーツ健康科学科　非常勤講師　田中悠士郎
	流通経済大学　スポーツ健康科学部　スポーツ健康科学科　教授　田簑健太郎
第11章	愛知東邦大学　人間学部人間健康学科　教授　葛原憲治
第12章	西九州大学　健康福祉学部　スポーツ健康福祉学科　准教授　山田力也
第13章	兵庫県立大学　環境人間学部　環境人間学科　教授　内田勇人
第14章	日本体育大学　体育学部　非常勤講師　水谷幸恵
第15章	株式会社RIGHT STUFF　取締役　河島徳基
第16章	近畿大学　産業理工学部　経営ビジネス学科　准教授　黒田次郎
第17章	四国学院大学　社会学部　カルチュラル・マネジメント学科　助教　近藤剛
第18章	REGISTA有限責任事業組合　代表　/　日本ウェルネススポーツ大学　専任講師　谷塚哲
第19章	株式会社セレスポ サステナブルイベント研究所 所長 / 一般社団法人日本イベント産業振興協会 主任研究員　越川延明
	地域経営コンサルタント　丹野実
第20章	流通経済大学　スポーツ健康科学部　スポーツ健康科学科　准教授　田畑亨
第21章	大阪成蹊大学　マネジメント学部　マネジメント学科　講師　林恒宏
コラム1	公益財団法人日本体育協会　スポーツ指導者育成部　部長　岡達生
コラム2	高崎健康福祉大学　健康福祉学部　健康栄養学科　准教授　大家千枝子
コラム3	採用・就活コンサルタント　渡辺憲一
コラム4	日本体育大学　保健医療学部　救急医療学科　助教　村田由香里
コラム5	桐蔭横浜大学　スポーツ健康政策学部　スポーツ教育学科　専任講師　福井元
コラム6	仙台大学　体育学部　スポーツ情報マスメディア学科　講師　阿部篤志
コラム7	ピッツバーグ パイレーツ ラテンアメリカ ストレングス＆コンディショニング コーディネーター　百瀬喜与志

『図表で見るスポーツビジネス』

発　　　　行：2014 年 4 月 7 日　　第 1 刷
　　　　　　　2016 年11月20日　　第 2 刷
編　著　者：佐野昌行 / 黒田次郎 / 遠藤利文
発　行　人：伊 藤 太 文
発　行　元：株式会社 叢 文 社
　　　　　　112-0014
　　　　　　東京都文京区関口 1-47-12
　　　　　　TEL　03-3513-5285
　　　　　　FAX　03-3513-5286
編　　　集：佐 藤 公 美
印　　　刷：モリモト印刷

定価はカバーに表示してあります。
乱丁・落丁についてはお取り替えいたします。

SANO Masayuki/KURODA Jiro/ENDO Toshifumi　　©
2016 Printed in Japan
ISBN978-4-7947-0724-6

スポーツビジネスの決定版！　好評発売中

スポーツビジネス概論

黒田次郎・遠藤利文　編著

若き研究者が集結、わが国のスポーツビジネスの現状を解説する。スポーツビジネスの基本知識からトップレベルのスポーツビジネス、スポーツ選手のセカンドキャリアなど、スポーツをとりまく様々な事柄をわかりやすくまとめた一冊。
「私がお勧めします。松浪健四郎」

執筆者一覧　黒田次郎・遠藤利文・谷釜尋徳・綿貫慶徳・金森純・福井元・福田拓哉・奈良堂史・倉品康夫・平本譲・岡本悌二・近藤剛・内田勇人・山田力也・葛原憲治・佐野昌行・松崎拓也・古城隆利・安達巧・山﨑秀人・松浪登久馬・高荷英久・阿部篤志・村田真一・林恒宏

定価：本体価格2000円＋税　四六判　並製　262ページ
ISBN978-4-7947-0689-8　叢文社